Schwager • Fleisch und Blut

Susanna Schwager

Fleisch und Blut

Das Leben des Metzgers Hans Meister

CHRONOS

Für Alice, Alex, Aline, Annika, Daniel, Django, Fabio, Helena, Jan, Kasimir, Lara, Linda, Lorena, Manuel, Marco, Michael, Nina, Olga, Ramona, Sandra, Tomas und Zoe

10. Auflage Oktober 2014
ISBN 978-3-0340-0687-3
Umschlagbild: Hans Meister mit seinem Hund Willi, um 1928
Umschlag: Thea Sautter, Zürich

Nichts ist beständiger als der Wechsel!
Wer Überholtes nicht wieder vergessen kann,
lernt nichts hinzu.
Handbuch «Der Fleischverkauf», 1954

Inhalt

1 Trommeln

Die Mutter hatte wieder dieses Blut am Bein. Es war verkrustet und man sah, da hatte er sie erwischt. Sie sass in der Stube und sie lächelte ein bisschen, wenn sie uns die Wunde zeigte. Warum der Storch die Frauen so verletzt, bevor er die Kinder bringt, wussten wir nicht. Es hätte uns auch nicht interessiert. Der Storch schnappte die Mutter am Knöchel, also war klar, es ist wieder eins unterwegs. Der Vatter und die Mutter haben das wahrscheinlich richtiggehend vorbereitet. Sicher war es kein Ketchup, das gab es noch gar nicht. Aber Blut hatte man immer zur Hand. Wahrscheinlich nahmen sie Hühnerblut.

Es war dann der Walti. Vor allem an das Gerenne erinnere ich mich. Wir hätten der Mutter vorher nichts angemerkt, sicher nicht. Sie kleidete sich entsprechend. Und so genau hätten der Fritz und ich sie gar nicht angeschaut. Sie war einfach da, zu der Zeit war die Mutter einfach da, gäll. Ein bisschen unheimlich war das schon, diese ganze Aufregung. Der Vatter kam ins Haus, mitten am Tag, und ging zur Mutter in die Kammer. Wir mussten draussen bleiben. Die älteren Schwestern machten Wasser heiss und verscheuchten den Fritz und mich. Ein Arzt kam nie, der kam höchstens, wenn etwas war im Stall. Aber die Hebamme rauschte an uns vorüber. Die brachte dann später das blutige Bündel und badete es auf dem Küchentisch. Warum der Storch die Kinder so verschmiert bringt, haben wir uns schon gefragt. Wir sahen es durch das Küchenfenster.

Der Walti war der jüngste, das ist jetzt über achtzig Jahre her. Er hat nicht viel gesehen von diesem letzten Jahrhundert, der Walti. Von mir könnte ich das nicht behaupten. Es ist ihm auch vieles erspart geblieben. Leider das Schlimmste nicht. Aber man haderte nicht. Der Vatter zuletzt. Es fehlte einem die Zeit für Gestürm.

Der Vatter kam aus einem Krachen, einem abgelegenen Berghof. Ein Rätzmättler war er. Die Rätzmatt liegt am Hang oben im Ursenbachtal. Das ist hinter dem Emmental, das kennt man ja. Geboren wurde der Vatter aber im Churzeneigraben, in Wasen, am Fuss vom Napf. Das ist in der Mitte der Schweiz, zwischen Bern und Luzern. Man sagt auch, der Nabel der Schweiz. Dann wäre es auch der Nabel Europas, gäll, weil die Schweiz der Nabel Europas ist. Rund wie ein umgestülpter Napf ist der Napf. Von dort fliesst das Wasser hinab in alle Himmelsrichtungen. Gold gebe es auch, aber ich habe nie gesucht.

Der Vatter hiess Hans und war gross und schwarz wie sein Vater, der Jakob. Er hatte einen Schnurrbart, der verdeckte den Mund und hing ihm rechts und links übers Kinn. Wenn er redete, bewegte sich das Gestrüpp. Die Lippen sah man nur beim Essen. Viel geredet hätte er nicht. Aber scharfe Augen hockten in seinem Gesicht, schwarze Äuglein. Die konnten hervorschiessen und einen am Kragen packen. Wie ich hiess der Vatter, natürlich umgekehrt. Aber er war viel grösser als ich. Ein stolzer, ich würde sagen, ein hübscher Bursche, absolut.

Die Mutter war eine Büdel und hiess Marie. Das waren Herrschaften, die Schlosser-Friedi-Büdel. Die wohnten unten im Tal an der Strasse, die von Langenthal ins Emmental und dann nach Thun geht. Wo der Pfad von der Rätzmatt herunterkommt, dort steht jetzt noch das Herrschaftenhaus. Ein bisschen im viktorianischen Stil. Ein Steinhaus, solche hat es sonst nicht dort. Hofen heisst der Flecken. Der Schlosser Friedi hiess eigentlich Friedrich Büdel. Ein berühmter Schlosser war das. Aber Büdel Friedriche oder Fritzen oder Friedel gab es viele im Tal, also hiess er Schlosser Friedi. Das war der Grossvater von meinem Grossätti. Also ist das von deiner Tochter der Ururururgrossvater, etwa. Den Schlosser Friedi kannte ich natürlich nicht, aber seinen Enkel, den Büdel-Grossätti. Der Schlosser Friedi legte den Grundstock zum Haufen Büdelgeld. Er war auch Eisenhändler. Der hatte ein Talent und vergoldete das. Er schmiedete wie ein Herrgöttli, hiess es. Aber davon hätte unsereiner ja nichts gehabt.

Item, die Mutter, die Marie, war eine ranke Erscheinung. Ich würde sagen, eine attraktive Frau. Sie hatte eine gewisse Ähnlichkeit mit deiner Tante Teres, vom Model und von der Grösse her. Die Büdel sind Grosse, Blonde. Das würde man nicht denken, wenn man mich anschaut. Sie war gleich gross wie der Vatter. Man kann sich vorstellen, der Vatter ging manchmal extra am Büdelhaus vorbei. Die Welt war klein und es lag ja am Weg. Man war meistens zu Fuss unterwegs. Beim Verschnaufen hatte man Zeit für einen Schwatz. Die Menschen werkten sowieso draussen, nicht drinnen. Da gab es Gelegenheit, sich anzuschauen und guten Tag zu sagen. Auch sich nachzuschauen, wenn es sich lohnte, gäll.

Wahrscheinlich wohnte die Marie eine Zeit lang nicht im Tal, das könnte sein. Als Tochter von Herrschaften durfte sie eine Lehre machen, Modistin, Hüetlere, lernte sie, in Huttwil. Eines Tages kommt sie dann zurück, ohne Zöpfe und gar nicht mehr schüchtern. Die Mutter wusste, was sie wollte, absolut. Der hätte niemand gesagt, was zu tun war. Der Hans wird sich diese Marie angeschaut haben und allem Anschein nach hatte sie nichts dagegen. Die beiden kannten sich sowieso schon als Kinder.

Man kann sagen, die Menschen lebten zusammen wie die Tiere, in Rudeln. Auf den abgelegenen Höfen hausten die Sippen mit Gesinde und Kindern und Vieh. Die Unterschiede zwischen allem waren noch nicht so gross, auch nicht zu den Tieren. Eine Rangordnung gab es schon. Aber jeder war auf die anderen angewiesen, die Menschen auf die Tiere, die Grossen auf die Kleinen und umgekehrt. So lebten alle unter einem Dach. Ein bisschen wie alte Steine liegen diese Bergheimet noch in der Landschaft. In ihrem Schutz konnte man sich verkriechen. Und rundherum die Matten, Moose, Hügel.

Der Hans wird als Nachtbube bei der Marie eingestiegen sein. Der ging kilten bei der Marie, da bin ich mir sicher.

Das macht jetzt keiner mehr, das ist schade. Lieber schicken sie SMS. Säbi Zit war das Kilten gang und gäbe bei der Jugend. Aber nicht alle jungen Männer machten das. Es brauchte ein bisschen Mut. Am Samstag gegen den Abend ging man. Die Burschen machten sich vorher frisch. Man wusch sich am Brunnen draussen die Hände und fuhr mit den nassen Fingern ein paarmal durch die Haare. Dann war man schön genug und besuchte die Auserwählte.

Zuerst ging man nur zum Kaffee. Zu zweit oder zu dritt, das gehörte sich am Anfang. Und meistens gab es ja mehrere heiratsfähige Frauen auf einem Hof, da wurde es keinem langweilig. Wenn die Kilter willkommen waren, liessen die Frauen sie ein und bewirteten sie. Wenn man es lustig hatte zusammen und sich verstand, weitete sich das aus. Die Jugend ging ans Bätziwasser, das ist der Obstschnaps. Das gehörte dazu, absolut. Niemand hatte etwas zu maulen, wenn beim Kilten die Schnapsflaschen geleert wurden. Die Alten zuletzt, die hatten sich rauszuhalten. Sonst wurden sie in der Gegend verschrien, als Geizkragen und Kiltschrecke. Da wären die Töchter dann sitzen geblieben, und das wollten die Alten nicht. Kilter hatten also überall Zutritt. Aber nur, wenn es den Frauen genehm war. Auch zum Nest hatten sie Zutritt, sicher.

Wenn die Jungfern die Balzer nicht wollten, dann stellten sie sich ans Fenster und schickten sie zum Teufel, bevor die im Haus waren. Es brauchte ein bisschen Mut, sich als junger Mann vor ein Haus zu stellen und Einlass zu begehren. Die Weiber konnten einen verlachen, dass man es weit herum hörte. Bei meinen Schwestern habe ich beides erlebt, das Einlassen und das Fortjagen. Ich selber habe es nie gemacht. Ich bin früh fortgegangen aus dem Tal.

Es wird sich auch beim Vatter und der Mutter ausgeweitet haben. Die hatten Freude aneinander, denk auch. Man hatte ja nicht so viele Möglichkeiten, sich ein bisschen zu vergnügen. Es war dann so, dass sie heiraten mussten. Ein Drama war das überhaupt nicht, solange geheiratet wurde. Das gab es doch oft. Man kannte noch keine Verhütung und rechnete eigentlich immer damit, dass etwas hängen bleibt, gäll. Man war den grossen und kleinen Freuden des Lebens nicht abgeneigter als jetzt. Aber jetzt wird viel mehr geschwatzt über alles. Ob das besser ist, sei dahingestellt.

Wichtig war, dass die Zuständigkeiten geklärt wurden und so ein Beischläfer die Verantwortung übernahm. Das war Ehrensache, würde ich sagen. Wenn er sich drückte, dann fand einer nicht so bald eine andere. Der musste dann verreisen. Wenn es überhaupt herauskam. Für die Frauen war es sicher nicht sehr gemütlich. Aber der Weltuntergang war das wie gesagt nicht. Die Tochter blieb mit dem Kind auf dem Hof wie vorher, das war alles. Ein Maul mehr zu füttern, das fiel nicht ins Gewicht. Arbeitskräfte waren immer willkommen. Nur den Pfaffen passte das nicht. Aber die hatten im Tal wenig zu melden.

Als die Migge zur Welt kam, war die Mutter zweiundzwanzig, der Vatter dreissig, also Zeit für sie, unter die Haube zu kommen. Fast hundert Jahre ist das jetzt her, 1905. Dass sie heiraten mussten, war zwar wie gesagt kein Drama, aber ein Affentheater. Nicht weil die Mutter schwanger wurde. Sondern weil sie von einem Rätzmättler schwanger wurde und nicht von einem reichen Seckel. Die Büdel sahen das gar nicht gern, dass sich die Marie mit einem vom Krachen hinten einliess. Es gab Standesunterschiede im Tal, Bauer ist nicht gleich Bauer. Nicht wertvermehrend war diese Wahl.

Sie heirateten trotzdem, die Marie Büdel und der Hans Meister, aber zusammen leben konnten sie nicht. Die Mutter wohnte weiter im Büdelhaus mit der kleinen Marie, der Migge. Sicher wurde ihr da einiges an den Kopf geworfen. Vielleicht hatte sie von da die Härte. Die Büdelbrüder, der Hans und der Gottlieb, das waren eingebildete Trottel. Zwei ausgewachsene Seckel. Dem Gottlieb war ja zeitlebens nie eine gut genug, der blieb ledig. Und der Hans fand später so ein Fraueli, das zu allem ja und amen sagt, so ein Änneli. Der Vatter ging denen aus dem Weg, der Mutter und dem Frieden zuliebe. Dem Vatter konnte die schwarze Galle hochkommen, gäll, der konnte fuchsteufelswild werden. Die hätten einander sofort die Grinde eingeschlagen. Hätten einander zu Tode geprügelt, sicher. Der Hass der Büdelbrüder auf den Vatter blieb uns ja erhalten. Den lernten wir später noch richtig kennen. Schliesslich wäre die Marie für den Bühler vorgesehen gewesen. Der kam von einem der reichsten Höfe im Tal. Der ist ihr nachgestiegen, aber der Mutter war der sicher zu hoffärtig.

Das war eine Liebesheirat zwischen dem Hans und der Marie. Der Vatter liebte die Mutter, würde ich sagen. Das war nicht an der Tagesordnung, denk auch. Geheiratet wurde, weil es zweckmässig war. Von Liebe gelafert hätte sowieso niemand. Aber dieser Rätzmättler und die Büdlerin hatten das Heu auf der gleichen Bühne. Streiten habe ich sie nie gehört. Obwohl, einfach war diese Ehe nicht. Die Mutter war eine Tätige. Dominant, würde ich sagen. Und der Vatter sowieso, der hatte seinen Grind. Dass der eine befohlen und die andere pariert hätte, könnte man nicht sagen. Der Vatter war der rauhere, sicher. Aber wahrscheinlich war die Mutter die stärkere. Beide hatten ihre Reviere und liessen sich in Ruhe. Sie redeten einander nicht drein, das ist der Respekt. Und sie hatten zu kämpfen im Leben, die zogen am gleichen Strick. Aber in die gleiche Richtung, nicht der eine so und die andere so. Das ist das ganze Geheimnis.

Die Mutter blieb also in Hofen bei den Eltern, der Vatter wohnte weiter in der Rätzmatt oben. Er hätte seiner Frau und dem Kind kein Heim bieten können. Die Rätzmatt war bis auf den letzten Fleck auf den Strohsäcken belegt. Man schlief immer zu mehreren in einer Bettstatt, das war normal säbi Zit, und wärmer. Du stellst dir das sicher falsch vor, die Menschen waren nicht so heikel. Es war normal, dass es andere gab in der Nähe, auch im Bett. Es war sogar gut. Solange es andere gab, überlebte man. Einer allein überlebte nicht.

Dass Ehepaare nicht zusammen lebten, war übrigens gar nicht so selten. Häufig waren die Väter nicht mit den Frauen und Kindern zusammen, und oft lebten Kinder nicht bei den eigenen Eltern. Die Sippen waren zusammengewürfelt. Diese Patchwork-Familien gab es schon immer. Zahlenmässig ist das aber nicht zu vergleichen, jetzt sind ja schon drei eine Familie. Meistens lag es am Materiellen, dass die Paare nicht zusammen wohnten. Man verdiente kein Geld. Man verdiente sich den Lebensunterhalt, also ein Dach über dem Kopf und etwas zu essen. Geld war wenig im Umlauf. Es spielte nicht so eine Rolle im Leben. Man konnte es nicht essen, gäll.

Der Vatter hatte also kein Bares und kein Haus, denn die Berner Höfe gingen an den jüngsten Sohn. Aber eine gute Partie hatte er gemacht. Das war säbi Zit die einzige Möglichkeit für die, die den Hof nicht erbten. Gut heiraten oder abmarschieren in die Welt hinaus, wenn man nicht den Lebtag lang ein Knechtlein bleiben wollte. Ich bin dann abmarschiert.

Sie werden sich ab und zu auf einer Matte getroffen haben, der Hans und die Marie. Es kam ja ein Kind ums andere, obwohl sie als Ehepaar fünf Jahre nicht unter einem Dach lebten. Nach der Migge kamen die Rös und die Grete. Mit der Arbeit auf dem Hof verdiente der Vatter nichts. Aber Nebeneinkünfte verschaffte er sich. Wenn man geschickt war und etwas anzubieten hatte, dann verdiente man sich schon ein paar Batzen. Der Vatter züchtete Pferde. Man kann sagen, er hatte einen siebten Sinn für Tiere. Er war auch ein bisschen hellsichtig. Wenn in einem Stall etwas nicht in Ordnung war, dann gingen die Bauern zuerst zum Vatter. Und auch das Metzgen war eine Möglichkeit, sich das Überleben zu sichern. Mit dem Metzgen konnte man sich verbessern. Heute sterben die Metzger aus. Nach den Bauern sterben die Metzger, gäll.

Der Vatter lernte das Schlachten, aber eine richtige Lehre war es nicht. Eine Lehre hätte zuviel gekostet. Es war eine Anlehre und eine Chance. Man arbeitete bei einem Meister, ohne Verdienst, wohlverstanden. Dafür konnte man ihm abschauen, wie er es machte. Während zweier Winter, wenn es auf der Rätzmatt weniger zu tun gab, marschierte der Vatter morgens um vier los. Runter ins Tal und dann über den Berg nach Rohrbach in die Metzgerei Appenzeller. Bei jedem Wetter, säbi Zit lag der Schnee oft meterhoch. Das war ein Krampf, durch den hohen Schnee waten, ungepfadet. Um acht am Abend war er fertig in Rohrbach und dann marschierte er zwei Stunden zurück, damit er zu Hause noch helfen konnte. Nach vierzehn Stunden Knochenarbeit und vier Stunden Marsch, nicht Spaziergang. Kein Schleck. Aber er lernte metzgen und konnte damit richtiges Geld verdienen.

Nach fünf Jahren war es dann soweit. Der Vatter und die Mutter und meine drei Schwestern gründeten ein eigenes Heim. Es war ja auch wieder eine unterwegs, die Hanne. Und die Migge hatte Kinderlähmung bekommen, das war sehr verbreitet. Jetzt gibt es das hierzulande zum Glück nicht mehr. Extrem hohes Fieber bekommt man und irgendetwas klemmt die Nerven ab. Die Glieder verformen sich. Das tut wahnsinnig weh, das Miggeli habe nur noch geschrien. Später hören die Schmerzen wieder auf, aber die Lähmung und die Verkrüppelung bleiben.

Sie liessen sich in Brenzikofen nieder, 1910. Nicht mehr im Tal ist das, ziemlich weit draussen im flachen Gelände. Fast bei der Stadt Thun. Ein Haus mit einem Anbau kauften sie, das war aber kein Bauernhaus mehr. Gute Bauernhöfe wurden nur selten frei. Wahrscheinlich war es der Mutter ganz recht, weniger ländlich zu leben. Weniger im engen Tal und im Schoss der Familie zu klemmen. Wahrscheinlich war es auch dem Vatter recht. Mit einem Gewerbe verdiente man mehr Geld als mit dem Krampfen an den Hängen.

Sie führten eine Metzgerei. Das war aber kein Laden mit Schaufenstern. Es war ein Schlachtraum, dort hatte es einen Steinboden mit Rinnen, wo das Blut abfliessen konnte, und starke Haken an den Wänden. Das Blut, das man nicht brauchte, ging in einen Bach. Blut war säbi Zit kein Dreck.

Man verkaufte das Fleisch direkt im Schlachtraum. Die Bauern lieferten die Tiere ab, der Vatter schlachtete sie und dann wurde das Fleisch verkauft. Was man nicht verkaufen konnte, kam auf den Wasen, auch die Kadaver. Der Wasen ist die Wiese, ein abgegrenztes Stück Land, das nicht für die Landwirtschaft gebraucht werden darf. Alles andere waren Weiden oder Ackerland. Auf dem Wasen wurden die tierischen Reste vergraben, auch die Cheiben. Das sind die Kadaver, die man nicht verwerten kann und denen man das Fell abzog. Dann wuchs dort Gras. Jedes Dorf hatte einen Wasen und einen Friedhof.

Zwei Kühe und ein paar Hühner hatten wir noch, aber richtige Bauern waren die Eltern in Brenzikofen nicht mehr. Eher Gewerbetreibende, eine Vorstufe, würde ich sagen. Ob das Geschäften für den Vatter das richtige war, weiss ich nicht. Über solche Dinge hätte man sich nicht den Kopf zerbrochen. Ich denke, er war nicht der geborene Metzger. Aber ein stolzer, das sicher. An Festtagen trug er das Haubeil an der Westenkette, das Metzgerzeichen.

Kaum waren sie im neuen Haus eingezogen, kam also schon wieder eine, eben die Hanne. Dann machten die Eltern Pause. Geschäfte in Schwung bringen, nehme ich an. Erst drei Jahre später kamen wir. Der Fritz und ich, 1913. Ich fünf Minuten vor dem Friedel. Zwar war ich einen Kopf kleiner als er, aber der erste. Der Friedel war von Anfang an gross und hell, mehr ein Büdel. Ich dunkel, ein Meister. Woher die grünen Augen sind, weiss ich nicht.

Fast verreist sei ich ein paarmal. Ein zartes Pflänzchen, richtiggehend zurückgeblieben. Ein schwächliches Bürschchen, könnte man sagen. Nur gekotzt habe ich am Anfang. Die Muttermilch sei mir nicht verträglich gewesen. Sie mussten mich für ein paar Monate in der Insel abgeben. Das härtet ab, gäll. Die Insel ist das Spital in Bern. Bern war weit, denk auch, ein paar Stunden Reise. Viel werden die mich nicht besucht haben in diesen Monaten. Sie hatten mich sicher abgeschrieben. Man rechnete mehr mit dem Tod als mit dem Leben säbi Zit. Der Tod gehörte überall dazu, jedes Kind kannte Totenlieder, für die Beerdigungen. Aber Unkraut verdirbt bekanntlich nicht.

Und dann begann das Getrommel, der erste Krieg. Ein Jahr nach meiner Geburt. Da waren überall Meldereiter im Tal und es wurde getrommelt. Während des ganzen Krieges wurde getrommelt. Dieses Trommeln vergisst man nicht. Ich habe es immer noch im Ohr, obwohl ich am Ende erst fünfjährig war. Es bedeutete etwas Wichtiges, wenn getrommelt wurde. Die Leute wurden zusammengerufen, man ging dann in die Käserei. Radio gab es nicht und Telefon schon gar nicht. In der Käserei hing eine grosse Schiefertafel, dort standen die Neuigkeiten.

Die Schweiz war schon lange unruhig, eigentlich ganz Europa. In Russland hatten sie die grosse Revolution, das färbte überall ab. Viele von den russischen Rädelsführern kamen in die Schweiz, sogar hier im Tal waren solche. Die hockten nicht aufs Maul, gäll, und es gab genug Unzufriedene, die denen nachplapperten. Die machten die Leute nervös. In den Städten wurden die Arbeiter Sozis und fingen an, auf mehr Rechte zu pochen und zu streiken. An diesem Arbeiteraufruhr hatten die Bauern gar keine Freude, kannst denken. Der Bauernstand war gegen die Sozis, absolut. Obwohl die wahrscheinlich ähnliche Probleme hatten, zwischen denen lagen Welten. Arbeiter waren angestellt. Die Bauern waren Landeigentümer, selbständig, Unternehmer kann man sagen. Auch wenn viele mehr schufteten als die Unterhunde, sie waren frei.

Wenn einer in unserer Gegend nicht Grossbauer war, dann hatte er meistens Schulden bis über beide Ohren. Da gab es viele, die sich an den Bauern goldene Nasen verdienten. Nicht zuletzt diese Vehhändler. Die verfügten über Bares wie sonst niemand. Die kannten die Verhältnisse der Bauern bestens, die kamen ja viel herum. Wenn einer in finanzielle Nöte rutschte, stand plötzlich der Vehhändler bei dem im Stall. Viele von denen waren Juden, gäll. Die haben mit dem dicken Portemonnaie gefuchtelt und Geld angeboten. Und dann natürlich Zinsen verlangt. Ich habe mehrmals erlebt, wie ein Bauer plötzlich der Pächter seines eigenen Hofes wurde. Und für die Geldverleiher schuften musste bis ans bittere Ende. Diese Geldverleiher waren gnadenlos. Von da kam der Hass. Aber gäll, mein bester Freund war ein Judenbub, der Sohn eines reichen Vehhändlers.

Der Vatter musste in den Krieg und die Mutter bekam wieder eins, die Friede. Die war winzig wie ich. Die Mutter war jetzt einunddreissig und hatte sieben Knöpfe, sieben in neun Jahren. Und die Metzgerei, ohne Mann. Da musste noch alles von Hand gemacht werden. Der Fritz und ich schauten oft zu bei der Wiege. Wie sie das riesige Messer hin und her wiegten zu zweit und aus dem minderen Fleisch Brät machten. Das braucht Kraft, bis du von Hand ein schönes Brät gewiegt hast.

Die Mutter wird sich verlassen gefühlt haben, sie war sicher oft verzweifelt. Der Vatter nicht da und auch die Familie weit weg hinten im Tal. In Krisenzeiten ist so eine Familie wichtig. Auch wenn die Strickmuster verschieden sind, die Wolle ist die gleiche. Eine Familie will als Familie überleben. Die Lebensmittel waren sehr knapp und Unterstützung bekam man keine, woher auch. Und die kleine Friede wuchs nicht richtig, sie hatte Rachitis, das ist eine Mangelkrankheit. Die Mutter säugte sie zwar wie alle andern, ausser mir. Drum kann ich mir das nicht erklären.

Wirklich Hunger leiden mussten wir nie. Aber man ernährte sich viel zu einseitig. Kartoffeln am Morgen, Kartoffeln am Mittag und auch am Abend Kartoffeln. Später holte die Friede das wieder auf. Man schonte sie und gab ihr Ovomaltine, das war Medizin. Zuviel geschont wurde sie, wenn du mich fragst. Die hat das schön ausgenützt, fanden wir jedenfalls. Sie musste nie etwas, wenn sie nicht wollte. Manchmal, wenn er da war, wurde sie vom Vatter auf dem Rücken getragen. Die Mutter verhätschelte sie sowieso. Die Friede bekam sicher am meisten Wärme. Dafür fehlte ihr später der Wille, die Härte.

Der Vatter musste im Jura die Grenze bewachen, statt zu schlachten im neuen Geschäft. Der Mutter wird es zuviel geworden sein, und da kamen die Büdel zum Zug. Die schauten, ob etwas frei werde in der Nähe. Viele Bauern verlumpten wie gesagt. Oder wanderten in die Städte und nach Amerika. Bald war es soweit, 1916. Die Eltern gaben das Gewerbe wieder auf, wir zogen mit Sack und Pack zurück. Wieder ins Tal mit den steilen Matten, gäll. Das Eichholz liegt am Hang ob Wystegen, dreiundzwanzig Jucharten gehörten dazu, das sind sieben Hektaren Land und Wald. Das einzig Flache in dieser Gegend ist der Küchentisch.

Und es gab auch keine Gstreins mehr. Der Friedel und ich vermissten die Gstreins, die waren in Brenzikofen unsere Nachbarn gewesen. Die Gstrein-Buben konnte man verdreschen. Es war zwar meistens so, dass sie uns verdroschen, das waren richtige Sürmelsieche. Das stachelte den Fritz und mich enorm an, wir wollten nichts lieber, als mit denen kämpfen. Die Gstreins waren viel wilder als wir, das machte uns Eindruck. Da konnte man die Härte lernen. Gstrein ist kein hiesiges Geschlecht, gäll, das waren Ausländer, aus Österreich. Die waren richtig arm. Sie hatten kein Land und auch sonst nichts. Sie wohnten im Tenn bei den Nachbarn. Säbi Zit kamen viele arme Österreicher, auch Deutsche. Die Schweiz war ein Einwanderungsland, schon immer.

Das Eichholz war ein moderner Hof. Vorher war ein Leuenberger drauf gewesen. Die Leuenberger gehören zu den reichen Bauern im Tal, aber der hier war auch einer, der verlumpte. Er betrieb ein Kässeli im Eichholz, eine Sparkasse, in der die Leute ihre Batzen abgeben konnten, statt sie im Mehl zu verstecken. Man bekam Zinsen. Das Sparen bei einer Bank kam erst säbi Zit auf. Seinen Batzen gab man nicht irgendeinem, einem Leuenberger schon. Der hatte aber Schulden, weil er sich verspekulierte. Mit Spekulieren konnte man das Geld noch schneller verlieren als jetzt. Da zweigte der Leuenberger von dem Kässeligeld etwas ab und das kam dann heraus. Wahrscheinlich musste er den Hof für ein Butterbrot verkaufen. Später fand man im Keller eine geheime Grube. Darin hatte er das gestohlene Geld versteckt. Aber es lagen nur noch zwei verfaulte Hüte drin. Leere, leider.

Erst zwanzigjährig war das Eichholz, also fast neu, als wir einzogen. Es war schon früher ein Gehöft an der Stelle, aber das war abgebrannt. Das passierte oft mit diesen Holzhäusern. Die Mutter betrieb im hellsten Raum, wo die Sparkasse gewesen war, ein Strickwarengeschäft. Das lag grad hinter der Küche. Wenn man im Haus irgendwohin wollte, musste man durch die Küche, die war das Zentrum. Sie war immer dunkel, vom Rauch. Bald bekamen wir aber Elektrisch. Wir waren weit herum die ersten und hatten eine elektrische Türklingel. Sichtmässig lag alles sehr schön. Von der Höhe hinter dem Haus, bei der Linde, sieht man die Schrattenflue und die sieben Hengste. Vor dem Haus lag die Hoschtet, ein Obstgarten, der ist heute noch dort. Auch der Brunnen und der Miststock sind noch an der gleichen Stelle. Zum Bewirtschaften war es saumässig streng.

Der Vatter war beim Umzug immer noch im Krieg. Ich erinnere mich, wie er einmal nach Hause kam, zusammen mit dem Knecht, dem Bruni. Da konnten wir uns noch Knechte leisten. Beide waren ganz abgemagert. Die Uniformen schlotterten. Ich hätte den Vatter fast nicht erkannt. Sie konnten kaum mehr gehen, sie stützten sich gegenseitig. Wir sahen sie von weitem kommen. Da wackelten zwei den Weg hoch, wie Vogelscheuchen. Sehr hohes Fieber hatten sie. Das war die Grippe, eine ganz schlimme Epidemie. Bald hörten wir, dass diese Grippe überall wütete. Tausende sind daran gestorben, bei uns haarscharf niemand. Der Vatter hasste diesen Krieg. Nicht den Feind hasste er, den Krieg. Von einem Feind hätte man nicht allzuviel gewusst im Tal. Ich kann mir nicht vorstellen, dass der Vatter jemanden erschossen hätte. Die hockten in den Gräben und warteten, bis es vorbei war, gäll.

Von der Höhe hinter dem Haus konnte man auch den Jurarücken sehen, auf dem war der Vatter. Ab und zu gingen wir mit der Mutter hinauf zur Linde und schauten zu ihm hinüber. Als die Amerikaner, die Engländer und die Franzosen um den Hartmannsweilerkopf im Elsass kämpften, da hörten wir das. Was dort hinter dem Jura geschah, wussten wir nicht, das erfuhr man erst viel später. Aber wir hörten es. Man merkte, dass etwas Gewaltiges passierte. Tausende und Abertausende sind in dieser Schlacht umgekommen, dreissigtausend Männer, denk auch. Die haben im Kampf den Berg abgetragen. Die Kuppe ist seither sechs Meter niedriger.

Im ersten Krieg gab es nur Kanonen, fast keine Flugzeuge. Einen langsamen, dumpfen Ton machen Kanonen: Buuu-ummmm. Und dann still. Und dann wieder: Buuu-ummmm, die ganze Nacht, nur das. Der Krieg war weniger laut als später. Auch nicht so schnell. Inzwischen sind die Kriege so schnell, dass man es erst richtig merkt, wenn sie schon vorbei sind. Kaputt machen sie immer noch alles, gäll, das ist gleich geblieben. Im zweiten hörte man auch Flugzeuge, überhaupt viel mehr Lärm. Den zweiten Weltkrieg konnte man auch sehen. Ein Leuchten und Flackern, wenn die Bomben hinter dem Jura einschlugen.

Der Krieg war für den Vatter eine Abwechslung, sicher. Er wäre sonst nie aus dem Tal gekommen. Einmal ist sein Bataillon vom Jura bis ins Tessin gelaufen. Zu Fuss von der Nordgrenze über die Alpen in den Süden. Mit Felltornister und allem, das wog sicher fünfzig Kilo. Und die Schuhe waren schwere Klötze, genagelt. Ich kann mir vorstellen, wie die Füsse ausgesehen haben. Man war nicht zimperlich. Später erzählte der Vatter immer wieder von seiner grossen Reise ins Tessin. Eine Reise ins Tessin war eine Reise ans andere Ende der Welt. Man lebte in allem viel langsamer. An Ort, könnte man sagen. Man lebte so langsam wie die Natur. Vielleicht hat sich mir deshalb alles so eingeprägt. Eingewachsen sind die Sachen. Es gab keine Ablenkung. Man hätte auch keine Zeit gehabt für Ablenkung. Kein Radio gab es, keinen Fernseher, überhaupt fast keine Maschinen. Keine Reisen. Auch viel weniger Menschen. Wenn man etwas wollte, hiess das, es machen, von A bis Z. Man musste es wirklich wollen. Etwas zu wollen, hiess immer, sich anstrengen. Es bedeutete

Schweiss und Schmerz, Kampf und Krampf und dann grad von vorn. Jedes Rüebli, das man ass, wuchs nur langsam und im Schweisse eines Angesichts.

Obwohl der Krieg nach vier Jahren endlich zu Ende ging, wurden die Zeiten nicht besser. Die Leute waren unzufrieden, es gab Lager und Fronten und die Stimmung war gereizt. Jeder gegen jeden. Die Arbeiterschaft marschierte und reklamierte. Der Glanz der Fürsten schwand und auch die schönen Mänteli der Reichen bekamen Flecken. Man sagte Ausbeuter. Es gärte weiter. Es entstand auch Neues, das gut war, gäll. Wir bekamen wie gesagt Elektrisch, wir hatten jetzt Licht aus Strom. Da war ich sechs Jahre alt. Plötzlich konnte man Dinge kaufen, die man noch nie gesehen hätte im Tal. Der Handel kam richtiggehend auf. Vorher hatte man, was man selber herstellte, und fertig. Schuhbändel und Zucker und solche Sachen wurden gekauft, aber sonst nichts. Jetzt kam die Welt in Bewegung, es gab neue Sachen von überall her. Das ist wie heute, nur im Kleinen. Das Einkaufen wurde Mode und das Verkaufen auch. Die Leute verdienten ein bisschen Geld. Gewerbebetriebe schossen aus dem Boden und die wollten Bares. Einige hatten Angestellte, die bekamen Löhne. Hungerlöhne, wohlgemerkt.

Die Mutter war in ihrem Element. Sie war eine aktive Frau, gäll. Sie kümmerte sich um das Haus und den Gemüsegarten und das Obst, daneben verdiente sie Geld mit dem Handel. Im Garten baute sie Hanf an, den verkaufte sie den Leinenwebereien im Tal. Dass man dieses Zeug geraucht hätte, wüsste ich nicht. Der Vatter rauchte keine Pfeifchen, sondern Rösslistumpen am Sonntag.

Auch einen Eierhandel zog die Mutter auf, bis nach Basel lieferte sie die Eier aus dem Tal. Aber am meisten verdiente sie mit dem Strickwarenatelier. Sie beschäftigte etwa fünfunddreissig Heimarbeiterinnen. Die Schnittmuster bekam sie von ihrer Schwester Rosa, der Tante Höhlein. Die Tante hatte sich diesen deutschen Höhlein angelacht, der war Strickwarenfabrikant, hatte Fabriken in Dietikon und Brugg. Die Tante und der Höhlein und ihre Töchter, die Meret und die Lena, waren oft bei uns im Eichholz. Ich sehe die Mutter noch im Atelier sitzen und Fädilätsche prüfen, das sind die Maschen, die davonlaufen. Sie arbeitete eigentlich immer, auch am Sonntag. Das war normal. Säbi Zit arbeitete man, wenn man nicht schlief, weil die Arbeit nie fertig war. Man machte es für sich, nicht für einen Patron. Mit der Tante Höhlein hatten wir ein gutes Verhältnis, obwohl sie eine Büdel war. Ich glaube, sie half später dem Vatter heimlich.

Wenn etwas war, gingen wir zur Mutter. *Sie war zwar immer beschäftigt. Aber wenn wir etwas hatten, legte sie es weg und nahm uns auf den Schoss, so erinnere ich das. Obwohl für uns Buben eigentlich der Vatter zuständig war. Jetzt läuft das Augenwasser schon, musst entschuldigen.*

Der Vatter war für die Härte zuständig. Die Härte war wichtig, damit man vorankam. Der Vatter dressierte uns Buben. Geschlagen hat er uns nicht, er gab uns Aufgaben. Wichtige Aufgaben, Verantwortung. Die Mutter hatte die Mädchen unter den Fittichen. Wir waren inzwischen acht Kinder. Während dem Krieg kamen keine. Aber grad nach dem Krieg brachte der Storch sozusagen als Geschenk noch den dreckigen Walterli. Ausser der Migge, die Kinderlähmung hatte, waren alle gesund. Keins ist bei der Geburt gestorben oder als Kleinkind, das war ein Glück. Nur die Friede mit ihrer Rachitis, das Mamititi.

Und schau, so ist das Leben: die Friede war schwächlich von Anfang an und ist dann vierundachtzig geworden. Ausser mir wurde die am ältesten. Und ich hätte doch um ein Haar den Rank nicht gekriegt. Ein Häuflein Elend war ich, wär ums Haar dort in der Insel abgekratzt. Und bin jetzt über neunzig. Wahrscheinlich haben sie da oben die Karteikarte zu früh weggesteckt. Erledigt, gäll. Und bis jetzt vergessen. Dieser Petrus hat sicher meine Karte verlegt.

Obwohl ich jetzt schon eine Weile Gratisrunden drehe – das Leben kommt mir kurz vor. Nicht dass ich noch etwas vorhätte, gar nicht. Mein Zustand ist ein Status quo. Ohne Veränderung, meine ich. So ist das vor dieser Tür. Ich habe mit allem abgeschlossen. Aber ich staune kolossal, wie kurz das Leben ist. Es ging so schnell. Es fängt langsam an und wird immer schneller. Und viel viel schöner ist es, als es einem vorkommt. Viel schöner als man meint. Jetzt lebe ich nur noch in der Gegenwart. Ausser wenn ich dir dieses alte Zeug erzähle. Aber sonst – Gegenwart. *Und erst jetzt, gäll, nach über neunzig Jahren, sehe ich es wirklich. Dieses grosse Wunder meine ich. Alles um uns herum ist ein grosses Wunder. Die Natur – ein grosses Wunder. Die Menschen – ein Wunder. Die Tiere sowieso.*

Ich meine das gar nicht religiös. Wenn man noch nicht vor dieser Tür steht, sieht man das nicht, es ist nicht wichtig. Man freut sich zu wenig, man läuft daran vorbei. Die Leute steigen am Morgen aus dem Nest und fangen an zu jammern. Anstatt sich zu freuen. Heute Morgen hab ich das wieder gedacht, beim Spazieren. Ich würde sagen, die Welt ist so, wie wir sie sehen wollen. Wollen, gäll. Nicht besser und nicht schlechter ist sie, als was in uns selber drin ist. Obwohl, verstehst du, ich habe nie eine Welt erlebt, die in Ordnung war, gar nie. Man hätte nicht gehadert. Es war normal, dass nicht alles schön war. Die Erde gefiel mir trotzdem. *Auch jetzt noch, gäll, sie gefällt mir wahnsinnig gut. Obwohl gar nicht alles stimmt. Aber sie ist das schönste, was wir haben. Und wenn ich nicht so ein alter Möff wäre, könnte ich das sagen ohne das Geflenne. Es seicht einfach bei den alten Lölis. Die Dichtungen sind so morsch wie alles andere.*

Manchmal frage ich mich schon, warum ich immer noch da bin. Und marschiere aufrecht, ich war ja nie krank. Hab doch gequalmt wie ein Bürstenbinder, schon als Bub. Vip-Zigaretten und diese Nordafrikaner, dieser Bahndammschnitt. Marocaine hiessen sie. Später dann vor allem Stumpen, am liebsten die Schweizer Havannas, Villiger. Und dann das viele Fleisch, möglichst feisses. Aber immer gut gespült mit roten Tropfen, das ist wichtig. Auch klare Wässerchen sind gute

Medizin, das sagte schon der Vatter. Du solltest jetzt auch eins probieren. Ein Kirschiwasser hab ich hier im Tresor, ein ganz feines. Dort sind auch die Schokoladetafeln für die Putzfräuleins und die Urenkel versorgt. Im Tresor hat's Platz. Hier im Heim muss man haushalten mit dem Platz.

Und denk, immer in der Nässe gestanden und in der Kälte. Und dann die Gewichte, die wir schleppten. Der schwerste Hinterviertel war ja fast dreimal schwerer als ich Sprenzel. Ich hätte auch nicht gedacht, dass das gesund ist. Geschlafen wurde nur das nötigste. Zeit war kostbar. Viel zu kostbar für Wellness, gäll.

Dass einer so lang überlebt, das liegt wahrscheinlich an der Härte. Die kommt vom Willen, nur vom Willen. Der Willen, das Wollen, das ist das Wichtigste. Sich selber nicht so wichtig nehmen, sondern das, was man will. Der Vatter brachte uns das bei. Wir hatten wie gesagt Aufgaben, der Friedel und ich, schon als Knirpse. Wir hatten Verantwortung auf dem Hof. Das war ein Geben und Nehmen auf beiden Seiten. Ich würde sagen, es ist immer ein gutes Gefühl, wenn man gebraucht wird. Auch wenn die Arbeit hart war. Es machte uns zufrieden.

Der Vatter nahm uns in den Wald mit zum Holzen. Zum Eichholz gehörte das Golliwäldli. Einmal, das war kurz nach dem ersten Krieg, holzten wir dort. Der Vatter fällte einen Baum mit dem Bruni, dem Knecht. Der Friedel und ich mussten die abgesägten Äste auf den Weg schleifen und auf einen Haufen schichten. Da waren wir vielleicht sechsjährig. Wahnsinnig mühsam war das. Die Äste verkeilten sich immer im Gestrüpp. Aber wir wollten das schaffen. Der Vatter kümmerte sich nicht um uns, er hatte zu tun. Stell dir vor, wie stolz wir auf den hohen Haufen waren, höher als wir war der.

Am Nachmittag sassen wir am Waldrand an der Sonne, es war Herbst, aber noch warm. Vor uns das Tal, man hatte gute Sicht. Wir assen Zvieri, Brot und Käse, und tranken Kaffee. Vatters Spezialrezept, halb Kaffee, ein Viertel Wasser und ein Viertel Schnaps. Mit viel Zucker, dann mag man wieder. Der

Friedel und ich tranken das auch. Vielleicht hat es der Vatter stärker verdünnt.

Plötzlich hörte man Trommeln. Vom Lindenholz Richtung Ursenbach kam ein kleiner Trupp Männer dahermarschiert. Voraus der Trommler, dahinter einer mit einer roten Fahne. Der Vatter sprang auf wie von der Hornisse gestochen und fing an zu fluchen: «Himmelherrgottsdonnercheib! Jetzt kommen diese verdammten Bolschewiki schon bis hier hinten ins Tal!» Nicht Kommunisten sagte er, Bolschewiki. «Jetzt schleiken die diesen roten Bockmist bis zu uns herauf!»

Verstehst, der Vatter hatte Angst vor denen, es waren alles Leute aus der Gegend, er kannte die. Das waren solche, die in die Fabriken gegangen waren, Arbeiter. Abtrünnige waren das für ihn. Und jetzt getrauten die sich zurückzukommen und rote Aufwiegeleien zu verbreiten.

Die Roten hatten in Langenthal eine Kundgebung organisiert, dort war die grosse Porzellanfabrik. 1918 war das, da war die ganze Schweiz lahmgelegt, Landesstreik. Alles kam aus dem Lot. Jeder war gegen jeden. Die Menschen trennten sich zum ersten Mal in unversöhnliche Lager, würde ich sagen. Das Leben wurde politisch, und das ist schlecht. Weil zur Politik immer der Krieg gehört, das ist meine Meinung. Die einzelnen Menschen würden sich schon zusammenraufen, wenn nicht die Politik das Maul reinhängt. In der Politik geht es nur um Macht, Macht für Einzelne. Es geht nicht um die Sache. Das sind leere Versprechungen. In Russland hatten sie diese Revolution. Parolen tönen ja immer gut. Aber in Russland sah man auch, wie es ist, wenn die Leute ihr Leben lang mit leerem Ranzen Parolen rufen müssen. Wegen dieser Bande von Lügnern.

Nicht alle Revoluzzer waren schlecht. Es gab auch ein paar Persönlichkeiten bei den Roten. Die fehlen heute. Der Grimm Röbel, das war ein richtiger Held. Nach dem Krieg wurde der Präsident des Gewerkschaftsbundes. Der hat mir Eindruck gemacht. Der hatte Kraft, Charisma sagt man, und gescheit war er auch. Gestört hat mich nur, dass der als Arbeiterführer einen der schönsten Höfe im Tal kaufte. Verstehst du, woher hat ein Arbeiterführer so viel Geld? Veranstaltet internationale Arbeiterkongresse und holt diese Banditen in die Schweiz, diesen Lenin und Konsorten. Und kauft sich dann einen Prachtshof in Grosshöchstetten. Da wird der Bauer nachdenklich.

Diese Streikerei dauerte lange, mehrere Wochen, würde ich sagen. Von Kundgebung zu Kundgebung zogen die Protestierer. Die mit dem roten Fähnlein kamen von Langenthal und marschierten an uns vorbei über Ursenbach durchs Tal nach Thun. Wir kannten die ja alle. Das war das Bedrohliche, man kannte sich und wusste, die waren zu allem bereit. Es waren solche, die nichts mehr zu verlieren hatten, sicher. Viele wollten durchaus noch einen Krieg, die hätten auch einen Bürgerkrieg in Kauf genommen. So in der Hitze waren alle. Den meisten Leuten ging es sehr schlecht, materiell, meine ich. Schlecht und immer schlechter. Die einen immer reicher, die andern immer ärmer.

In den Städten entstanden Bürgerwehren, bewaffnet und auf Pferden kamen die daher, fast wie im Wilden Westen. Der Hass zwischen den Lagern wurde bewusst geschürt, höherenorts. Dem sagte man Politik. Statt dass man schaute, dass die Probleme gelöst wurden, läuteten die Parteien lieber Sturm. Später war es dann in Genf soweit. Da hetzte die Regierung Rekruten gegen eine Kundgebung. Sie schickten aber nicht Genfer, sie jagten andere drauf, wohlverstanden. Die hatten Befehl zu schiessen und haben das auch gemacht. Es gab viele Tote und Verletzte. Und in Solothurn packten sie den Bahnhofvorstand und warfen ihn von der Brücke. Der ist dann verblutet, weil er nicht streiken wollte. Die Bahnhofvorstände machten nicht mit, das waren Bürger, keine Arbeiter. Es hing an einem Faden, würde ich sagen. Um ein Haar wäre die Schweiz in einen Bürgerkrieg gekippt. So lang ist das noch gar nicht her.

Der Vatter hasste die Sozi und darum durften wir auch nie Fussball spielen. Fussball spielen die Roten, aber die richtigen

Schweizer turnen, sagte er. Nationalturner hiessen die. Ringen, Schwingen, Steinstossen, Hochweitsprung und Freiübung. Zum Schwingen war ich eigentlich zu schmächtig, aber ich hab es dann doch gemacht, später, in der Lehre. Der Sport war eine Abwechslung und man konnte sich austoben. Es würde mir ja heute noch gefallen, aber jetzt habe ich aufgehört. Mit solchen Zitterpfoten kann man keine Bälle fangen. Und mit den Alten spielen sie immer Ball, gäll. Ich erwische diese Bälle nie. Hockey wäre mir lieber. Bis vor kurzem habe ich Hockey gespielt, da stört das Zittern weniger. Turnen hier im Heim heisst, auf Bänklein hocken und ein bisschen die Scheichen schlenkern, das ist nichts für mich. Das ist doch nicht turnen. Der Schälli und ich wären die einzigen Männer, die turnen würden, sonst sind das alles Frauen. Die machen Gymnastik. Und sie gehen in die Kirche, das ist Abwechslung.

Der Vatter baute eine Reckstange für den Friedel und mich, damit wir turnten. Ganz aus Holz. Wahnsinnig aufpassen musste man auf der, vor allem beim Hüftschwung. Wegen der Späne. Aber das war erst später, da waren wir schon grösser. Sonst gab es wenig Abwechslung. Sicher nicht das Kirchliche. Der Vatter war ein richtiger Pfaffenhasser. Er hasste die Pfärrer und die Roten. Ich bin mir aber sicher, dass er eine Art Religion hatte, eine Naturreligion. Ehrfurcht vor der Natur, die war säbi Zit gross. In eine Kirche wären wir nie gegangen, obwohl das allgemein verbreitet war. Aus Langeweile gingen alle, würde ich sagen, und wegen den menschlichen Kontakten. An das, was die Pfaffen verzapften, glaubten doch die wenigsten. Aber der menschliche Kontakt war kostbar, viel kostbarer als heute.

Ab und zu fuhren wir an einem schönen Sonntag mit dem Reitwägeli aus, zu Besuch. Da wurde vorher dick gesalbt, damit nicht alle spotteten. Wenn man nicht salbte, gierte und quietschte es, dass man es von weitem hörte. Da hiess es dann, schau dieser Giethung! Diesen Geizhals reut die Salbe. Man hat die Sachen gesalbt, nicht geölt. Erst später kam das schwarze Öl ins Tal. Plötzlich floss überall Erdöl durchs Leben. Das

Erdöl kostet und es schadet auch, gäll. Wir salbten, Salbe ist nicht schädlich. Die ist aus Maikäfern. Die schon, die Maikäfer waren schädlich. Wir fingen und zermantschten sie, vor allem die Engerlinge, die haben einen hohen Fettanteil. Das gab gute Wagenschmiere. Wunderbar gesalbt ist man also ausgefahren. Ein Picknick zu veranstalten wäre einem nicht in den Sinn gekommen. Viel lieber ass man im Haus auf einem Stuhl an einem Tisch. Oft genug musste man bei der Arbeit draussen irgendwo am Boden hocken.

Wir gingen häufig zu den Grosseltern in die Rätzmatt, aber auch nach Hofen zu den Büdel. Solange die Mutter mitkam, gingen wir auch zu den Büdel. Die Büdelgrosseltern freuten sich, wenn wir kamen. Der Grossvater, der Gottlieb, war hager und blond, eher ein Feiner. Die Grossmutter, Marie Käser hiess sie ursprünglich, schenkte uns Himpeli. Rosarote Bonbons, die aussehen wie Himbeeren. Trotzdem gingen der Fritz und ich lieber in die Rätzmatt. Der Rätzmattjakob, der Grossätti, war steinalt und hatte einen schwarzen Bart bis zum Bauch. Kohlrabenschwarz und kein graues Haar. Wir fürchteten uns ein bisschen vor ihm, aber wir hatten ihn gern. Er redete wenig. Er sass auf dem Bänklein vor dem Haus an der Sonne. Der hätte ja fast den Napoleon noch angetroffen, 1839 wurde er geboren. Auch den letzten Pfaffenkrieg in der Schweiz hatte der noch erlebt, den Sonderbundskrieg. Da war die Schweiz noch gar nicht die Schweiz. Die Verfassung kam erst, als der Rätzmattgrossätti neunjährig war. Da wohnten sie aber noch am Napf. Das ist ganz in der Nähe vom Luzernischen, und dort waren alle katholisch. Brandschwarz katholisch, gäll. Mit den Katholiken war man verfeindet säbi Zit. Darum war auch der Vatter allergisch gegen die.

Das Grossmuetti, die Elisabeth Ryser, war fast zwanzig Jahre jünger als er. Sie wurde meine Gotte. Vielleicht, weil sie mich zur Not tauften, bevor ich in die Insel kam.

Wahrscheinlich war die Zeit im Eichholz gerade nach dem ersten Krieg die glücklichste für unsere Familie. Sicher für uns

Kinder. Die Mutter war da, der Vatter war da, wir hatten ein schönes Heimet. Der Friedel und ich gingen im Nachbardorf in die Primarschule, in Leimiswil, erste bis neunte Klasse. Sekundarschule gab es nur für die Mehrbesseren. Die Migge durfte in die Sekundarschule. Ich ging wahnsinnig gern in die Schule. Mir gefiel das Lernen, ich war sehr neugierig. Wissbegierig könnte man sagen. Dem Vatter war das ein Dorn im Auge. Er brauchte mich auf dem Hof, nicht hinter Büchern. Ich lernte aber lieber, als beim Heuen mitzuhelfen. Den Staub vertrug ich nicht, ich bekam immer Asthma. Schon als kleiner Bub wusste ich, was ich auf den Tod nie werden wollte, nämlich Bauer.

Einmal kamen wir nach Hause vom Feld. Am Morgen sind wir immer zur Schule gegangen, am Nachmittag immer aufs Feld. Die Sekundarschüler hatten auch am Nachmittag Schule. Darum war der Vatter ja gegen diese Schule. Die Marie war in der Küche, die durfte nicht mit aufs Feld, mit dem Fuss. Wir kamen also alle herein und ich fragte die Marie: «Migge, hast du einen Atlas?»

Der Vatter trampte hinter mir herein und bekam fast ein Kind, als er das hörte. Er brüllte los: «Jetzt kommt der vom Emden heim, und wir wollen endlich etwas zu fressen, und da weiss der Galöri nichts Gescheiteres, als nach einem Atlas zu fragen!»

Er konnte das einfach nicht begreifen, der Vatter, dass einer noch etwas anderes im Grind hatte als das Emd. Die Mutter beschwichtigte ihn. Die Mutter verstand etwas von Büchern. Sie konnte gut schreiben und lesen. Sie unterschrieb auch unsere Zeugnisse. Dem Vatter war das eine Mühsal. Dabei wollte ich nur wissen, wo Neapel liegt. Die Marie gab mir dann ihren Atlas, sie hatte einen, als Sekschülerin. Die Geografie blieb mir immer eine Leidenschaft. Die weite Welt, gäll. Die russischen Flüsse finde ich heute noch ohne nachzuschauen fürs Kreuzworträtsel. Ich glaube, ich hatte irgendwo diesen Satz aufgeschnappt, Neapel sehen und sterben. Da muss man doch wissen, wo dieses Neapel liegt, so spannend tönt das.

Dass ich mich selber so am Riemen riss, lag vielleicht an meiner Rivalität mit dem Fritz. Das war eine Rivalität ohne Bösartigkeit, wir waren ja ein Herz und eine Seele. Körperlich konnte ich ihm nie das Futter reichen, obwohl wir Zwillinge waren, er war der grössere und stärkere. Die Stärke war sein Gebiet. Aber in der Schule war ich besser. Ich war der kleinste, aber der beste. Ich glaube, das hat meinen Willen enorm gestärkt. Auch mit dem Kopf kann man etwas bewegen, absolut.

Ich kann das nicht! – einen solchen Gedanken hatte ich nie. Das gab es einfach nicht. Man forderte von uns Kindern von Anfang an alles. Manchmal war das hart, und sicher, es wurde dann später zuviel. Aber an und für sich ist es gut, von den Kindern zu fordern. Bei uns hiess es nicht «Kannst du das?» Oder gar «Möchtest du das?» Es hiess einfach «Mach das!» Es war ein Auftrag und der musste erledigt werden. Wie man das erledigte, hätte einem niemand vorgeschrieben. Es musste einfach getan sein und basta. Wir waren von klein auf gewohnt, an unsere Grenzen zu gehen. Und weil man uns zutraute, dass wir es konnten, wollten wir es können. Deshalb bin ich ganz gegen das Verbot der Kinderarbeit, gäll. Ich weiss, dass man das nicht laut sagen darf, aber ich sage es trotzdem.

Ich meine nicht diese Schinderei von Kindern, sicher nicht. Aber man sollte sie wieder einbeziehen in das Alltagsleben, von Anfang an. Man sollte sie auch Gefahren aussetzen. Sie sollen Gefahren kennenlernen, früh genug. Später lernt man das nicht mehr richtig. Drum tun mir diese Burschen leid, die da unter meinem Balkon herumlungern. Wenn man denkt, so schöne junge Menschen und werden für nichts gebraucht. Darum spüren die keine Liebe und keine Achtung. Weil sie nicht gebraucht werden. Kinder haben in den Sippen immer mitgearbeitet, in einer ihnen entsprechenden Form, immer. Heute werden sie behandelt wie Kranke, das macht sie krank. Sie brauchen richtige Aufgaben. Richtige, nicht pädagogische, das macht sie zufrieden. Man sollte die Kinder arbeiten lassen, das wollen sie nämlich. Etwas Sinnvolles für die Allgemeinheit tun. Wenn sie zeigen können, dass sie gut sind, werden sie gut. Jetzt telefonieren sie nur noch.

Aber Lob braucht es. Wir wurden wenig gelobt. Der Fritz und ich vielleicht noch am ehesten. Das gibt enorm Auftrieb, ich erinnere mich genau an das Gefühl. Es war selten und kam eher von der Mutter. Es wurde schon säbi Zit propagiert. Die Mutter wusste das, wir kamen aber nicht lange in den Genuss. Dem Vatter lag es nicht. Ich bin sicher, dass der kleine Mensch immer noch der gleiche ist. Er kommt als Nichts auf die Welt, ganz zerbrechlich. Und hat gewisse Anlagen, die muss man fördern. Und gewisse muss man dämmen und formen. Aber dazu braucht man eine klare Vorstellung. Das ist das Erziehen, das ist eine grosse Aufgabe. Es braucht viel Kraft und Ausdauer. Nachgeben ist bequemer. Viele Eltern sind jetzt zu faul zum Erziehen, gäll. Und Kinder sind verletzbar, man kann sie so verletzen, die vergessen das ein Leben lang nicht. Das sage ich jetzt als alter Mann. Ich habe den Vatter später immer verteidigt vor dem Fritz. Der Fritz hat oft gehadert wegen unserer Kindheit. Aber ich glaube, im Grunde genommen war der Vatter ein guter Mensch. *Er konnte es nicht zeigen, gäll. Wir konnten ihn wenig geniessen. Wenig. Die Mutter ja auch nicht. Wir konnten das Schöne sehr wenig kosten. Das macht mich traurig, siehst du.*

Glücklich machten mich die Tiere. Ich kann das nicht erklären. Ich kann das mit nichts anderem vergleichen, was Tiere für mich bedeuten. Ich habe auch die Kinder gern, hatte ja selber vier. Und all die vielen Enkel und Urenkel da an den Wänden. Aber das mit den Tieren ist etwas anderes. Das ist ausserhalb von allem. *Für mich steht es über allem. Tiere sind irgendwie rein, reine Natur, gäll. Vielleicht ist es das. Sie sind ein Teil von uns, ein Teil von mir, sicher. Der bessere Teil.*

Säbi Zit lebte man mit Tieren, sie gehörten zu einem wie der Boden und die Luft. Es gab kein Leben ohne Tiere, sie gehörten zur Hausgemeinschaft und hatten ihre Aufgabe. Die Hühner kamen ins Haus, Hunde und Katzen sowieso. Die Menschen lebten noch wenig in Häusern. Manchmal schlief man im Stall zwischen den Kühen. Dort war es warm und man hatte sie im Auge, falls etwas im Tun war. Und Pferde waren immer um uns, sie waren unsere Motoren. Der Vatter liebte die Pferde.

Das Zusammenleben mit den Tieren ist den Menschen abhanden gekommen. Du weisst ja nicht, wie schade das ist. Der Vatter hatte eine Antenne für Tiere. Er machte kein Geschiss daraus, aber er hatte wie gesagt diesen siebten Sinn. Das ist eine Gabe, gäll, die hat nicht jeder. Ich glaube, ich habe diese Antenne auch ein bisschen, vom Vatter habe ich sie. Und er hatte sie von seinen Ahnen am Napf. Der Napf war ein Gebiet für die Gespürigen, dort gab es Wunderheiler und Kräuterdökter. Ich kann dir nicht genau erklären, was es ist. *Ich verstehe die Tiere und sie verstehen mich, wir reden die gleiche Sprache.*

Ich habe immer davon geträumt, Tierarzt zu werden. Aber das ging dann eben nicht mehr.

Jetzt habe ich keine Tiere mehr, eigene meine ich. Aber ich treffe sie überall. Das ist für mich das Höchste, wenn ich ein Tierchen antreffe und es sich mir zuwendet. Tiere sind wählerisch. Hier oben am Hügel hinter dem Heim habe ich meine letzte Liebe gefunden, könnte man sagen. *Der Hund, gäll. Da ist bei mir fertig, wenn der angesprungen kommt. Der hört mich rufen, wenn ich noch fünfhundert Meter weit weg bin, der hört mich und kommt angewetzt. Das war Liebe auf den ersten Blick. Der zerfliesst doch fast. Dieses grosse Tier könnte man aufs Brot streichen, so freut der sich. Und mich dazu. Aber ich darf nicht zu häufig vorbeigehen. Ich dosiere das, weil wir uns sonst zu sehr aneinander gewöhnen würden.*

Ich verstand die Tiere immer besser als die Menschen. Eine stumme Verständigung ist das. Ein Durchschauen, ohne ein Quentchen Geheimnis. Vor Tieren kann man sich nicht verstellen, sicher nicht vor den intelligenten. Man kann ihnen nichts vormachen, und nie machen sie einem etwas vor. Ich meine natürlich nicht die Fliegen, sondern die höheren Tiere.

Obwohl, auch die Enten. Die haben ja ein kleines Gehirn. Man würde gar nicht glauben, wie intelligent Enten sind, wenn man sich ein bisschen Mühe gibt. Ich gehe sie jeden Tag besuchen, hier unten am Teich. Die warten auf mich. Ich kann sie sehr gut unterscheiden. Manchmal rufe ich ihnen vom Balkon zu. *Und du würdest es nicht glauben, die kommen angeschwommen. Viele lachen ja über mich, das weiss ich – da kommt der Entenfütterer, gäll. Aber das macht mir nichts aus. Es freut mich sogar, wenn die Leute mich Entenfütterer nennen. Ich habe einfach Freude, wenn die Tiere kommen. Sie spüren mehr als wir.*

Im Eichholz war der Willi immer an meiner Seite. Der Willi merkte alles. Der war immer da. Hunde können wahnsinnig lieben. Sie sind treu. Da sind wir doch Waisenknaben im Vergleich mit denen.

Der Willi war übrigens ein Berner Sennenhund. Ein Bastard, gäll, ein grosses Vieh. Ich weiss nicht, ob ich ohne diesen Hund überlebt hätte.

Eines Tages war er dann da, der schlimmste Tag in meinem Leben. Ich wusste das nicht in jenem Moment, gäll. Das merkt man immer erst, wenn es vorbei ist. Wenn man vor dem Loch hockt. Ich sehe die Mutter den Weg raufkommen, es war später Nachmittag. Ein schöner Nachmittag eigentlich. Sie war lange weg gewesen. In Basel, wegen der Eierabrechnung. Ich freute mich sehr, dass sie endlich heimkam. Der Friedel und ich waren in der zweiten Klasse, achtjährig. Die Mutter kam den Weg hoch zum Haus und ich erinnere mich, dass ich das Gefühl hatte – irgendwie ist die Mutter anders als sonst. Ich sah es, ich könnte nicht sagen, was es war. Der Walti stand neben mir und umklammerte mein Bein, er war zweijährig. Zusammen sind wir ihr entgegengelaufen. Die Mutter begrüsste uns wie immer, überschwänglich war sie ja nie. Sie nahm den Walti auf den Arm und kam ins Haus. Dann stellte sie den Walterli in der Küche ab und ging ins Bett. Das hatte es noch nie gegeben, dass sie am Tag in die Kammer gegangen wäre. Der Vatter kam und ging in den Socken zu ihr, aber mit der Jacke. Sie blieb im Bett. Die Rös und die Migge verscheuchten uns, die Mutter musste Ruhe haben. Am zweiten Tag schlief sie ein. Ich meine nicht richtig schlafen, das war mehr eine Bewusstlosigkeit. *Sie hat uns vorher noch zu sich geholt. Sie wusste, wie es um sie stand, sicher. Sie hat jedem adieu gesagt. Sie küsste uns, gäll, jedes einzeln.*

Ich weiss noch, wie sie mich anschaute. Das vergisst man nicht, diesen letzten Blick. Im hohen Bett lag sie, in der Kammer, und wir alle um sie herum. Sie ist dann einfach nicht mehr aufgewacht. Am dritten Tag war sie tot. Ein Doktor kam einmal, aber der konnte nichts machen. Es gab kein Penicillin oder Antibiotika, das kam alles erst viel später. Es war eine Hirnhautentzündung, da gab es nichts. Vielleicht von einer Erkältung, die die Mutter nicht richtig auskuriert hatte. Sie hätte doch keine Zeit gehabt fürs Rumliegen. Danach veränderte sich alles in unserem Leben.

2 Vatterschwächen

Der Vatter befahl uns jedesmal, die Köpfe auf die andere Seite zu drehen, wenn wir am Sonntag in die Rätzmatt gingen, am Büdelhaus vorbei. Ich glaube, er wechselte mit denen kein einziges Wort mehr, bis er starb. Alles wurde sehr schwierig nach Mutters Tod. Es war nicht nur, dass wir sie nicht mehr hatten. Auch nicht, dass der Vatter jetzt allein dastand mit der schweren Arbeit auf dem Hof und uns acht Bälgern. Der Walti erst zweijährig und die Grossen, die Migge und die Rös, gerade in der Pubertät. Es war die Not, kann man sagen, die Not und sicher auch die Ohnmacht. Die haben uns nämlich beschissen, die Büdel, die Seckelhunde. Die verweigerten dem Vatter das Erbe von der Mutter. Und ohne die Einkünfte der Mutter hatten wir kein Bares, gäll. Das bekamen wir zu spüren. Das hatten sicher der Gottlieb und der Hans auf dem Gewissen, die feinen Brüder. Im bernischen Erbrecht war es so, dass die Eltern bestimmen konnten, wer erbt, wenn ein Kind vorverstarb. Die haben sich alles, was der Mutter gehörte, unter den Nagel gerissen. Wollten den Vatter wahrscheinlich ausbluten. Es ihm heimzahlen, dass er die Marie genommen hatte. Es machte den Vatter aber nur härter. Und bitter.

Das Leben wurde zur Qual, das kann man sagen. Die Familie verlor sich aus den Augen. Der Vatter war für sich und die Mädchen mit dem Walti und wir beide. Der Fritz und ich schliefen nicht mehr im Haus, wir wohnten im Tenn, im Nebengebäude, wo die Knechte waren. Dort hatten wir jetzt unseren Schlag, ungeheizt, wohlverstanden. Manchmal waren die Hosen steifgefroren, wenn wir in der Herrgottsfrühe aus dem Nest mussten. Ich wäre oft lieber gestorben, als in die dunkle Kälte hinauszumüssen. Der Fritz und ich wurden nach dem Tod der Mutter Knechte. Die Mädchen übernahmen die anderen Aufgaben im Haus, aber ohne die Nebeneinkünfte war nichts mehr mit Knechten. Der Bruni musste fort. Der Vatter hatte nur noch uns Buben.

Er veränderte sich sehr nach dem Tod der Mutter. Gesagt hätte er ja nie viel. Jetzt wurde er stumm. Düster sowieso. Wir gingen ihm möglichst aus dem Weg, der Fritz und ich. Wir machten unsere Sache und er liess uns in Ruhe. Auch die Tiere merkten, dass er nicht mehr der gleiche war. Die sowieso. Er begann die Tiere zu schlagen. Manchmal aus heiterem Himmel, dass es einen grauste. Die bockten umso mehr, kannst dir vorstellen. Die trauten dem Vatter nicht mehr. Da wurde alles noch schlimmer. Das Metzgen wird eine Sauerei. Die Tiere merken, wenn du neben den Schuhen stehst. Die spüren deine Unruhe und die Unsicherheit. Und wenn sie nicht stillhalten, ist es schwierig. Dem Vatter ging das Töten nicht mehr gut von der Hand. Das Blut spritzte, ein schlechtes Zeichen, das sah ich sofort.

Oft stand der Vatter herum und stierte Löcher in die Landschaft. Ich erinnere mich, wie er dastand, wie ein Ölgötz. Die Hände auf der Mistgabel, den Kopf in die Hände gestützt. Ewig konnte der so dastehen. Das machte uns Angst, dem Friedel und mir. Der Vatter so verlassen und versteinert da draussen, als wartete er darauf, dass ihn jemand abholt. Er vergass uns. Wir mussten lernen, selber zu kutschieren.

Zum Glück bekamen wir den Willi, unseren Willi mit dem dicken Fell. Er brachte uns das Essen, wenn wir auf dem Feld waren, in einem Korb. Er zog uns die schweren Lasten und er trug sogar den kleinen Walti. Der Willi war meistens das einzige Fröhliche, das wir hatten. Er spielte und lachte mit uns. *Der Willi war viel mehr als ein Geschwister. Aber ein bisschen war er auch unsere Mutter. Das grösste Geschiss hatte er mit mir. Er rannte mir immer entgegen, wenn ich von irgendwo nach Hause kam. Der Willi wusste, wann ich komme. Der Hund wärmte uns auch. Sauber war das Fell ja nicht, aber das hätte uns nicht gestört. Der Friedel und ich sind manchmal fast in ihn reingekrochen.*

Meistens war Alltagstrott. Um halb sechs in den Stall, dann Frühstück, Milchbrocken, dann mit dem Milchkarren in die Käserei unten im Tal. Um sieben spätestens musste man dort sein. Dann mit der heissen Schotte für die Säue zurück und dann in die Schule. Es war immer ein Gehetz, damit wir rechtzeitig in der Schule waren. Da war nichts mit Spazieren und die Aussicht Geniessen. Weit war es in die Schule, sicher eine halbe Stunde, wenn man rannte. Wir fehlten oft, weil der Vatter uns brauchte. Die Arbeit auf dem Hof hatte Vorrang. Das war nicht so gemütlich. Dem Lehrer, dem Christen, war es nämlich egal, ob wir wegen dem Vatter nicht kamen oder weil wir schwänzen wollten. Der Christen war ein Schläger. Er meinte es gut mit uns, verbot uns zum Beispiel das Rauchen, aber er war ein Schläger. Bei uns kam immer der Fritz dran. Mich verschonte er, ich weiss nicht warum.

Einmal durfte ich zwei ganze Tage nicht in die Schule und aufs Feld musste ich auch nicht, das war weniger schlimm. Wegen dem Milchkarren, der mir auf den Scheichen kippte, da unten aufs Schienbein. Da spürst du heute noch diesen Graben. Über achtzig Jahre alt ist diese Narbe jetzt, die hätte sich nicht weggeschliffen. Wir wollten besonders schlau sein, der Friedel und ich. Der Karren mit der heissen Schotte war sauschwer, wenn wir ihn von der Molkerei den Hang hochziehen mussten. Obwohl der Willi mithalf. Da hatten wir die Idee mit der Hedi, der alten Mähre. Wahrscheinlich hatte ich die Idee. Wir spannten die Hedi vor unseren Karren und gleich noch die beiden Karren von den Nachbarsbuben hintendran. Es ging alles bestens. Bis die Hedi durchbrannte. Ein paar Meter galoppierte ich mit und versuchte sie zu stoppen. Da musst du marschieren, gäll, wenn so ein Ross durchdreht. Aber plötzlich flogen die aneinandergebundenen Karren durch die Luft. Ich duckte mich, so gut es ging. Rundherum verkeilten sich Bleche und Stangen und Bretter, ein Riesenradau. Dann klatschten fünfzig Liter heisse Milchschotte auf mich herunter. Ich kauerte unter dem Haufen. Dass es mich nicht getötet hat, ist ein Wunder. Aber eine aufgeplatzte Blechtanse schlitzte mir das Bein auf. Eine grosse Tranche Fleisch hing runter, das seh ich noch. Gespürt habe ich es nicht. Wir klappten das hoch und wickelten einen Pullover darum, dann bin ich nach Hause gelaufen.

Der Vatter erschrak ein bisschen. Es blutete wahnsinnig und man sah den Knochen. Er wickelte noch ein paar Tücher um das Bein, packte mich auf den Reitwagen und fuhr, so schnell es, ging zum Arzt. Der war im nächsten Dorf, das dauerte eine halbe Stunde. Ob man den Doktor antraf, wusste man nie, man hätte ja nicht telefonieren können. Es war eines der wenigen Male, wo der Vatter zu einem Arzt ging. Er hatte es nicht mit den Doktoren. Grundsätzlich nicht, aber auch, weil sie teuer waren. Die Ärzte waren fürs Grobe wie dieses aufgeschlitzte Bein. Eine Krankenkasse gab es nicht. Man musste selber schauen. Der Coiffeur zog einem Zähne, wenn man Zahnweh hatte, das kostete fünfzig Rappen. Um den Rest kümmerten sich die Wasserschauer.

Der Vatter traute nur denen. Das waren die alten Naturheiler im Tal. Man brachte den Urin, wenn etwas nicht in Ordnung war. Im Urin sahen die, woran es lag und mischten einem dann eine Tinktur oder einen bitteren Tee, das kostete ein paar Batzen. Die Kräuter holten sie am Napf, manchmal gingen sie bis in die Alpen, um so ein Kräutlein zu finden. Jeder hatte seine geheimen Plätze. Es gab nur wenige solche Naturheiler. Das ist auch so eine Gabe, das Wasserschauen. Vielleicht gibt es die Gabe heute nicht mehr, weil die Leute nicht mehr darauf achten. Und vor dem Urin ekeln sich alle.

Der Vatter ging zum Mosimann, wenn ihm nicht wohl war. Das waren etwa zwölf Kilometer vom Eichholz. Der Mosimann war weitherum berühmt für seine Heilkunst. Hinten im Tal in einem Krachen wohnte der, im Kriegerhaus, mitten im Wald. Das ist bei Sumiswald, oberhalb von Wasen. Dort kam der Vatter her. Es ist immer noch ein Wasserschauer im Kriegerhaus, aber sonst sind alle verschwunden. Eigentlich ist es zum Erbarmen, dass die Menschen dieses Wissen vergessen haben. Die Natur stellt alles gratis zur Verfügung. Aber Fleischblätze annähen kann sie natürlich nicht.

Auch nicht jeder dieser teuren Dökter, gäll. Wir glaubten, dass wir Glück hatten, weil er da war. Aber dieser Aff machte das miserabel. Zusammengeschnurpft hat er mein Bein. So gut hätte ich das auch gekonnt. Und er brauchte eine Ewigkeit dazu. Ohne Spritze, wohlverstanden. Zuerst goss er Alkohol in die Wunde. Zähne zusammenbeissen, Bub, wird es geheissen haben. Dann nähte er mit einer gebogenen Nadel. Wahrscheinlich war ich sowieso halb ohnmächtig vom Blutverlust. Als wir zu Hause ankamen, war es aber gar nicht gut. Diese Nähte waren so schlecht, dass die ganze Sache sofort wieder verrutschte. Der Vatter machte das dann ohne Doktor, mit Kräuterwickeln. Er kannte sich aus, vom Veh.

Man kann sagen, der Vatter war noch ganz ein Mensch des Mittelalters, ein Naturmensch. Er gehörte in eine andere Zeit. Die Mutter war viel moderner, aber das nützte uns nichts mehr. Und wir waren wieder eine andere Zeit, Krisen und Kämpfe. Der Vatter hasste Veränderungen. Für ihn war das Althergebrachte das Beste. Alles Neue war ihm suspekt. Man wusste nichts darüber. Er war auch abergläubisch. Ich habe einmal gesehen, dass unter seinem Bett in der Kammer ein grosser Stein eingemörtelt war. Darüber geredet hätte man nie. Auch ein Pendler kam ab und zu in den Stall, wegen der Kühe. Was der machte, weiss ich nicht mehr. Heute ist das wieder Mode. Wenn es den Menschen nützt, ist es recht.

Der Vatter lebte mit der Natur wie die meisten in den Krächen. Damit war er zufrieden. Obwohl – er wollte ja auch einmal fort aus dem Tal. Aber der erste Krieg war ihm dazwischen gekommen. Und dann, ohne die Mutter, ist er nicht mehr weitergekommen.

Gegen die Schwärze im Vatter war nicht mal am Napf ein Kraut gewachsen. Es gab auch lichtere Momente, aber die waren selten. Einmal jagte er uns alle hinauf zur Linde. Er hatte dort acht tiefe Gruben geschaufelt, eine neben der anderen. Jedes von uns musste sich an den Rand einer Grube stellen, der Reihe nach. Der Walti bei der Linde, die Migge am äussersten

Rand gegen das Tal. Dann befahl er uns mit der Schaufel in der Faust, die Augen zu schliessen. Ich war ziemlich aufgeregt, aber ich hätte mich nicht getraut zu blinzeln. Plötzlich spürte ich, wie mir der Vatter ein paar Härchen ausrupfte. Genau über dem Ohr, wo es wehtut. Das Haarbüschel liess er in die Grube segeln. Dann pflanzte er ein Kirschbäumchen, für jedes eines. Jedes von uns musste ihm bei seinem helfen. Kirschen waren säbi Zit wahnsinnige Leckereien. «Die wachsen nur recht, wenn sie etwas von euch haben in der Erde», brummte er und stapfte zum Hof zurück. Die Bäume stehen heute noch dort. Von uns bin nur noch ich übrig.

Das war für uns wie Weihnachten, auch wenn wir auf die Früchte warten mussten. Es war sogar besser als Weihnachten. Weihnachten war nichts Besonderes, ausser dass ein Baum in der Stube stand mit einem glitzernden Engel an der Spitze. Geschenke hätten wir nie bekommen. Auch am Geburtstag nicht. Auch keinen Kuchen. Vielleicht erwähnte man das kurz, dass man heute Geburtstag habe, das war alles. An Ostern bastelten der Friedel und ich ein Nest und sammelten Blumen, mit denen wir das Moos verzierten. Meistens war es ziemlich schwierig, genügend Blümchen zu finden, um es schön zu machen. Die Nester wurden am Sonntag versteckt und wenn wir sie fanden, lagen ein paar Eier drin. Die waren rötlich, von den Zwiebelschalen. Manchmal verzierten sie die Schwestern mit Kräutern, aber meistens nicht. Sie hatten keine Zeit fürs Verzieren.

Eine Zeit lang übergab der Vatter den Friedel und mich am Sonntag den Stündelern. Das sind die, die den Kopf nicht gerade halten können beim Gehen. Die hocken dauernd in diesen Betstunden, darum Stündeler. Wahrscheinlich war es ihm recht, wenn wir Buben unter Aufsicht aus dem Haus kamen. Und ein bisschen weibliche Sittenbildung könne uns nicht schaden, wird er gedacht haben. Die Stündelerin war die Nachbäuerin, die wollte uns auf den rechten Weg führen, also auf den neuapostolischen. Es gab mindestens zehn Sekten im Tal säbi Zit, Neutäufer und Wiedertäufer und die Heiligen der letzten Tage. Mormonen heissen die auch noch, das war eine gefährliche Bande. Alle, die sie sonst irgendwo wegjagten, kamen ins Tal. Der Rest war reformiert. Aber die Pfärrer hatten diese unzugänglichen Gemeinden doch nicht im Griff, denk auch. Die Einzugsgebiete waren viel zu gross. Da packten die Sekteler das an, die sind immer gleitig. Ich glaube nicht, dass das Tal eine besonders religiöse Ader hatte, im Gegenteil. Die Leute liessen sich nicht gern etwas vorschreiben. Aber das Frömmeln war ein Zeitvertreib, das ist meine Meinung.

Für mich ist das Fisch was Frosch. Und dem Vatter war das eine wie das andere ein Gräuel. Er ist jedesmal fluchend hinters Haus verschwunden und auf die Höhe gestapft, sobald ein Schwarzrock mit dem Velo angeflattert kam. Nur wenn die Katholiken in Huttwil ennet dem Hügel Böllerschüsse abfeuerten an Fronleichnam, dann kam er aus dem Grinsen nicht mehr heraus. «Jetzt versuchen die Katholischen wieder, den Teufel loszuwerden. Die sollen nur probieren, den zu uns ins Tal zu schiessen. Da können die Galöri noch lange üben. Der macht hier grad rechtsumkehrt.»

Ich sehe das auch so mit der Kirche. Der Gott gehört für mich ins Herz und nicht auf die Zunge. In der Kirche wird zuviel gelafert. Die meinen, sie haben die Wahrheit mit Löffeln gefressen, da ist man besser vorsichtig. Ich bin absolut nicht religiös, auch jetzt nicht, vor der Tür. Da nimmt es ja vielen den Ärmel rein, mir nicht. Ich gehe lieber in den Wald, wenn ich Andacht brauche. Ich sehe die Natur, die Mutter Natur, könnte man sagen. Das ist grad so gut wie so ein Betschopf. An unbefleckte Empfängnis und solchen Kabis glaube ich nicht. Übers Wasser marschieren, gäll. Damit fangen die Frommen die Dummen.

Ich sehe die Welt als Kunstwerk, das könnte man sagen. Als uraltes, über Jahrmillionen entstandenes Kunstwerk. Eins entsteht aus dem andern. Seit dreissig Milliarden Jahren formt sich das. *Was da entstanden ist, in dieser unglaublich langen Zeit. Diese Schönheit. Alles so gut überlegt und so perfekt. Wunder-*

bar ist das in meinen Augen. Schon als junger Bursche hatte ich manchmal das Gefühl, das darf man nicht, was die Menschen tun. Ich hatte viele Male ein schlechtes Gewissen. Auch heute noch, gäll, ein schlechtes Gewissen. Nicht weil ich befürchte, nicht in den Himmel zu kommen. Das interessiert mich überhaupt nicht. Es kommt nicht aus der Religiosität. *Es kommt aus dem Respekt. Aus der Ehrfurcht vor diesem Wunder.*

Das verstehen wollte ich immer. Ich wollte wissen, wie alles funktioniert, wie es innen drin aussieht. Säbi Zit wurde die Welt mechanischer, das war für mich ein Paradies. Ich nahm sicher hundert Mal den alten Göppel vom Vatter auseinander bis auf das letzte Schräubchen und setzte ihn wieder zusammen. Viel war ja nicht dran an so einem vorsintflutlichen Militärvelo. Ich träumte davon, so einen Beruf zu haben. Tierarzt oder wenigstens Mechaniker. Wenn die Mutter gelebt hätte, wäre das möglich gewesen. Ich war ein fast fanatischer Schüler, ein Streber. Aber ohne Mutter blieb es dann beim Knecht mit Primarschule. Obwohl der Lehrer, der Christen, mir eines Tages mitteilte, ich wäre doch ein Sekschüler und der Fritz auch.

Der Vatter pfutterte nur: «Stäcketöri, das könnt ihr grad vergessen!» Der tobte nur schon, wenn man von der Schule redete, das wusste man ja im voraus. Für ihn war die Schule ein Ärgernis, Zeitverschwendung. Der Sekundarlehrer aus Kleindietwil, der Lanz, kam zweimal persönlich zum Vatter und versuchte, ihn umzustimmen. Aber den beeindruckten Lehrer grundsätzlich nicht. «Schreiben, rechnen und lesen, das tut es. Was brauchen die mehr? Ich brauche die Buben hier.» Das war seine Antwort. Und war ja nicht gelogen, gäll. Wir waren die Knechte. Was hätte er ohne uns Knechte gemacht? Er hätte uns weggeben müssen.

Vielleicht erinnere ich mich darum so genau. Weil es viele dieser Momente gab im Leben, die mich hundstraurig trafen. Und man war allein damit. Ich konnte es niemandem klagen. Dem Willi, aber sonst gab es niemanden, den das interessierte. Da bleibt es hängen im Kopf, das ist möglich. Vielleicht bin ich auch darum so empfindlich in Bezug auf die Gerechtigkeiten. Ein Gerechtigkeitsfanatiker, absolut. Das ist bis heute mein empfindlichster Punkt. Weil wir Kinder so früh allein waren mit allem. Wir mussten uns von Anfang an selber helfen, unsere Nöte selber lösen, so gut es ging. Da ist man angewiesen auf Gerechtigkeit. Als Knirps sowieso. Man befahl uns, was zu tun war, fertig. Das blieb so, auch später. Nur auf mich selber konnte ich mich verlassen und auf mein Gespür für Gerechtigkeit. Auf den Fritz und auf die Tiere. Da wird man heikel.

Ungerechtigkeit war mir zuwider wie Tierquälerei. Auf dem Schulhof musste ich mich immer einmischen, wenn etwas unfair war. Ungerechtigkeit ging mich immer etwas an. Ich konnte nicht anders, obwohl das nicht gerade praktisch war. Ich bekam doch meistens auf den Grind, als kleiner Furzer. Da legst du dir die Härte zu.

Nimmst du noch einen Kaffee? Kommt, Händchen, müsst nicht zittern. Ich bin ja bei euch.

Nicht nur für uns, die Zeiten waren überall hart. Es herrschte Krise, Weltwirtschaftskrise. Chaotisch ging es zu und her in der Welt. Das Geld wurde immer wichtiger und immer weniger wert. Alles verteuerte sich, Inflation heisst das. Es bedeutete, mehr schuften und nichts dafür bekommen. Immer mehr Leute verarmten. Die wurden wirklich arm, nicht Sozialhilfeempfänger, gäll. Die hatten gar nichts mehr, nicht einmal eine Kuh und einen Blätz Land. In München machte sich ein Grossmaul diese Unzufriedenheit zunutze. Der Hitler putschte mit seinen Nazis gegen die Regierung. Er wurde dann zwar verhaftet und kam fünf Jahre ins Gefängnis. Aber genützt hätte das nichts. Dort im Loch hatte der schön Zeit, sich alles auszustudieren. Dort schrieb er «Mein Kampf», 1925. Es gab auch hierzulande viele, die das gut fanden, was der Hitler propagierte. Die Leute waren aufgeregt und verzweifelt. Und dieser Österreicher war aus dem Volk. Dort waren sie noch viel ärmer als bei uns, das wusste ich von den Gstreins. Der Hitler tat etwas für die einfachen Leute. Und für die Frauen. Denk auch, der Hitler verbesserte viel für die Frauen. Ich kann mir vorstellen, dass er nicht zuletzt darum so erfolgreich war, weil ihn die Frauen verehrten. Der Hitler hob das Weib. Bei uns war es die Migge, die dem ganzen Naziklamauk auf den Leim kroch. Die Migge war bei uns die Revolutionäre, wahrscheinlich wegen ihrem Krüppelfuss. Die wusste säbi Zit noch nicht, dass der Hitler neben den Juden auch die Behinderten ausrotten wollte. Ein richtiger Nazitotsch wurde die Migge.

Den Friedel und mich interessierte das alles nicht sonderlich. Wir wären zu beschäftigt gewesen. Die viele Arbeit im Stall und auf dem Feld und dann hatten wir ja noch unsere Privatgeschäfte. Mitten in dieser Krisenzeit brach auch die Maul- und Klauenseuche aus. Das ist eine hochansteckende Seuche. Wir durften nicht mehr in die Schule, wir durften überhaupt nicht mehr weg vom Hof. Fledermäuse und sogar Fliegen übertragen diese Seuche, Menschen sowieso. Der Briefträger musste die Post unten an der Strasse in einen Korb legen. Dort deponierte man auch einen Zettel, wenn man etwas brauchte. Den nahm der Briefträger mit und gab ihn ab beim Krämer. Das ganze Tal war wie tot, kein Vieh auf der Weide, kein Mensch weit und breit. Wenn die Seuche kommt, heisst das Seuchenzug. Weil nur gewisse Landstriche betroffen sind, wie beim Wetter. Man stellte es sich vor wie bei den Hagelzügen. Die einen haben Hagel und die anderen nicht.

Wir waren also Seuchengebiet, das ging bis hinter den Napf. Etwa vier Monate dauerte das. Am Anfang bekamen die Bauern Geld aus einer Seuchenkasse. Sie konnten die Tiere schlachten und ersetzen. Aber als die Seuche durch unser Tal zog, war die Kasse bereits leer. Da hiess es durchseuchen, das ist nicht lustig. Die Tiere bekommen Blasen auf der Zunge, sie können nicht mehr fressen. Nur noch nacktes Fleisch ist die Zunge. Medikamente gab es keine gegen die Krankheit, nur Lysol, ein Desinfektionsmittel. Das stinkt wie die Moren. Moren sind Schweine, aber die bekamen das nicht, nur die

Kühe. Und die gaben dann keine Milch mehr. Die Milch wurde knapp. Nicht einmal die Katzentrögli durften wir füllen.

Der Vatter seuchte mit uns durch. Wir hielten Wache bei den kranken Kühen im Stall, Tag und Nacht, mehrere Wochen. Da lernten der Friedel und ich jassen. Das war auch später beim Rumhocken nützlich. In der Nacht wechselten wir ab, einer konnte schlafen und die anderen blieben wach. Man musste die Tiere waschen und salben, alle paar Stunden. Und ihnen gut zureden, damit die nicht durchdrehten.

Dass man im Stall schlief, war nicht so aussergewöhnlich. Im Gegenteil, es war oft wärmer und in der Kammer lag man ja auch auf einem Strohsack. Wenn der Schneider für eine Woche zu uns auf die Stör kam und für alle neue Kleider nähte, schlief er im Stall. Der Vatter besorgte die Stoffe. Das waren währschafte Sachen, brettig, kann man sagen. Die konnten einen blutig scheuern zwischen den Beinen. Es gab jedesmal Theater, weil ich die Hosen gerne länger oder kürzer gehabt hätte. Ich hasste diese wadenlangen Hosen, diese Ofenrohre. Ich fand immer, dass das blöd aussah. Aber ich hatte natürlich nichts zu melden.

Im Heu wohnten auch die Vaganten, die Übernächtler. Das war herumziehendes Volk. Die Übernächtler waren willkommen, sie mussten nur die Zündhölzli abgeben. Vor dem Feuer hatte man die grösste Furcht. Auf einem Hof gab es immer genug Arbeit, und diese Vaganten flickten zum Beispiel etwas und bekamen dafür zu essen. Säbi Zit war es normal, dass man Leute fütterte und beherbergte. Das war die menschliche Pflicht. Niemand konnte auf einem Amt die hohle Hand machen, wenn er ab der Stange fiel. Und jedem konnte das passieren, darum half man sich. Frauen waren nie darunter. Die hätte man nicht im Stall schlafen lassen. Frauen fallen nicht so leicht ab der Stange.

Wenn der Rickli kam, hatten wir die grösste Freude. Man wusste immer, wenn der in der Nähe war, das sprach sich herum. Dann stellten wir alles bereit, damit der Rickli es richtete. Der konnte alles. Das war ein Fest für uns, wenn dieser Alfred Rickli kam. Ob es auch stimmte, was er uns erzählte, sei dahingestellt. Auf alle Fälle war es spannend wie ein Cheib. Ein bisschen wie heute Fernsehen, man erfuhr etwas von der Welt. Der Rickli kannte die Geografie, er war überall gewesen, in Brasilien, in Argentinien, in Australien. Ein schöner Mann, absolut, und gross. Aber nicht unbedingt gepflegt. Säbi Zit traf man keine gepflegten Männer an in unseren Kreisen. Das gab es nicht. Da hätte man gesagt, der ist doch vom andern Ufer, wenn einer an sich rumgeputzt hätte. Insofern fiel das also gar nicht auf. Es war in der Aufmachung wenig Unterschied zwischen uns und dem Rickli. Der Rickli bekam überall alte Kleider. Manchmal waren ihm die Hosen zu kurz, aber das war einem Vaganten nicht so wichtig. Der musste wenigstens keine Ofenrohre tragen.

Wenn er kam, wollte er zuerst etwas essen. Die Schwestern machten für den die guten Töpfe auf, gäll, die aus den oberen Regalen. Dann legte er sich ins Stroh zwischen die Kühe, und dann brachte man ihm ein Schnäpsli. Aber mindestens so viel. Später machte er ein Nickerchen und danach flickte er uns die Sachen, aber perfekt. Er blieb meistens ein paar Tage bei uns. Er übernachtete nicht überall, da war er wählerisch. Manchmal kam er am Abend auch in die Stube, dann setzte sich sogar der Vatter dazu. Man wusste ja nichts von der Welt. Die Zeitung kam zweimal pro Woche ins Tal und war dann schon eine Woche alt. Viel Wichtiges wäre da nicht dringestanden. Aber wenn der Rickli kam, war man im Bild. Niemand verstand eigentlich, warum der ein Vagant war, bei seinen Fähigkeiten. Eine so stattliche Erscheinung, die Frauen lagen dem doch zu Füssen. Aber der Rickli liebte seine Freiheit. Er stammte ursprünglich von Rohrbach und war sein Leben lang unterwegs gewesen. Irgendwann ist er wieder zurückgekommen und hängengeblieben. Wahrscheinlich wurde ihm das Vagantieren zu anstrengend, man zieht ja kleinere Kreise im Alter. Aber sesshaft wurde der nie.

Es kam noch ein anderer, Leisi hiess er, von Wiedlisbach. Der war einmal sehr reich gewesen, einen schönen Hof hatte der gehabt. Aber als die Frau starb, da verschuldete er sich bei den Vehhändlern. Später ist er verlumpt. Da bleibt nur noch Knecht oder Vagant. Wenn einer selber mal Herr war, wird er doch nicht Knecht. Der Rickli hätte nie etwas gestohlen, der hatte seinen Stolz. Aber wenn der Leisi kam, musste man die Sachen gut versorgen. Das kann es geben. Säbi Zit brachen die Leute überall auf, ganz Europa war in Bewegung. Sie wanderten weg, sogar mit dem Schiff. Nach Amerika mit dem Schiff und in die Ostschweiz zu Fuss. In unserer Familie war das Auswandern nicht so verbreitet. Man brauchte auch dazu Geld.

Der Friedel und ich sparten jeden Rappen und schauten, dass etwas reinkam. Wir verschafften uns Verdienstmöglichkeiten. Meistens besassen wir mehr Geld als der Vatter. Wir versteckten es gut. Ich wollte höher hinaus, irgendwann. Nicht versauern in diesem Tal, verstehst, schon früh habe ich das beschlossen. Wahrscheinlich fiel mir das auf der Eichholzhöhe auf, dass man weiter sieht, wenn man höher steigt. Die Schrattenflue konnte nicht das höchste aller Gefühle sein. Der Rickli wird mit seinen Geschichten das Seine beigetragen haben.

Ein gutes Geschäft waren die Schärmäuse, Maulwürfe, besonders die weissen, die waren selten. Die fingen wir und zogen ihnen die Fellchen über die Ohren. Dann hefteten wir die Häutchen mit Stecknadeln ans Tenntor, zum Trocknen. Diese Felle waren gesucht säbi Zit. Sie brachten uns zwanzig Rappen ein das Stück. Der Eierhändler kaufte sie uns ab und nahm sie mit in die Stadt. Dort nähten sie daraus Mäntel für die Herrschaften. Auch die Kaninchen waren unser Business, kann man sagen. Das Heu durften wir vom Vatter nehmen, dafür sagte der ab und zu: «So Buben, es wäre an der Zeit für einen Braten.» Er hätte sich nicht getraut, die Kaninchen einfach zu nehmen. Sie gehörten uns, er musste fragen. So war das geregelt. Manchmal fuhren wir am Sonntag mit Vatters Militärvelo zehn Kilometer Richtung Sumiswald und kauften Himpeli in einem Laden, für zwanzig Rappen. Es gab auch in der Nähe eine Bäckerei, die diese Bonbons verkaufte, aber wir bekamen zwei Stück weniger fürs gleiche Geld. Da pedalten wir lieber zwei Stunden, so haben wir gespart. Sonst assen wir kaum Süsses. Birnen, vom Luisenbirnbaum hinter dem Haus, aber als Süssigkeit würde das jetzt niemand mehr bezeichnen. Dabei ist das viel besser als dieses künstliche Zeug. Der Vatter hatte immer eine Reihe Birnen auf dem Regal in der Kammer. Die ass er, wenn sie weich geworden waren. Hartes konnte er nicht essen, mit den paar Broffeln, die er unter dem Schnauz versteckte. Er hatte fast keine Zähne mehr. Wir hatten auch Lebuäpfel für die Apfelküchlein. Lebel heisst die Sorte richtig. Solche Früchte gibt es nicht mehr.

Es gab Zeiten, da ging's mit dem Vatter auch aufwärts. Er hatte sogar eine Bekanntschaft. Eine rechte Frau, absolut. Wo er sie kennenlernte, weiss ich nicht. Vielleicht im Bad. Säbi Zit ging der Vatter wieder ab und zu ins Bad. Gebadet hätte man sonst ja nicht, wo auch. Aber es gab diese öffentlichen Bäder im Tal, das war ein alter Brauch. Das Bürgisweiherbad, das Häberenbad, das Hirserenbad und das Kemmeribodenbad, auch noch andere. Der Vatter ging vielleicht zweimal im Jahr. «'s wird Frühling, der Vatter geht ins Bad», sagten dann die grossen Schwestern und grinsten.

Diese Bäder waren gemischt, es kamen also auch Frauen. Auch Witwen und Ledige. Einige dieser Bäder waren ein bisschen geheimer als die anderen. Da wusste man genau, es geht nicht nur ums Waschen. Man tanzte und trank ein Gläschen. Und es gab die gemischten Zonen, wo Männlein und Weiblein zusammenkommen konnten. Das war nicht offiziell, aber alle wussten das. Voralpenpuffs nannte man die Häuser im Volksmund. Aber es gab dort keine Huren, gäll. Das waren ganz gewöhnliche Leute, die einen lustigen Sonntag zusammen verbrachten. Der Vatter ging meistens ins Hirserenbad. Jetzt ist dort ein Restaurant mit weissen Tischtüchern.

Item, er kannte also diese Frau, sie war oft bei uns im Eichholz. Ich glaube, er hätte sicher nichts dagegen gehabt, wieder eine ins Haus zu bekommen. Die wollte ihn auch heiraten. Da waren der Fritz und ich vielleicht in der dritten Klasse, der Walterli dreijährig und die Migge siebzehn. Die Migge fand ja lange keinen. Sie war zwar eine Hübsche, aber nicht voll einsatzfähig, gäll. Nicht unbedingt eine gute Partie. Dem Vatter war das Heiraten sicher zu früh, aber so eine Frau wäre praktisch gewesen. Denk auch, die Unterstützung.

Da sagte die zum Vatter: «Hans, nur unter einer Bedingung.» Der Vatter wird geschwiegen haben. Da verlangte dieses Weib, dass er fünf von uns verschwinden lasse. Fünf hätte er weggeben sollen, die Marie, die Rös, die Grete, die Friede und den kleinen Walti. Das seien nichts als Spesen. Unproduktiv, gäll. Die wollte, dass er sie als Verdingkinder ausschrieb. Das war säbi Zit gang und gäbe. Den Fritz, die Hanne und mich hätte der Vatter behalten dürfen. Wir schufteten ja wie die Knechte, die Hanne sowieso, die konnte krampfen. Aber die anderen assen mehr, als sie einbrachten. So sah die das.

Der Vatter sagte: «Das kommt nicht in Frage.»

Da sagte die: «Hans, dann kommt Heiraten auch nicht in Frage.»

Da machte der Vatter die Tür auf und die machte, dass sie fortkam. Es kam nachher nie mehr eine ins Eichholz. Das hat mir später die Rös erzählt.

Dass man die Kinder verschacherte, war säbi Zit normal. Es ging für viele ums Überleben, das schon. Besser als verhungern, gäll. Aber das artete aus. Das wurde ein Sklavenhandel, könnte man sagen. Man schrieb die Kinder, die man nicht mehr wollte, in der Käserei an der Tafel aus. Wenn einer eins nahm, bekam er noch etwas bezahlt von der Gemeinde. Dabei waren das Gratisarbeitskräfte. Wir hatten immer ein paar von diesen armen Tröpfen in der Schule. Man sah es ihnen an, an den löchrigen Kleidern und den dreckigen Gesichtern, und meistens glänzten sie auch geistig nicht. Es hätte sich auch niemand mit ihnen abgegeben, geschweige denn, ihnen etwas erklärt. Kein Bauer nahm ein Verdingkind auf, um einen währschaften Menschen aus ihm zu machen, das ist meine Meinung. Behauptet haben sie das vielleicht, aber die Realität sah anders aus.

Auch für die Lehrer waren das Schuhabstreifer. Der Christen befahl dem Päuli, das war ein Verdingbub, jeden Tag, die Hosen runterzulassen. Dann musste der Päuli sich hinknien und sich übers angewinkelte Bein vom Lehrer legen. Der versohlte ihm dann vor der Klasse mit dem Stecken den Hintern. Das machte der auch noch in der achten Klasse, da war der Päuli fast gleich gross wie der Christen. Denk auch, die Demütigung. Es gab schon eine Aufsichtsbehörde, aber die kümmerte sich eher um sich selber und um die Bauern, damit die auf ihre Rechnung kamen. Sicher nicht um die Gofen. Da war niemand, der sich für Kinder wehrte. Wir hatten wenigstens den Vatter.

In der Zeit plagte mich manchmal wahnsinniges Kopfweh. Was das war, weiss ich nicht, man hätte das nicht besprochen. Oft war es so stark, dass ich nicht mehr wusste, wie ich hiess. Vielleicht war das ja vom Rauchen, das könnte sein. Wir rauchten doch ständig, obwohl der Christen uns einen Vortrag hielt und wetterte, das sei nichts für uns. Meistens fing es mitten in der Nacht an. Ich hab dann nur noch geheult, gäll, aber ausser dem Friedel wusste das niemand. Dieser verflüemerete Schmerz kam plötzlich und verschwand auch plötzlich wieder. Später hörte das irgendwann auf.

Und dem Fritz wuchs ein Buckel. Das war von einem Sturz. Wegen dem ewigen Gehetz war das, sicher. Dem Fritz machte alles weniger aus, der war viel gelassener als ich. Er werkte immer oben auf dem Heustock, weil er ja stärker war, ich unten. Er schrotete das Heu, hackte es mit dem Messer und dann warf er es zu mir hinunter und ich schüttete es in die Futterbahre. Das war vor der Schule und wir waren immer spät dran, ein verdammtes Gejufel. Da ist der Friedel runtergefallen, auf den Kopf. Er war sicher eine Stunde bewusstlos. Der Walti lag auf seinem Bauch und weinte. Der Vatter rieb ihn mit Schnaps ein, das weiss ich noch. Da ist er aufgewacht. Am nächsten Tag ging alles normal weiter. Aber es wuchs dem Friedel dieser Buckel.

Für den Fritz war es nie eine Frage, dass er Landwirt werden wollte. Aber was gab es für einen, der allergisch war auf Bauernarbeit? Mechaniker konnte ich vergessen, das hätte Lehrgeld gekostet, das war so bei den neuen Berufen. Nur die alten kosteten nichts. Für die neuen musste man bezahlen. Es ging generell mehr ums Verdienen. Gärtner hätte mir noch gefallen, aber ein farbenblinder Gärtner, gäll, das ist etwas Trauriges. Und auf die Gärtner schaute man irgendwie hinunter, nichts für mich. Polizist, das war etwas, eine Staatsstelle, die waren gesucht säbi Zit. Ein sicheres Einkommen und all die Vorteile, die ein Beamter sonst noch hat. Aber ohne Sekundarschule unmöglich. Und der Tierarzt war sowieso ins Jenseits gerückt. Solche Dinge getraute man sich nicht einmal zu träumen.

In dem Moment kam der Wille ins Spiel. Der Wille, etwas durchzustehen, für ein Ziel. Eines Tages, es war ein extrem kalter Winter, packte der Vatter das Beil und sagte: «Kommt mit, Buben.» Wir gingen ins Golliwäldli hinunter, wo die Eschen standen. Da hiess er jeden von uns eine Esche aussuchen und die wurde gefällt. Beim Schreiner liess der Vatter aus den Stämmen Latten sägen und dörren und biegen. Und aus den fertigen Latten machte er uns Ski, jedem ein Paar. Wir waren weit herum die einzigen mit Ski, die anderen fuhren auf Fassdauben. Das sind die Bretter aus den Fässern, an die band man Lederriemen wie Zügel und rutschte damit den Hang hinunter. Weit kam man ja nicht, aber die Stürze waren sehenswert.

Mit diesen eigenen Ski fing für den Fritz und mich eine neue Phase an im Leben, könnte man sagen. Wir konnten uns messen und beweisen auf einem neuen Terrain. Bergbauern hatten sonst keine eigenen Ski. Wir wussten, es gab überall Rennen. Das Skifahren kam richtiggehend auf in diesem Winter, Ende 1928. Das war ein sehr kalter Winter. Wie verrückt trainierten der Friedel und ich, Technik und Schnelligkeit. Gäll, Technik und Schnelligkeit waren wichtig, nicht Grösse und Stärke.

Diese Skirennen waren nicht wie heute, denk auch. Es gab weder Lifte noch Pisten und auch keine Hundertstelsekunden. Es war mehr eine Mischung aus Seckeln mit Ski an den Füssen, an Hindernissen vorbei den Hang hinunterstemmen oder bolzengerade das Loch hinunterbrettern. Zuerst musste man aber dick wachsen und dann den Berg hochkommen. Tänneln heisst das, wenn man die Ski rechts und links schrägstellt auf die Kanten, damit sie nicht rückwärtsrutschen. Das war gar nicht einfach mit diesen Lederriemen, die man um die Schuhe wickelte, das lotterte furchtbar. Wenn man oben war, sofort die Krete entlangseckeln, dann runterblochen. Und auf den nächsten Hügel, wieder marschieren und runterfetzen und am Schluss zurück. Es gab immer viele Abfahrten und wahnsinnige Steigungen bei so einem Rennen. Gezählt hat die Gesamtzeit. Ich war etwa drei Sekunden schneller als der Fritz. Da hatte ich das erste Mal seit der Geburt den Fritz überholt. Da war der Zapfen ab, gäll. Und der erste Preis war ein Paar richtige Ski.

In dem Moment stach mich der Ehrgeiz, absolut. Ich wusste, es gab ein grosses Rennen in Eriswil, ein richtiges, organisiert vom Skiclub der Stadt Langenthal. Mit Fähnchen und allem Drum und Dran. Wir waren natürlich nicht im Skiclub, der Friedel und ich, das wäre übertrieben gewesen für unsereinen. Aber ich wollte dieses Rennen gewinnen. Ich wollte unbedingt siegen. Der Lehrer Lanz nahm uns mit, der Sekundarlehrer aus Kleindietwil, das war ein angefressener Skifahrer. Zu dem wäre ich gerne in die Schule gegangen, kannst denken. Es waren ungefähr fünfzig Leute am Start. Keine Piste, nichts, aber Fähnlein. Wahnsinnig kalt war es, nur Bruchharst. Ich übernahm vom Start weg die Spitze. Seckeln, es ging schön geradeaus. Dann ins Loch runter, Hocke, da kübelte es hinter mir schon das erste Dutzend. Dann steil bergauf, tänneln, da waren der Friedel und ich bereits allein. Ich hatte einen unbändigen Willen zu gewinnen, etwas anderes spürte ich nicht. Als ich irgendwann merkte, dass es möglich war, lief der Karren. Dem Friedel riss das Lederlein, die Bindung. Und ich hatte die neuen Ski, sicher, die waren nicht so lang wie die vom Vatter.

Als ich ins Ziel kam, hatte ich eine Minute und vierzehn Sekunden Vorsprung. *Ich wurde Juniorenmeister an jenem Sonntag. Und der Vatter war da. Der wartete am Ziel auf mich.*

Für diesen Sieg bekam ich eine Uhr. Und der Lanz kam am darauffolgenden Mittwoch nachmittag ins Eichholz. Der Fritz und ich waren am Mist führen. Ich lud den Mist auf und der Fritz fuhr ihn mit dem Ross und dem Schlitten zur Höhe hinauf, damit der Haufen im Frühling schon am richtigen Ort war. War ich da also am Mist schippen, da sah ich diese Prozession unten an der Stasse. Der Lanz mit der ganzen Schulklasse. Etwa vierzig Gleichaltrige, alles Mehrbessere aus dem Tal, fast alles Mädchen. Die kamen mit dem Lehrer Lanz anmarschiert und bogen in den Weg ein, der zu unserem Haus hinaufführte. Vor dem Misthaufen blieben sie stehen. Denk auch, die kamen mich anschauen. Der Lanz schüttelte mir die Hand und gratulierte mir, vor allen. Dann wollten die die Uhr sehen. Ich musste erklären, was ich für eine Technik hatte. Ich wäre doch am liebsten im Mist versunken. Aber ich erklärte brav meine Technik beim Tänneln. Stand da auf dem Misthaufen und referierte übers Skifahren, rundherum diese Mädchen. Zum Glück war der Vatter nicht in der Nähe. Aber der Fritz kam mit dem Karren, da sagte ich, ich müsse weiter laden. Da zogen sie ab.

Kannst dir vorstellen, was das für mich bedeutete? Es brannte sich mir ein, dass ich etwas erreichen konnte. Dass man sich verbessern kann und auch, dass ich etwas wert war. Dass ich mir nicht mehr dreinreden lassen wollte, schon gar nicht vom Vatter. Die Distanz zum Vatter wurde säbi Zit grösser. Und eines Tages tat sich ein Graben auf, den ich erst viel später überwand. Die Verbindung riss. Das war an jenem Tag, als der Vatter den Fritz fast zu Tode prügelte. Da zerbrach etwas, gäll.

Es war im Sommer, ein lauer Abend. Der Friedel und ich waren mit Nachbarsbuben am Fussballspielen. Wir wussten zwar, dass der Vatter das hasste, aber wir machten es so, dass er es nicht sah. Immer um acht hiess es heimgehen, da gab es kein Federlesens. Damit er uns dann in der Herrgottsfrühe wieder aus dem Nest jagen konnte. Wir waren vielleicht fünfzehn. Und es wurde ein bisschen später.

Da passte der Vatter uns ab. Er stand im Tenn hinter dem Tor, dort mussten wir durch. Kreideweiss und mit der Peitsche in der Faust machte er einen Satz auf uns zu, sein Gesicht war eine Fratze. Wie diese Lötschentalermasken sah er aus. Er schlug uns die Peitsche um die Grinde, ohne ein Wort zu sagen. Schlug und schlug, bis es blutete. Da riss ihm der Fritz die Peitsche aus der Hand. Der Vatter brüllte wie ein Stier und ging auf ihn los. *Er packte den Fritz an beiden Ohren, hob ihn hoch und haute seinen Kopf gegen das Tenntor, immer und immer wieder. Es war furchtbar. Er wollte gar nicht mehr aufhören.* Ich sprang ihm von hinten auf den Rücken, ich war ja kleiner als der Vatter und der Friedel. Mit meinem ganzen Gewicht klammerte ich mich an ihn und schüttelte ihn, bis er stolperte. Wir sind alle über den Boden gerollt, und der Fritz konnte sich losreissen und wegrennen. Er blutete. Ich liess den Vatter am Boden liegen und rannte dem Fritz nach. Wir verbanden die Wunden, so gut es ging, und dann verkrochen wir uns ins Nest, mit dem Willi.

Nie mehr wurde ein Wort darüber verloren, jahrelang nicht. Erst viel viel später. Dass der Fritz keinen Schädelbruch hatte, war ein Wunder. Dieser Moment war für uns ein Schock, absolut. *Der Vatter hätte uns vorher nie angelangt, nie hätte er uns geschlagen. Wir liessen uns doch gegenseitig in Ruhe. An diesem Abend ging uns auch der Vatter verloren.*

Warum es ihm derart die Sicherung raushaute, ist mir bis heute schleierhaft. Die ganze Last war zuviel, sicher. Das sehe ich jetzt, mit meinen einundneunzig. Es setzte ihm dann später zu, was im Tenn passierte, aber was geschehen ist, ist geschehen. Gut machen konnte er das nicht mehr. Er hätte es auch nicht versucht. Erst kurz bevor er starb, kam der Vatter auf diesen Vorfall zurück. An einem Samstag war das, in der Nacht. Etwa dreissig Jahre später. Da liess er mich extra aus Zürich kommen. Zuerst hockten wir für einen Jass in die Wirtschaft. Und dananch gingen wir nach Hause, und er holte ein Fläschchen im Keller und die schönen Gläser. Ich merkte schon, dass er etwas loswerden wollte, gäll. Irgendwann brachte er es heraus: «Ich weiss es, Hans, ich habe vieles falsch gemacht. Ich war euch ein schlechter Vater. Aber ich kann das jetzt nicht mehr ändern. Leid tut es mir aber.»

Da sagte ich ihm, es seien eigentlich nur zwei Sachen, die wirklich schlimm waren. Dass ich nicht in die Sekundarschule durfte, das könne ich nicht vergessen. Vergeben schon, aber vergessen nie. Und dass er den Fritz an jenem Abend fast umgebracht habe.

Und da passierte etwas. *Dem Vatter liefen Tränen über die Backen. Und er streichelte ganz kurz meine Hand. Ich glaube, das war das einzige Mal in meinem Leben. Besser spät als gar nie, gäll. Seither bin ich mit dem Vatter in Frieden.*

3 Blutbäche

Dieses Leben war unerträglich, absolut. Es kam mir vor wie eine Sackgasse, wie ein Loch. Es führte nirgends hin, höchstens bis zur Schrattenflue. Man krampfte fürs Überleben, es blieb keine Zeit, sich etwas anderes vorzustellen. Von dem Moment an, als ich den Vatter im Tenn am Boden liegenliess, sah ich dieses Loch. Ich spürte es. Ich war fünfzehn und hätte den Vatter umbringen können. Oder mich. Der Willi holte mich aus dem Loch heraus, in das ich mich vergrub. Er lachte mich aus. Dieser Hund konnte lachen, dass es einen ansteckte. Statt mit dem Vatter im Tal zu verrecken, musste ich mich bewegen. Ich wollte nicht verrecken. Das war der Stolz. Und aus dem Stolz kommt der Wille. Ohne Stolz bekommst du den Willen nicht, gäll. Ich will das ändern, ich will das erreichen, ich will leben. Oder auch: Ich kann das. Und jetzt mach ich das. Dann ist dein ganzer Körper auf dieses Wollen eingestellt, alles an dir betrifft das. Aber der Kopf muss es merken. Der Wille sitzt in der Intelligenz. Der Stolz sitzt im Herzen, so sehe ich das. Von dort ist das die Speisung für den Willen. Und dann kommt die Kraft in den Körper, aus beidem, gäll, so geht das. Dann leidest du nicht, dann marschierst du.

Ich wollte so schnell wie möglich weg, raus aus dem Tal. Weg von diesem Krampfen, Fressen, Schlafen, Sterben. Metzger wollte ich werden, das wusste ich plötzlich. Metzger waren stolze Männer. Ganz anders als die Bäcker oder Gärtner. Im Tal standen die Metzger auf der gleichen Stufe wie die Lehrer und Pfärrer. Oft hatten sie auch Ehrenämter. Ein Metzger war jemand, eine Respektsperson. Er kennt die Sachen von innen, gäll. Er kennt auch den Tod. Man kann sagen, ein Metzger muss ein guter Mann sein. Muss. Weil er tötet. Ein schlechter Mensch ist auch ein schlechter Metzger, das gehört zusammen. Ich rede von den Handwerkern, nicht von den Tastendrückern.

Es gab viele Metzger im Tal, auch berühmte, der Geiser aus Madiswil zum Beispiel. Das war säbi Zit schon eine grosse Metzgerei. Wenn im Eichholz im November und im Februar gemetzget wurde, dann kam der Geiser Hans. Der Vatter machte das nicht mehr selber. Der Geiser war mein Vorbild, vor dem hatte ich Respekt. Von der Statur her war ich zwar gar nicht geschaffen für diesen Beruf. Das waren alles Schränke und ich einsfünfundsechzig. Ein Spinner war ich. Ich habe Lasten getragen, das würde man nicht glauben. Ich weiss eigentlich nicht, wie das möglich war. Und gehe immer noch aufrecht, gäll. Ich staune selber darüber, aber dieses Gestell hält jetzt schon über neunzig Jahre.

Das Schwierige war, eine Lehrstelle zu finden. Der Vatter schwieg und schuftete vor sich hin. Dass ich etwas lernen wollte, interessierte ihn nicht. Ich denke heute, er wollte auch etwas beweisen. Es wollte es allen zeigen, den Büdel, den Abtrünnigen, auch uns. Dass er es schaffte, es auch allein schaffte. Ohne die Frau und das Büdelgeld und ohne mich. Das war sein Stolz. Der Vatter merkte, dass sich etwas auflöste, nicht nur bei uns.

Eine Lehrestelle bei einem Metzger zu finden war vielleicht möglich, es gab viele Metzgereien im Unterland. Bei einem Mechaniker konnte ich es vergessen. Garagen gab es nur wenige für die paar Autos. In Kleindietwil gab es drei Autos und in Leimiswil hatte nur der Leuenberger in der Mühle eins. Ohne Sekundarschulabschluss nahm dich sowieso keiner. Bauer werden wäre das einfachste gewesen. Dann hätte ich schauen müssen, irgendwo eine gute Partie zu machen, gäll, ohne Hof und ohne Geld. Es gab schöne Höfe im Tal, wo sie nur Mädchen hatten. Da konnte einer einheiraten. Ich hätte scheints gute Chancen gehabt. Das erfuhr ich aber erst kürzlich, vor etwa fünfzehn Jahren. An einer Klassenzusammenkunft erzählte mir eine, ich sei ein begehrter Bursche gewesen. *Als Herrgöttli hätten die mich säbi Zit bezeichnet, stell dir vor. Und ich hab's nicht gemerkt. Hab doch nichts geahnt, ich Löli. Ich war immer überzeugt, die Frauen sehen in mir nur das Grobe. Dass sie mich mehr fürchten als mögen.*

Dabei war es ja umgekehrt. Ich hatte vor den Frauen Angst. Sie waren mir richtiggehend unheimlich. Vom weiblichen Geschlecht hätte ich absolut nichts wissen wollen. Die Schwestern schauten früh genug, dass einem der Gelust an Röcken abhanden kam. Die malten dem Friedel und mir die Teufel an die Wand. Nehmt euch in acht, gäll. Frauen waren für mich ein Horror, kann man sagen. Ich war überzeugt, gescheiter bleibst du allein, dann kann dir nichts passieren. Sicher, die Schwestern meinten es gut. Die trichterten uns ein: «Aufpassen, Buben, Finger weg. Die Weibsbilder schauen euch nur einmal richtig in die Augen und schon sind sie schwanger. Die werdet ihr dann den Lebtag nicht mehr los. Die wollen von euch angeschaut werden, damit ihr sie heiraten müsst.» Das war die ganze Aufklärung. Ich schaute dann wirklich nie eine richtig an, nur halb schräg. Säbi Zit waren das sowieso Welten, die Frauen und die Männer. Man lebte eigentlich fast überall getrennt.

Geholfen hat mir die Rös mit der Lehre. Die Rös kümmerte sich überhaupt um mich, so gut sie konnte. Sie war die Starke in der Familie und fühlte sich verantwortlich für uns. Die Migge war säbi Zit noch daheim beim Vatter und machte den Haushalt. Die Rös ging Geld verdienen, in Thun. Die Rös hatte auch den Willen, die wollte etwas erreichen. Aber sie musste nach dem Tod der Mutter früher ab der Schule. Die Migge hatte ihn vielleicht auch, aber für Behinderte ist das etwas anderes. Sie lernte Damenschneiderin in Obersteckholz. Die Hanne hatte zwar Pfupf im Hintern, aber die war schnell zufrieden. Wenn sie etwas zu schaffen hatte, war es ihr recht. Sie war die Unkomplizierte. Putzmittelvertreterin wurde sie. Die Grete war ganz anders, die hätte man kaum wahrgenommen. Die war einfach da und still. Schüchtern, würde ich sagen. Wahrscheinlich hatte sie am meisten zu leiden. Sie half dem Vatter, wo sie konnte. Sie heiratete erst mit vierzig und hatte nie Kinder. Die Friede auch nicht. Der Friede fehlte die Härte. Sie war zwar die Eleganteste von uns, legte Wert auf den Firlefanz, sie hatte ja auch die Zeit dazu. Die lernte Hutmacherin, wie die Mutter.

Auch in Obersteckholz, am gleichen Ort wie die Migge. Aber der Wille fehlte ihr. Eben das Mamititi. Der Fritz war der Fritz. Landwirt mit Leib und Seele. Gut in der Schule waren wir alle, gäll, auch der Walti. Der Walti war sogar besser als ich. Aber das konnte sich dann nicht mehr entfalten.

Item, die Rös war Hausangestellte bei einem Arzt in Thun. Und da fragte sie in der Metzgerei, wo sie die Braten kaufte, ob sie einen Lehrbub bräuchten. Das war beim Gerber in Thun, vis-à-vis vom Hotel Freienhof war der, heute ist das eine Bijouterie. Der Gerber sagte: «Doch. Aber erst im Herbst.» Da habe ich dem meine Offerte geschickt und bekam dann ein Brieflein. Ich solle mich vorstellen.

Das war säbi Zit ein riesiges Glück. Es war doch tiefste Krise, Weltwirtschaftskrise, Börsencrash, im Neunundzwanzig. Die kam nach dem ersten Krieg durch die ganzen Unruhen, die Streiks, all die Veränderungen in der Industrie. Die Industrialisierung setzte bei uns erst nach dem ersten Krieg richtig ein, kann man sagen. Und es gab plötzlich diese Lager. Am Anfang trommelten nur die Arbeiter, dann trompeteten die Fabrikanten und am Schluss hornten auch die Gewerbetreibenden mit. Und die Bauern fluchten. Es gab auch neue Berufe, gäll, Ausgebeutete und Kapitalisten. Überall wurden gedruckte Flugblätter verteilt. Im Radio verbreiteten die Politiker ihr Geschwätz. Die Roten waren am Zeuseln. Die andern am Verwedeln. Die Umschwünge nach dem ersten Weltkrieg waren viel gewaltiger und radikaler als die nach dem zweiten. Aufgebrochen ist die ganze Ungerechtigkeit mit dem ersten. Der zweite war nur ein Nachbeben. Der Vulkan war der gleiche. Den Vulkan gibt es jetzt noch, wenn du mich fragst. Der zweite Ausbruch war natürlich verheerender. Man wusste das lange vorher, dass es noch nicht vorbei war. Alle rechneten damit, dass es irgendwann nochmal tätscht. Die Welt war krank, entzündet, könnte man sagen.

Als ich an einem Sonntag mein Bündel schnürte und gehen wollte, spannte der Vatter den Reitwagen an. Er schwieg wie immer, aber er trug ein richtiges Hemd mit Kragen. Und einen Hut, das hatte ich vorher noch nie gesehen. Der Vatter erschien sonst jahrein, jahraus im Burgunder. Das ist das blaue Bauernhemd ohne Kragen. Das trug er auch an den Hochzeiten und Beerdigungen. Es fiel nicht auf, weil er sowieso nie in eine Kirche ging. Wenn der Vatter mich nicht kutschiert hätte, wäre ich mit der Bahn gegangen. Ich hatte Erspartes. Es kostete fast zehn Franken nach Thun. Die Bahn war damals sehr teuer, denk auch, das war etwa wie heute das Flugzeug. Unsereiner reiste mit dem Pferd oder dem Velo oder zu Fuss, sicher nicht mit der Bahn. Das war nur für die, die es hatten.

Item, der Vatter fuhr mich also nach Thun. Das liegt ausserhalb vom Tal, im Süden, am Thunersee unter dem Alpenrand. Man sieht dort Viertausender, Eiger, Mönch und Jungfrau, und den Ursprung der Aare. Die Aare kommt vom Grimsel nach Thun, geht nach Bern und von dort nach Solothurn und Olten und dann weiter in den Rhein und in die Nordsee. Später ging ich auch der Aare nach, nach Solothurn und Olten, Bern habe ich ausgelassen. Am Schluss schwemmte es mich noch nach Zürich, aber das wäre die Limmat, also gegen die Flussrichtung. Die Limmat fliesst auch in die Aare.

Im Bahnhofbüffet Thun assen wir etwas, ein Festessen säbi Zit. Es gab Magroni und Kalbsvoressen. Vorher eine Suppe. Und Tomatensalat. Das war das erste Mal in meinem Leben, dass ich die sah. Gar nicht meine Lieblingsfrucht, bis heute nicht. Der Vatter kam mit zum Gerber und gab mich ab. Am Schluss schüttelten sie die Hand und der Vatter sagte: «Der Hans treibt gerne Sport.» Der Gerber hatte nichts dagegen: «Das ist in Ordnung, wir haben hier die Nationalturner.» Dann schenkte mir der Vatter fünfzig Franken und ging. Es war das einzige Mal im Leben, dass ich vom Vatter Geld bekam.

Am Anfang war es schlimm, sehr schlimm. Das Alleinsein, gäll, alle so weit weg, auch der Willi. Ich konnte den Willi nicht mitnehmen. Das war das Schlimmste. Und der Friedel fehlte mir. Wir waren ja unzertrennlich und dann plötzlich Schluss.

Ich konnte nur selten nach Hause. Man hatte nur am Sonntag frei. Am Samstag abend nach dem Putzen konnte ich aufs Velo, das war etwa um halb neun. Der Dynamo war schwer wie ein Cheib, keine Gänge und keine Federung und nur ungeteerte Strassen. Das war keine Freude. Um halb zwei in der Nacht kam ich jeweils im Eichholz an. Da musste man angefressen sein, gäll. Für die Bahn hätte der Lohn nicht gereicht. Ich bekam einen Fünfliber, ein silbernes Fünffrankenstück im Monat, und hatte Kost und Logis. Ein Nest in einer Kammer unter dem Dach mit den anderen Burschen. Mit dem Lohn musste ich mir die Schuhe, die Kleider und alles andere kaufen, Rasierklingen. Ein Metzger braucht andauernd neue Schuhe, sonst war das kein Anblick. Wegen der Nässe und dem Salz. Mit der Salzlake behandelte man das Fleisch.

Trotzdem konnte ich mir ab und zu etwas leisten, weil ich so geizig war. Kino am Sonntag, einen Most mit den anderen im Stiftencasino. Da konnte man für vierzig Rappen etwas trinken und Wildwestfilme schauen, stumme Wildwestfilme. Ich ging mit den Turnern. Ich war lieber mit den Turnern zusammen als mit den Metzgern. Die Turner gingen auch Skifahren oder Tanzen, das gefiel mir. Walzer und Foxtrott ging ziemlich gut, der Tango kam erst später. Die Metzgerlehrlinge sürmelten nur herum, das war mir zu blöd. Betrinken konnten wir Jungen uns nie, dafür reichte einfach das Geld nicht. Aber Spässe machten wir trotzdem. Das Ausgehen war sehr gut für mich. Gegen das Längiziti, gegen das verflüemerte Heimweh war das gut. Viel Zeit für Weh hätte man sowieso nicht gehabt.

Auch das Turnen war eine Ablenkung. Ich wollte es als Bauer und Metzger zuerst natürlich bei den Schwingern versuchen, das hat mich gereizt. Ich meldete mich also bei denen und machte auch ein paar Kämpfe mit. Bis an einem Sonntag so ein Hurenarschloch auf mir drauf lag. Dieser Brocken war doppelt so schwer wie ich, ich bekam gar keine Luft mehr. Hätte mich fast erdrückt, dieser Ochs. Hat mir auch zwei Rippen gebrochen. Da wechselte ich zur Leichtathletik.

Es dauerte ziemlich lange, bis ich mich an das neue Leben gewöhnte. Ich wurde der Bub. Alle nannten mich Bub, nicht mit dem Namen. Meinen Namen hätte ich vergessen können, das hätte keiner gemerkt. Es ging nicht zimperlich zu und her beim Gerber. Die Devise war, Vogel friss oder stirb. Man wohnte in einer Hausgemeinschaft, mit dem Meister und der Meisterin. Alle assen zusammen, die Meistersleute mit dem Personal. Das Personal schuftete vom Morgen in der Früh bis spät in der Nacht. Hundert Stunden in der Woche, sicher über fünfzehn Stunden am Tag, das war absolut normal. Für das Personal war das normal. Feierabend gab es nicht, denk auch. Drum heisst das doch Feierabend. Weil man gefeiert hat, wenn man einmal frei bekam.

Und eben, das Metzgen fängt beim Töten an. Das war ein grosser Kampf für mich, eine grosse Selbstüberwindung. Das war furchtbar. Es gab dieses Schäfchen. Ich spielte oft mit dem Schäfchen, es hatte keine Mutter. Ich flösste ihm die Milch ein mit der Flasche. Wir zogen es auf, *und ich wusste ja, dass es zum Schlachten war. Aber man vergisst das, wenn man viel mit so einem Tierchen zusammen ist. Ich hockte doch ständig dort. Und dachte nicht mehr daran, dass ich es für mich mäste-te.* Eines Tages, es war vor Ostern, kam der Meister und sagte: «So, Bub, jetzt holst du mal dein Übungsstück. Die Frau Keller möchte ihren Braten. Jetzt schlacht es, wie es sich gehört.» Übungsstück, so sagte der das.

Schafe wurden geschlagen, mit dem Hammer auf die Hirnschale, nicht geschossen. Ich musste es holen. Ich streichelte es noch ein bisschen und machte einen Schwur. *Dass nie ein Tier etwas spüren darf, gäll, wenn ich es töte. Dass alle einen schönen Tod haben sollen, das war mein ganzer Wille. Und dann schlug ich das Schäfchen tot. Mit der ganzen Kraft, die ich hatte. Damit es nichts spürt. Damit es nicht spürt, was ich ihm antue. Heulend vor Elend, wie jetzt. Der Kopf spritzte fort.* Das war im Schlachthaus in Thun. Schafe und Kälber wurden geschlagen, Rinder auch, mit dem Hammer auf den Kopf. Beim Kalb auf die Stirn, beim Rind oben auf den Kopf. Die Säue tötete man mit dem Stift. Säue haben eine weiche Hirnschale, wie die Menschen. Wenn eines der Tiere einen Mucks machte, dann musste dieser Pfuscher einen Fünfliber bezahlen in die Gemeinschaftskasse. Das führte ich ein im Schlachthof Thun. Das lehrte diese Bande. Ich war immer ein Tiernarr. Aber, verstehst, ich war auch sehr gern Metzger. Ich war Metzger bis ins Mark.

Das Töten ist ja erst der Anfang, das tote Tier. Das wird dann das Fleisch, das Werkstück. Das ist etwas Neues, etwas Gutes. Das ist ein Kreislauf, so sehe ich das. Wir Menschen sind auch in diesem Kreislauf, nur wollen wir es nicht wissen. Wieviel Gutes dann wieder aus uns entsteht, sei dahingestellt. Aber aus so einem Tier wird etwas Gutes. Die Würste, eine reine Freude, gäll. Die Würste, das ist die Krönung. Aber nur für einen währschaften Metzger.

Niemand weiss mehr, was währschaft heisst. Ich weiss es auch nicht genau, aber ich glaube, ich war es. Es hat mit Qualität zu tun, mit der Wahrheit. Das ist wie beim Bauern, ein währschafter Bauer ist einer mit Leib und Seele. Der ist in dem drin, was er tut. Der ist stolz auf das, was er tut. Vor so einem hat man Achtung, das spüren auch die Tiere. Erstens muss er die Natur lieben. Er muss die Tiere lieben, und er muss sie verstehen. Er muss den Betrieb lieben, für den er die Tiere hat, er muss ihn pflegen. Er muss sich um die Leute kümmern, die dazu gehören. Und er muss sein Handwerk verstehen, absolut, er muss es lieben, gäll. Jedes Detail muss er kennen. Er muss ein Meister sein. Das ist ein vollblütiger Metzger, also Bauer, meine ich. Aber so muss auch ein Metzger sein. Dann hat sogar das Töten da drin seinen Platz. Aber solche Bauern sind kaum mehr möglich, das rentiert doch nicht. Und solche Metzger auch nicht. Bei mir hat nie ein Tier etwas gespürt. Darauf bin ich stolz. Eher hätte ich mir die Hand abgehackt.

Auf die Zähne beissen hiess es. Das ist wieder diese Härte. Ich lernte das früh. Ich würde sagen, ich hatte das mit der Zeit sogar gern, hart zu sein und es zu zeigen. Im zweiten Lehrjahr, da kam einmal der Hermann, das war der Schlachthauschef von der Metzgerei Wüthrich in Thun. Der klöpfte im Schlachthof die Geisel. Das Schlachthaus war im Rathaus an der Aare. Daran siehst du, was das Schlachthaus für einen Stellenwert hatte. Inzwischen wurde das alte Schlachthaus aus dem Rathaus herausgerissen, das ist sehr schade. Jetzt ist dort nur noch eine leere Halle mit Liften und daneben ein riesiges WC.

Ich kam am Dienstag vormittag mit dem Karren hinüber ins Schlachthaus, um frische Ware abzuholen. Man konnte das Fleisch nicht selber kühlen und jemand musste im Schlachthof frisches holen, das war dann ich. Ich lud also einen Rindsvorderviertel auf den Karren, da kam der Hermann und sagte: «Du Hans.» Der Hermann war noch nicht sechzig, aber schon richtig verbraucht. Sagte er: «Du Hans, ich sollte diesen Hinterviertel aufladen. Aber ich muss zugeben, ich schaffe es nicht. Ich kriege diesen verdammten Viertel nicht mehr hoch. Könntest du mir den laden?»

Und ich sagte: «Hermann, ich will es versuchen.» Da war ich siebzehn und vielleicht sechzig Kilo und dieser Viertel war sicher hundertzwanzig Kilo, mindestens. Hab ihn dann auf den Wagen geschmissen. Da gab mir der Hermann zwei Franken.

Das war nur der Wille. Und ein bisschen Technik auch. Mein schwerster Vorderviertel wog hundertvierunddreissig Kilo. In den Armen hast du den. Den musst du hoch nehmen, so, hoch auf die Brust. Unter das Kinn. Das Gewicht darf nicht auf den Armen liegen. Mit den Armen hältst du ihn nur fest. Ein bisschen nach hinten biegen musst du dich schon. Das ist natürlich nichts für den Rücken, aber der hätte nie reklamiert. Mein schwerster Hinterviertel wog hundertvierundsechzig Kilo, aber den trägst du auf der Schulter. Der Vorderviertel passt nicht auf die Schulter.

Beim Wüthrich wäre ich gern eingestiegen. Das war die schönste Metzgerei in Thun, eine herrschaftliche. Die war mitten in der Altstadt, im Simmentalerhof. Jetzt ist dort eine Coopbankfiliale, darüber so ein Beauty-Salon. Die ganze Familie Wüthrich war für mich ein Begriff. Ich kannte den Hans, ein wunderbarer Metzger. Der hat sich aber umgebracht. Und ich kannte den Fritz, der übernahm eine Mineralwasserfabrik, die Weissenburger. Hat die zu grosser Blüte gebracht. Jetzt ist das auch nichts mehr, gäll. Und dann hatten sie noch einen Rothaarigen, der übernahm die Metzgerei. Die gibt es noch, kleiner, neben der Coopbank.

Nach fast zwei Jahren Lehre kam der Meister eines Morgens zu mir und sagte: «So, Bub, jetzt zeige ich dir etwas. Wir gehen in den Schlachthof. Wir müssen eine Kuh und ein Rind schlachten.»

Ich sagte: «Jawohl. Ist recht.» Ich legte alles bereit, die Messer, dann gingen wir. Im Schlachthof führten wir ein Rind herein und machten uns an die Arbeit. Der Meister hatte immer damit angegeben, was er für ein Prachtshäuter sei. Der beste Häuter von ganz Paris sei er gewesen. Es ist so, beim Häuten zeigt sich der Meister. Wenn einer diese grossen Züge schafft mit einem Schnitt, von der Schulter bis zum Hinterteil, dann vergötterte man den. So einer bekam mehr Achtung als der Papst. Der Meister schaute mich an mit diesem Blick, als das Rind vor uns hing, und sagte: «So Bub, jetzt will ich dir zeigen, wie das geht.»

Ich war natürlich gespannt. Das erste Mal war tipptopp, wirklich perfekt. Aber beim zweiten Zug stiess er das Messer schon durch die Haut. Das war keine gute Lektion. Die Haut darf keine Löcher bekommen. Sie darf nie verletzt werden. Das ist Feinarbeit, das musst du mit viel Gefühl machen. Es ist eigentlich mehr als Präzision, es ist fast ein bisschen übernatürlich. Das Messer wird ganz selbständig. Dann geht das sssssssst. Es braucht viel, bis du merkst, wie du das Messer führen und gleichzeitig laufenlassen musst. Man kann sagen, die Klinge führt dich, so ist das. Die Messerspitze darf aber nicht vorausjagen, gäll. Die Spitze kommt immer hinterher.

Ich sagte zum Gerber: «Herr Gerber, das ist recht. Aber ich kann das schon. Nur nicht so lange Schnitte.»

Da wurde der wütend, schmiss das Messer in die Ecke und schimpfte: «Dann mach es doch besser, Galöri!»

Ich würde sagen, ich wurde stärker, weil ich musste und weil ich wollte. Ich hatte doch diesen Weg selbst gewählt, hätte ja auch beim Vatter bleiben können. Stark bin ich heute nicht mehr, schau nur diese Hände. Säbi Zit war mir nichts zu schwer, das meine ich, wie ich es sage. Es ist eine innere Einstellung, das mit der Kraft, absolut. Ich habe Schränke gesehen, sie gaben hoch an mit ihren Muskelpaketen. Aber konnten sie nicht einsetzen, gäll. Auf diesem Gebiet fühlte ich mich säbi Zit sicher.

Aber gäll, es gibt ein Gebiet, wo das gar nicht so war. Hinter der Härte lauerte eine Zone, die war mir überhaupt nicht vertraut. Dass es die überhaupt gab, wusste ich nur wegen dem Willi. Mit den Menschen brachte ich sie nicht in Verbindung. Nur mit dem Hund. Mit dem Willi lebte ich dort. Als kleines Kind war ich vielleicht noch ab und zu mit der Mutter in diesem Gebiet, aber das war am Verblassen. Ich könnte heute noch nicht genau sagen, was es ist. Mit allen Tieren lebe ich in dieser Zone. Tiere sind dort zu Hause, gäll. *Der Willi wartete doch immer unten am Weg, wenn ich nach Hause kam. Auch in der Nacht, immer. Der wusste, dass ich komme. Und dann wich der nicht von meiner Seite, bis ich wieder abreisen musste.*

Zu Hause hatte es sich verändert, seit ich weg war. Die Migge war verliebt. In einen Herrn, den Schurter. Ob sie den wirklich liebte, sei dahingestellt. Mit dieser Verkrüppelung waren ihre Möglichkeiten eingeschränkt. Sie kannte einen Schmied und der kannte den Schurter. Die Migge verliess den Vatter einfach und verdingte sich am Hof vom reichen Schurter als Dienstmädchen. Ich hatte den Eindruck, es hängte der Migge im Kopf plötzlich aus. Da brauchte ihr einer ein bisschen ans Mieder zu gehen, und es war um sie geschehen. Jedenfalls lebte sie mit dem Schurter zusammen. Der war aber schon verheiratet.

Die Rös war ganz aus dem Häuschen. Der Vatter hätte eine Stütze im Haus dringend gebraucht. Beim Schurter machte die Migge alles. Sogar Traktor ist sie gefahren, denk auch, mit dem Fuss. Beim Vatter durfte sie nur im Haus arbeiten. Wenn man nicht für zwei schuften konnte, verzichtete der Vatter lieber auf die Hilfe. Auch bei der Friede hiess es immer «Das kann das Friedi nicht, die soll im Haus bleiben.» Die Migge blühte richtig auf am Schurterhof, kann man sagen. So etwas gibt es, und hübsch war sie ja, wenn man das Herbe mag. Der Schurter war ein harter Siech, sicher, aber ich konnte es gut mit ihm. Der verstand etwas vom Krampfen. Brachte es zu etwas. Seine Ehefrau war steinreich und verrückt. Jedenfalls hiess es das, sie sei verrückt. Aber man hätte sie nicht in ein Heim gesteckt, gäll, sie liessen sie im Haus wohnen. Der Schurter hatte mit der zwei Kinder. Die Migge waltete wie die Meisterin, die zog dem den Karren. Natürlich nicht offiziell. Wir gingen sie ab und zu besuchen. Bei einem dieser Mittagessen warf der Schurter seiner Frau quer über den Tisch eine Hühnergurgel auf den Teller. Der war nicht zimperlich, gäll, aber da hat mich das gestört. Einmal bestellte mich die Frau Schurter zu sich. Sie möchte mir etwas mitteilen, liess sie ausrichten. Aber ich ging nicht vorbei. Es interessierte mich nicht, gäll, ob die Marie mit dem verheiratet war oder nicht. Das war nicht mein Bier. Später starb der Schurter. Die Migge zog dann zur Friede und lebte dort, bis sie starb. Sie blieb als einzige von uns ledig.

Im letzten Lehrjahr kam ich einmal nach Hause ins Eichholz. Wir waren gerade beim Abendessen, da kam der Nachbauer von oberhalb, der Wegmüller. Kam der angerannt: «Hausi, gut, dass du da bist. Musst sofort mitkommen. Und nimm das Messer mit, musst mir eine More metzgen.»

Diese trächtige Sau brachte die Ferkel nicht heraus. Der Herr Doktor sei schon dagewesen und habe festgestellt, dass da nichts zu machen sei. Als ich das schöne Tier im Stroh liegen sah, sagte ich zum Wegmüller: «Walter, wir probieren zuerst etwas. Töten können wir sie immer noch, aber lebendig machen können wir sie nicht mehr.»

Fragte der Walter: «Jäwas willst du da noch zaubern?»

Ich war noch nicht zwanzig, gäll, und der Wegmüller schon weit über fünfzig. Aber er machte dann, was ich ihm sagte. Der Wegmüller hatte einen sauberen Saustall und wir breiteten zwei Ballen Stroh aus. Die Sau lag schön in der Mitte. Sie zitterte. Dann sagte ich zum Walter: «Jetzt bringst eine Kette und zwei Eisenhaken. Und Tannzapfenöl.»

Das hat ein Bauer immer, Tannzapfenöl. Er brachte alles. Wir schraubten die Haken in die Wand und zogen die Kette von einer Wand zur anderen und wieder zurück. Dann spannten wir sie über dem Tier straff, damit die More nicht aufstehen konnte. Verstehst, wenn so eine Sau böse wird, die beisst dir den Arm ab mit der Kraft, die die hat. Ich zog das Hemd aus und der Walter musste mir den rechten Arm einreiben mit Tannzapfenöl, bis zur Achsel. Und dann legte ich mich ins Stroh, neben die More. Sie war jetzt ruhig, ausser wenn sie ein Weh hatte.

Ich wartete ein Weilchen, lag ganz ruhig an sie geschmiegt. Dann griff ich ihr vorsichtig ein, durchs Schloss, ganz ganz vorsichtig. Sie hielt still. Und immer, wenn sie ein Weh hatte, hielt ich still. Und dann weiter. Dann wieder sie mit dem Weh. Und dann ich ein Zentimeterchen. Ich merkte bald, dass sie einen Überschlag hatte. Wie soll ich das erklären? Die Gebärmutter liegt falsch und drückt den Ausgang zu, das Schloss. Das ging sicher eine Stunde so, bis ich durch diesen Überschlag durch war. Dann, Zentimeterchen um Zentimeterchen, drückte ich die Gebärmutter herum. Ich drehte sie in die richtige Stellung. *Und plötzlich spürte ich ein Zähnchen. Die Ferkel haben schon Zähne, wenn sie zur Welt kommen. Und vorsichtig zog ich es am Schnörrchen heraus, ganz langsam, Weh um Weh. Da war es fast Mitternacht. Und dann kamen die übrigen acht, eins ums andere. Unbeschreiblich war das für mich.* Und der Doktor hatte gesagt, da kann man nichts machen, der huere Glünggi.

Am 15. Mai, an einem Pfingstsonntag im Zweiunddreissig, war ich mit der Lehre fertig. Ich wollte unbedingt nach Genf. Das Französische gefiel mir, die Art. Und ich wollte eine Sprache lernen, die Welt sehen, das moderne Leben. Etwas werden, gäll. Schon während der Lehre machte ich einen Französischkurs, am Abend. Sprachen musst du können, wenn du etwas werden willst. Zweihundertfünfzig Franken hatte ich jetzt auf dem Kassenbüchlein. Das war viel, wenn man denkt, dass ich im dritten Lehrjahr zwanzig Franken im Monat zugut hatte, der Gerber gab mir dann freiwillig fünzig. Ich schrieb also Briefe, an alle Metzgereien rund um den Genfersee, ob sie mich nicht brauchen könnten. Sicher dreissig Briefe schrieb ich. Aber eben, immer noch Krise überall, es gab keine Stellen. Ich bekam keine Antwort.

Also vergiss es, es blieb nichts anderes als wieder zurück ins Tal. In Dürrenroth fand ich Arbeit im Bären, das ist heute einer der schönsten Landgasthöfe, edel. Die Metzgerei ist jetzt eine Töffhandlung, glaube ich, jedenfalls keine Metzgerei mehr. Es ist auch kein Graber mehr drauf. Der Graber Ueli war ein guter Metzger, sicher, aber für mich war das nur eine Übergangslösung. Man musste nehmen, was kam. Man war froh, wenn überhaupt etwas kam. Über Löhne oder Arbeitszeiten hätte niemand verhandelt. Man hätte nicht mal dran gedacht, dass etwas zu verhandeln wäre. Morgens um fünf musste ich zuerst Gras schneiden am Bord hinter der Kirche. Danach die Schweine füttern und die Kühe melken und versorgen.

Es dauerte nicht so lange wie jetzt, die Kühe zu melken. Diese eingekreuzte Ware hatten wir noch nicht. Eine gute Simmentalerkuh gab etwa zwanzig Liter am Tag, da war man sehr zufrieden. Unsere Kühe waren Simmentaler Fleckvieh. Die sind gut in der Milch und auch im Fleisch, in beidem, ein wunderbares Tier. Später wurden die aber ständig eingekreuzt, mit Kanadiern und Dänen, und jetzt brauchen sie Büstenhalter. Weil sie bis zu achtzig Liter Milch im Euter haben, wenn man sie nicht melkt, das ist doch Wahnsinn. Die trampen sich auf das eigene Euter und reissen sich das ab, gäll. Darum die Büstenhalter. Ich würde keinen Batzen geben für diese Milchmaschinen. Ein Haufen Fett und Sehnen und kein Fleisch. Heute sind die alten, die kleineren ja wieder gesucht.

Item, beim Graber war ich immer noch zur Hälfte Bauer. Erst am Vormittag konnte ich anfangen mit dem Metzgen. Das war mir wahnsinnig zuwider. Um ein Haar hätte es mir trotzdem dort den Ärmel reingenommen. Die Junge vom Bären ist mir nachgelaufen. Die war mehr bei mir hinten an der Bank als sonstwo, gäll. Aber wie gesagt, ich hatte es nicht mit den Frauen. Nicht nur wegen den Schwestern. Auch der Vatter hatte keine Gelegenheit zur Verteufelung ausgelassen. «Buben, dort wo die den Ton angeben, die aus den Haaren seichen, dort müsst ihr sehr vorsichtig sein!» Das war nicht als Spass gemeint, das war ihm ernst. Wenn ich der Bärin ganz nachgegeben hätte, dann wäre ich heute tot. Dann wäre ich Wirt geworden, und das hätte mich umgebracht. Wegen der Masslosigkeit. Über das können wir später noch reden.

Ich sagte zum Graber: «Wenn ich Bauer spielen will, kann ich das auch beim Vatter.» Ich blieb nur zehn Tage im Bären. Es kam nämlich plötzlich ein Brief aus Genf. Ich könne kommen, es sei etwas frei. Sofort kündigte ich dem Graber. Der wollte mich nicht gehen lassen. «Mach das doch nicht, Hans. Was willst dort unten bei den Welschen?» Er versprach mir sogar seinen Tschäpp. Er hatte einen Tschäpp, der stand im Sälchen oben, ein wunderschönes Motorrad. «Den schenk ich dir, wenn du bleibst, Hans.» So ein Töff wäre schon ein Traum gewesen, denk auch. Aber ich wollte einfach nur weg von den Wiesen. «Es tut mir leid, Ueli. Ich will nicht Töff fahren, ich will etwas werden. Ich will metzgen.» Das war mein Kommentar.

Es war dann ja nichts damit. Der Brief war zuerst nach Thun gegangen, wo ich meine vielen Bewerbungen abgeschickt hatte. Dann von Thun zum Vatter ins Eichholz, das dauerte wieder ein paar Tage. Dann vom Eichholz nach Dürrenroth, sicher zehn Tage alles in allem. Als ich den Umschlag öffnete, war die Stelle längst weg. Aber das wusste ich eben nicht und so kündigte ich dem Graber.

Ich fand es erst heraus, als ich von Thun nach Genf telefonierte, um etwas zu vereinbaren. Längst besetzt war die Stelle, gäll. Das war ein grosser Schlag. Ich musste wieder zurück zum Vatter an den Hang, es gab nichts. Ich war arbeitslos. Das war nicht wie heute, wo man aufs Amt schlurfen kann und hinhocken und warten, bis einem etwas serviert wird. Ich kannte einen, der half einem beim Auswandern. Er schwärmte von Amerika. Amerika, das tönte immer gut. Es war bekannt, wenn einer etwas werden will, dann kann er das in Amerika, auch in dieser Krise. Zuerst wäre ich nach New York gegangen, mit dem Schiff, auf dem Unterdeck natürlich. Nachher weiter nach Pennsylvania, dort hätte es mir gefallen, von den Bildern her. Fast wie in der Schweiz ist es dort. Aber man musste an der Grenze zweitausend Franken abliefern, Depot. Sonst liessen die Amerikaner einen nicht rein. Das war reine Vorsicht, damit sie einen nicht unterstützen mussten. Zweitausend Franken im Zweiunddreissig, stell dir vor, wahnsinnig viel Geld. Der Vatter sagte nur, «kommt nicht in Frage. Für Amerika schon gar nicht», als ich ihn fragte. Da schlug ich mir das Verreisen endgültig aus dem Kopf.

Im nachhinein reut mich das gar nicht. Vielleicht wäre ich ja in Amerika ein reicher Mann geworden. Und wäre schon seit vierzig Jahren tot. Das ist gut möglich. Aber so lebe ich noch und habe auch noch ein bisschen Freude am Leben. Und nichts tut mir weh, gäll. Im nachhinein würde ich sagen, das Leben nahm den Verlauf, den es musste. Ich bin zufrieden. Höchstens, wenn ich wünschen könnte, hätte ich eines gerne. Ich würde gerne ein bisschen mehr irdische Güter zurücklassen.

Jedem eine Million, das würde mich freuen. Jänu, das war nicht möglich. Jetzt hat es im Tresor halt Schokolade.

Ein paar Monate nach dem Lehrabschluss stand ich wieder in Thun an der Aare. Auf dem Waffenplatz. Der Waffenplatz war das Zentrum in Thun. Das Leben in der Stadt ging säbi Zit hauptsächlich vom Waffenplatz aus. Am Rand der Alpen, gäll, das war militärisch wichtiges Gebiet. Das Militär befruchtete die Stadt, absolut.

Ich freute mich wahnsinnig auf die Aushebung. Es konnte nur besser werden mit meinem Leben. Man sieht etwas von der Welt, der Vatter war ja bis ins Tessin gekommen. Und man konnte endlich zeigen, was man konnte, weiterkommen, so stellte ich mir das vor. Da fragte mich der Aushebungsoffizier: «Wollen Sie Dienst tun?» Das war dem ernst, gäll. Ich glotzte ihn nur an. Militärdienst war säbi Zit noch nicht obligatorisch. Ja, das war wie heute. Überall wurde gehornt «Nie wieder Krieg!» Das war ein Slogan, vor allem von den Roten, «Nie wieder Krieg». Überall hingen Plakate. Ich habe nie an diese Parolen geglaubt, denk auch. Ich habe absolut nie daran geglaubt. Man sah doch diese ganze Entwicklung. Da war einer blind, wenn er das nicht gesehen hätte. Die Nazis, die haben nicht im Zweiunddreissig angefangen, als die NSDAP die stärkste Partei wurde bei den Wahlen in Deutschland. Die haben viel früher, in den zwanziger Jahren, angefangen. Überall haben die das Maul aufgerissen. Im Zweiunddreissig siegten sie über die anderen Parteien und im Dreiunddreissig übernahm der Hitler die Führung. Man sah doch glasklar, das gibt Krieg, das konnte nicht anders herauskommen mit dem.

In Italien waren die Schwarzhemden am Ruder und der Mussolini mit dem ganzen Führergetue, der war ja vor dem Hitler. Der Hitler war später und natürlich schlimmer, wenn man schlimm überhaupt verschlimmern kann. Wenn schlimm überhaupt ausreicht für den. Und der Franco in Spanien. Das war alles das gleiche Pack, im Kopf meine ich. Und Frankreich und Deutschland mit diesen wahnsinnigen Gegensätzen, mit einem solchen Hass aufeinander nach dem ersten Krieg. Der Hass ist das Gefährliche. Der war bei weitem nicht gelöst. Da konnte nichts anderes herauskommen als noch ein Krieg. Das war jedem klar, der den Grind zum Denken brauchte.

Diesen Slogan «Nie wieder Krieg», den machten natürlich die Roten. Die meinten das wahrscheinlich auch. Aber sie hatten bei uns in der Schweiz nicht allein das Sagen. Zum Glück, das wäre bös rausgekommen. Die grosse rote Macht war in Russland. Und dort palaverte gar niemand von «Nie wieder Krieg», im Gegenteil. Wenn du mich fragst, die warteten nur darauf, sich gegenseitig abzuschlachten. So simpel ist die Menschheit leider nicht, dass man nur ein bisschen praschagen muss «Nie wieder Krieg» und alle sind lieb und brav. Leider.

Ich gebe nichts auf diese Friedensapostel. Ich weiss, dass du da nicht gleicher Meinung bist, aber ich sage es trotzdem. Diese Brüder sind für mich alle lau. Wahnsinnig lau. Oder es sind Aufrührer, und dann geht's ja nicht um den Frieden. Wo ist denn der Frieden jetzt? Irgendwann kommt man in ein Alter, wo man sich die Meinung selber bildet. Und dann sucht man sich die Leute, die der Spur nach das gleiche denken wie man selber. Und dann hält man sich daran. Es könnte einer natürlich nicht in der Volkspartei sein wie ich und gleichzeitig gegen das Militär, das ginge nicht. Auch wenn ich das vielleicht noch wollte. Wenn man A sagt, muss man dabei bleiben, gäll. Es könnte sein, dass ich heute Grün wählen würde, wenn ich nochmal entscheiden würde. Sicher nicht die Roten, dort hängen alle das Maul rein. Drum erreichen die viel weniger, als sie könnten. Wenn alle dreinreden, gibt das keine Linie und schon gar keine Stosskraft. Nur viel Gelafer.

Item, da stand ich also vor diesem Aushebungsoffizier und der fragte mich: «Wollen Sie Dienst tun?» Kannst denken, ich habe doch laut gerufen: «Jajaa!» Sonst hätte ich einen Stempel bekommen und fertig, Wehrsteuer. Der Dienst war wie gesagt nicht obligatorisch. Aber dann wäre ich in meinen Augen ein

Bürger zweiter Klasse geworden. Ich hätte mich geschämt. Ich wollte zur Artillerie, aber dort nahmen sie mich nicht. Zu klein, gäll. Sie teilten mich zu den Signaleuren ein. Die schicken die Nachrichten, mit Zeichen. Mit Licht. Später musste ich nochmal vortraben auf dem Waffenplatz Thun, weil ich dann doch nicht Offizier werden wollte. Das hätte ich mir in dem Moment, bei der Aushebung, nicht träumen lassen, dass es bei mir so schnell fertig wäre mit Militärlen. So geht's.

Die Rös half mir dann wieder mit der Stelle. Sie war inzwischen Ladentochter beim Suri in Solothurn. Das war der Patriziermetzger, der versorgte die Mehrbesseren mit Fleisch. Das gab es nicht überall, aber in Solothurn gab es einen Patriziermetzger. Die Patrizier übten zwar keine Macht mehr aus wie früher, aber sie waren immer noch da. Und sie waren auch angesehen als Patrizier, wohlverstanden. Da gab es die von Sury, das waren die bedeutendsten Familien in Solothurn, und dann die Burkhalter, die kamen aus der Basler Clique, das waren die Rechtsanwälte, und dann noch die Arztfamilien.

Ich musste am Vormittag die Bestellungen bei den Patrizierfamilien abliefern. Natürlich nicht am Haupteingang, am Dienstboteneingang. Die hatten alle Köchinnen, die bestellten natürlich nicht Schnitzel. Da kam nur Braten auf den Tisch. Und diese Köchinnen kannten sich aus im Fleisch, denen konnte man nichts vormachen. Das waren immer Schwabenweiber, hauptsächlich Württembergerinnen. Diese Württemberger Weiber kochen gut, das war bekannt. Im Juni Zweiunddreissig war das, ein milder Sommer. Der Suri ist ja heute immer noch eine Metzgerei, eine Spezialitätenmetzgerei. Mitten in der Stadt, beim Friedhofsplatz.

An einem Donnerstag in jenem Jahr kam dann dieses Telefon, etwa um halb sechs. Es war am dritten September. Die Rös und ich müssten sofort nach Hause zum Vatter, hiess es. Wegen dem Walti. Von Solothurn kam man nur mit dem Postauto ins Eichholz, das waren ein paar Stunden. Die Rös telefonierte dem Otti, der wurde später ihr Mann. Der Otti arbeitete in Thörigen beim Metzger Sollberger, und der Sollberger hatte ein Auto. Der junge Sollberger holte uns in Solothurn ab und führte die Rös und mich ins Eichholz. Nicht ganz, nur ins Dorf. Da war schon die Aufregung sichtbar. Überall Leute, es war etwa halb acht. Ich stieg aus dem Auto und der Willi warf mich fast um. *Er warf sich mir in die Arme, er frass mich schier auf.*

Der Walti war nirgends zu sehen. Aber diese Spur im Kies, die Strasse war sonst trocken. Der Fritz brachte mich zum Walti. Der Walti war tot. Überall Blut, wahnsinnig viel Blut. Er lag auf dem Boden, halb unter einem Auto. Autos kamen selten durchs Tal. Das Auto hatte den Walti vor sich her gestossen, sicher fünfzehn Meter. Der Kühler war ganz kaputt. Man konnte nicht gut bremsen auf diesen Strassen, wenn man schnell fuhr. Ein Doktor kam auch, er brauchte drei Stunden, bis er da war, der kam erst nach uns. Aber es war nichts mehr zu machen. Der unterschrieb nur noch das Todesurteil, den Totenschein meine ich. *Das sah ich auf den ersten Blick, dass nichts mehr zu machen ist. Der Walti hatte den Rücken offen, man sah die Lunge. Auch der Kopf war offen. Alles ist ausgelaufen, überall Blut. Wenn einer den Thorax offen hat, dann ist es sowieso vorbei, gäll. Der Walti war erst dreizehn.*

Passiert ist es wegen dem Willi. Der Hund hasste Autos. Sie kamen sehr selten durchs Tal säbi Zit. Vielleicht drei am Tag, wenn's viel war, vielleicht nur eins. Man hörte sie von weitem, es schepperte und rasselte, wenn sich eins näherte. Sonst war die Welt ja still bei uns, man hörte die Fische springen in der Langete und im Ursenbach. Der Willi ging los wie eine Furie, wenn ein Auto kam. Er wollte sie verscheuchen. Alle Tiere hassten diesen Lärm.

Der Walti hatte den Fischern zugeschaut, die bei der Brücke in Wystegen mit den grossen Netzen die Forellen aus der Langete holten. Die Fische in der Langete gehörten einem Fabrikbetrieb, einer Spinnerei in Langenthal. Dem Fabrikanten gehörten die Fische. Die vom Tal durften nicht fischen, wir machten das natürlich trotzdem, von Hand. Nur die Fische in den Wässermatten durfte man behalten, das sind die Schwemmwiesen neben dem Bach. Die waren Grasvorrat während der Trockenheit. Zum Eichholz gehörte auch eine Schwemmwiese. Da hatte es immer Fische, natürlich weniger als im Ursenbach.

Der Walti wollte wahrscheinlich sehen, was die Fischer rausholten mit den grossen Netzen. Er war auf dem Weg in die Käserei in Kleindietwil. Die Käserei war jetzt sein Amt. Der Willi zog ihm den Karren, wie früher dem Friedel und mir. Bei der Brücke liess der Walti den Willi mit der Milch stehen, direkt hinter der Kurve, und ging zu den Fischern. Als dann das Auto kam, brannten dem Hund die Sicherungen durch. Der Walti hörte das und sprang aus einem Gebüsch auf die Strasse. Wegen der Milch, gäll, er wollte die Milch retten. Er hatte doch keine Ahnung, wie schnell so ein Auto ist. Da erwischte ihn der Wagen.

Der Vatter brach zusammen, das wunderte einen nicht. Ein Häuflein Elend, könnte man sagen. Von da an hasste er das Eichholz. Er verkaufte es dann bald. Ging mit dem Fritz und den Mädchen nach Wiler, das ist nicht mehr im Tal, im Flachland. Der Fritz bewirtschaftete diesen Hof, noch heute ist sein Sohn dort, aber der Vatter hatte natürlich das Sagen, bis er starb. Der Mensch ist zäh.

Vier Monate später trat das Strassenverkehrsgesetz in Kraft, das die Zustände im Verkehr regelte, im Januar. Da hatte dieser Autofahrer Glück gehabt, dass er den Walti noch im Sommer erwischte. Es war ein Fabrikant aus Biel, den Namen habe ich eigenartigerweise vergessen. Er hatte im mechanischen Gebiet eine Fabrik. Aber wahrscheinlich konnte er gar nichts dafür, gäll, wenn ein Kind auf die Strasse springt. Sicher, er war schnell gefahren, das sah man an der Bremsspur. Aber säbi Zit war alles unbegreiflich schnell, was schneller war als man selber. Diese Gefahren kannte man nicht. Die Menschen waren Geschwindigkeiten nicht gewohnt.

Wir haben den Walti am Sonntag beerdigt. Man bahrte die Toten immer drei Tage auf und dann wurden sie beerdigt. Damit man sicher war, dass sie tot sind. Aber beim Walti war das ja keine Frage. Länger konnte man sie nicht aufbewahren, gäll, man konnte ja nicht kühlen. Als wir nach der Beerdigung nach Hause kamen, lag ein Kranz vor der Tür mit einer Seidenschleife. Der war vom Autofahrer, hatte er abgeben lassen. Sonst haben wir nie mehr etwas von ihm gehört.

Etwas darfst du nie vergessen im Leben: Höhepunkte halten nie ewig. Aber Tiefen auch nicht. Man muss gefasst sein, das bin ich heute, gäll. Auf den Tod vom Walti war ich nicht gefasst, da war ich viel zu jung. Aber auch auf das Hildi war ich nicht gefasst. Ich hatte mich eigentlich damit abgefunden, dass das Leben eine Tiefe ist. Bis man den richtigen Menschen findet, der einen ganz macht, da läuft man doch irgendwie neben den Schuhen. Heute ist das Problem die Geschwindigkeit. Die Menschen wissen gar nicht mehr, wo ihnen der Kopf steht. Und das Herz sowieso nicht. Die Geschwindigkeiten sind heute unbegrenzt. Und die, die das nicht so gut verkraften, stehen abseits. Säbi Zit gingen alle mehr oder weniger in der gleichen Linie und mehr oder weniger gleich schnell. Da traf man aufeinander. Wenn eines langsamer war oder eins ein Stürmi, fiel das nicht so auf, es gab immer andere im Trott. Heute rasen viel zu viele, und viel zu viele werden überfahren, gäll. Und es gibt diese Linie nicht mehr. Alle rasen kreuz und quer. *Das fällt mir jedesmal ein, wenn ich so ein Göfli sehe. Was wartet dem?*

Vielleicht ist das doch ein bisschen Angst, obwohl ich sonst die Angst nicht kannte, absolut nicht. Die Angst ist Gift. Ich wüsste einfach gerne, ob die Kinder immer wieder damit fertig werden, mit dem Leben. Ob sie genügend Härte bekommen, damit sie es gut aushalten. Und auch – ja, ich hoffe manchmal, wenn ich das Bild mit meiner grossen Familie anschaue, das da vis-à-vis von meinem Bett hängt, *da hoffe ich, dass auch die weniger guten Seiten von mir ein bisschen weitergegeben werden.*

Ich meine, die weichen. Dass die auch weitergegeben werden durch die Familie hindurch. Siehst ja, was für ein Gränni ich bin. So ein alter Möff und flennt derart, da kann ich nichts mehr machen. So war ich ja von Anfang an, aber das hat mich sehr gestört, dieser Überschwang im Gefühl. Das konnte man nicht brauchen. Gefühle waren für uns hinderlich.

Man hat nicht darauf geachtet, gäll. Das wäre nichts gewesen, da gehst du unter. Da ersäufst du im Erbarmen und im Selbstmitleid und dann ist Schluss, säbi Zit sowieso. Vergisst doch mit dem Jammern, dass es weitergeht. Dass du etwas machen musst, wieder etwas erledigen musst, und dann das nächste, Schrittchen für Schrittchen. Nicht das Schonen, die Härte hilft dir, etwas durchzustehen, dranzugehen. Du denkst einfach, es muss ja gemacht sein. Fängst an, irgendwo. Und dann geht es, das ist das Wunderbare. Es wartet auch immer etwas Gutes auf dich. Das Leben ist viel grösser als wir. Man sieht das nicht. Du hast keine Ahnung, wie schön es ist.

Das Hildi traf ich zum ersten Mal im Schlachthaus, unten an der Aare, in Solothurn. Es war Silvester und wir Metzger hockten zusammen im Schlachthaus, das war der Metzgerstammtisch. Das Wirtshaus neben dem Schlachthaus hiess Schlachthaus. Heute heisst das Cantinetta, irgend so eine Spaghettikette. Im Schlachthaus ist jetzt ein Möbelladen. Und eine Bar mit Kino, dort floss ja früher richtiges Blut in die Aare. Die war manchmal rot bis nach Zuchwil hinunter, das sind ein paar Kilometer.

Item, da kommt also einer herein, den kannte ich, mit seiner Braut und dem Hildi, die waren Schwestern. Der Tisch war voll, aber wir rückten zusammen. Das Hildi kam neben mich zu sitzen. Im Kreis von Metzgern geht es ja immer ein wenig laut zu und her und fröhlich. Metzger mögen das Fröhliche, das können die, fröhlich sein. Das Hildi war keine laute, gäll, das sah ich sofort.

So ist das, entweder springt der Funken oder er springt nicht. Wenn der Funken da ist, dann erkennst du den andern sofort, auch wenn du ihn nicht kennst. Und wenn ein Funken ist, dann glüht das, dann willst du vielleicht ein Tänzchen machen. Und dann noch eins. Und dann gerade noch eins. Und damit ja keiner dazwischen kommt, gerade noch eins. Da braucht es keine grosse Sache.

Das Hildi war fünf Jahre älter als ich, eine richtige Frau. Ich war ja erst neunzehn, frühreif, würde ich sagen. Das Hildi gefiel mir, *eine strahlende Frau, absolut. Wobei, zart, gäll. Sie hatte etwas an sich, ich könnte nicht sagen, was es war. Etwas in ihrem Blick. Sie war nicht wie die andern Frauen, die ich kannte in meiner Umgebung. Sie war auch eleganter. Ihr Vater war Uhrmacher. Vielleicht das, sie war sanft.*

Ein Zwilling war sie auch, wie ich, sie hatte eine Zwillingsschwester. Fünfzehn Geschwister waren es insgesamt. Und im gleichen Sommer wie der Walti war auch dem Hildi eine Schwester gestorben. Das Lineli ist ebenfalls verunfallt. Wurde überfahren, in Solothurn beim Milchabliefern. Aber von einem Pferdefuhrwerk, nicht von einem Auto wie der Walti bei uns im Tal.

Wahrscheinlich haben wir nicht viel geredet, mehr getanzt, meine ich. Man hielt sich säbi Zit in den Armen beim Tanzen, das war normal. Man fasste sich richtig an, das hätte man sonst nicht gemacht. Ich hielt mir die Frauen ja vom Leib. Aber es kommt immer, wie es kommen muss. Um drei oder vier Uhr morgens brachte ich das Hildi nach Hause, zu Fuss nach Zuchwil. Wir spazierten der Aare nach. Es war kalt, aber das hätten wir nicht gemerkt. Wir brauchten sicher zwei Stunden für die paar Kilometer. Meine Angst vor den Frauen war weg, komplett, gäll. Man kann sagen, mit dem Hildi wurde aus der Angst fast ein bisschen Mut.

4 Unterhunde

Jede Nacht, wenn ich vom Hildi kam, stand die andere beim Wäldchen, gar nicht zufällig. Ich ging zweimal in der Woche zum Hildi nach Zuchwil während unserer Bekanntschaft. Die andere hiess Margrit und lief mir nach, kann man sagen. Sie war Ladentochter beim Suri und passte mich jedesmal ab um Mitternacht, draussen bei den Eichen. Scharwenzelte herum und lud mich ein, ich solle doch jetzt zu ihr kommen und ihr Zimmer anschauen. Sie wohnte unten beim Westbahnhof, das wusste ich. Ich sagte kategorisch: «Nein, Margrit, vergiss das. Der hier ist kein Flatterhans.» Etwa so sagte ich das. Obwohl, sie war ja nicht zu verachten, gäll, richtig hübsch war die. Mit etwas dran an den Knochen. Die hatte Pfupf im Hintern, das merkte man. Aber ich mochte sie nicht. Diese Grite war tüchtig, sicher, aber mir war die zu wenig feminin. Zu forsch und dominant, kann man sagen. Obwohl, es wäre wahrscheinlich einfacher gewesen, mit der ein Geschäft zu führen als mit dem Hildi. Aber ich konnte sie einfach nicht riechen, da kann man nichts machen. Sie wartete also und ich sagte zu ihr: «Jetzt hör mal, Margrit, steh dir doch nicht die Scheichen in den Bauch. Das hat keinen Zweck. Verreis jetzt besser ins Nest.» Sie war jedesmal beleidigt. Keifte, sie werde doch frische Luft schnappen dürfen, wo sie wolle. «Absolut, Margrit, sicher. Aber wart nicht auf mich, gäll. Du weisst genau, dass ich jetzt vom Hildi komme.» Sie wollte das einfach nicht begreifen.

Ich rührte die nie an, obwohl sie sich mir richtiggehend anbot. Nicht einen einzigen Kuss gab ich der. Auch nicht einen kleinen. Vielleicht war ich ja zu hart mit mir, das denke ich manchmal. Säbi Zit war man mit sich nur hart. Sie versuchte immer weiter, mich herumzukriegen, auch im Geschäft. Bis ich ihr eines schönen Tages einen Munistotzen an den Grind warf, das hat dann genützt. Sie konnte sich gerade noch bücken, da spritzte hinter ihr der Mörtel ab der Wand. Es gab ein Loch. So ein Munistotzen ist schwer, das ist der Oberschenkelknochen vom Stier. Der hätte ihr den Schädel gespalten. Da begriff sie es endlich.

Den Hof hätte ich dem Hildi nicht gemacht. Das passte nicht zu unsereinem. Im Kreis von Metzgern wurde das Charmieren nicht so gepflegt. Man traf ein Mädchen und das gefiel einem. Da machte man vielleicht ein Tänzchen und war ein wenig lustig, und dann ergab sich das. Am Dienstag abend, nachdem wir uns kennenlernten, ging ich das erste Mal nach Zuchwil, dem Hildi guten Tag sagen. Wir waren nicht unbedingt ein Paar, wie es Eltern gerne sahen. Das Hildi katholisch, ich ein Reformierter. Sie fünf Jahre älter und ich ein junger Trübel, neunzehnjährig und ohne alles. Aber wir waren verliebt, gäll. Vielleicht zu verliebt. Ich würde sagen, säbi Zit waren wir glücklich. Später wurde alles kompliziert.

Getroffen haben wir uns überall, das war kein Problem. Da war man erfinderisch. Es gab immer irgendwo ein ruhiges Plätzchen. Man war da nicht wählerisch. Sicher traf man sich nicht zu Hause, da ging das nicht. Man ging spazieren. Oder verabredete sich an Orten, die man kannte und von denen man wusste, dass man ungestört war. Es gab immer Möglichkeiten für ein Rendezvous.

Ich glaube, das war zu allen Zeiten gleich. In der Sache war das immer gleich. Wie es jetzt ist, wüsste ich natürlich nicht. Vielleicht ist es weniger geheim, das gönne ich euch, wenn es weniger geheim ist. Bei uns war es sehr geheim. Aids kannten wir aber nicht. Dafür waren die Geschlechtskrankheiten vielseitig. Syphilis war verbreitet, das gibt Geschwüre, dann verblödet man und stirbt. Das ist eine grausige Krankheit. Der Tripper war schon heilbar, glaube ich. Ich hatte gottseidank nie etwas Derartiges. Aber sicher, man musste mit allem rechnen, wenn man mit jemandem in dieser Konstellation zusammen war. Vielleicht war das Leichtsinn, das kann sein.

Dass säbi Zit alle jungfräulich in die Ehe gingen, das ist ein Märchen, sicher. Sonst hätte es wahrscheinlich keine Ehen mehr gegeben. Jedenfalls nicht in unseren Kreisen, vielleicht bei den Katholen. Wobei, das Hildi war ja auch katholisch. Man hatte natürlich nichts gegen Jungfräulichkeit. Es ist schön, wenn man der erste ist. Aber so prüde war man also nicht. Wir wurden nicht aufgeklärt, denk auch. Das war ein Tabu, das Reden über diese Dinge. Höchstens Angst wurde einem eingejagt. Den Vorgang, wie das geht mit der Begattung, den kannte ich von den Tieren. Aber wir hätten nicht gewusst, ob das bei den Menschen dasselbe ist. Es ist ja auch bei den Tieren nicht dasselbe.

Ich musste schon als kleiner Bub mit der Kuh zum Muni, da sah ich das. Es ging hopp und fertig. Prosaisch, würde ich sagen. Zweimal durfte ich mit der Lise zum Hengst. Da ist das mit dem Muni ein Dreck dagegen. Nicht zu vergleichen. Mit der Stute und dem Hengst, das war etwas. Ein Schauspiel, dass es einem heiss und kalt wurde. Das stellt man sich nicht vor, was das für ein Akt ist. Richtig unheimlich. Man musste aufpassen, dass man nicht darunter lag. Für mich zeigt sich da die Natur in einer ihrer schönsten Formen. Wahnsinnig ergreifend ist das.

Das Hildi war einigermassen aufgeklärt. Auch weil sie älter war als ich. Sie war Fabrikarbeiterin, bei Ghielmetti in Solothurn, die machten Elektrozähler, wie die Landis & Gyr in Zug. Das waren die bedeutendsten Elektrozähler-Fabriken in der Schweiz. Sehr viele Frauen arbeiteten dort, von da wusste das Hildi einiges. Aber auch wegen der jüngeren Schwester. Die hatte einen unehelichen Sohn, die bekam den mit fünfzehn. Es hiess, sie sei vergewaltigt worden.

Die Frauen wussten eh mehr als die Männer. Die hatten auch die Konsequenzen zu tragen. Gäll, es lag immer in der Luft, das Schwangerwerden, säbi Zit. Die Befürchtung gehörte einfach dazu, wenn man eine Bekanntschaft hatte. Man hätte das nicht besprochen, aber man wusste, dass es einem den Ärmel ganz reinnehmen konnte. Damit lebte man. Es gab ja keine Verhütung. Von Tablettenzeugs und Kondomen hätte man doch nichts gewusst. Die Pille war uns kein Begriff, das kam alles erst später.

Ich würde sagen, man war in diesen Dingen aber ernster als heute. Eben wegen den Konsequenzen, die das haben konnte. Verantwortung für Konsequenzen zu übernehmen, war eigentlich Ehrensache. Nicht für alle, sicher, es gab immer Dreckseckel. Für mich war eine Bekanntschaft nicht ein Ereignis, über das man einfach hinweghüpfen konnte und zur nächsten. Das war für mich etwas viel zu Grosses. Vielleicht könnte man das jetzt als Mangel anschauen. Und vielleicht war ich ja auch zu streng mit mir. *Diese Überzeugung war einfach tief in mir drin, man dürfe nicht nur geniessen und abhauen. Von heute aus gesehen ist das vorsintflutlich, sicher. Viel zu streng. Aber siehst du, ich bereue das nicht. Auch wenn das Leben vielleicht vorteilhafter verlaufen wäre für mich. Ich bereue es nicht.* Ich hatte immer das Gefühl, wenn man davonläuft, ist man ein Hosenscheisser. Ich mein das nicht wie die Pfaffen, auch wenn das jetzt so tönt. Aber man verschleudert etwas. Es gibt nie die Innigkeit. Keine Tiefe, gäll, wenn man wegläuft. Und für den eigenen Stolz ist das auch nichts.

Mir ist das egal, ob geheiratet wird oder nicht. Nur wenn Politiker mit Freudinnen daherkommen, stört mich das. Das macht sich einfach nicht gut. Das Unverbindliche passt nicht zu einem Politiker. Aber das müssen die selber wissen. Ich bin da altmodisch, aber ich bin mir nicht sicher, ob es etwas mit dem Alter zu tun hat. Die Familie ist der Lebenskern, da bin ich sicher. Was denn sonst könnte dieser Kern sein? Eine Familie, da geht es um viel. Das ist nicht nur das Paar mit den Kindern, das ist doch viel mehr. Das ist auch die Geschichte. Das Weitergeben von den Erfahrungen. Da geht es ums Zusammengehören, das hat keine Bedingungen. Eine Familie ist nie nur für ein bisschen, das geht nicht. Eine Familie ist nicht eine Phase im Leben. Die Dauer, das braucht die Gesellschaft, nicht diese Wegwerfehen, das denke ich.

Heute werden ja die Homosexuellen getraut, das ist in Ordnung, von mir aus. Aber das ist sicher kein Ersatz für die Familie. Das ist Kabis. Sicher, die sollen machen können, was sie wollen, diese Homosexuellen, das interessiert mich nicht. Ich kann es zwar nicht verstehen, schon gar nicht bei den Männern. Bei den Frauen noch eher. Bei den Frauen mag es daran liegen – ich würde sagen, da sind die Männer schuld. Dass es so viele Lesben gibt, das liegt nur an den Männern. Weil die Frau in der Liebe anders empfindet als der Mann, ganz anders. Die Frau vermisst immer die Zärtlichkeit, gäll, die braucht das. Und das findet sie bei einer Lesbe eher als bei einem Mann. Aber vielleicht sind die Männer ja jetzt anders.

Im Sommer dreiunddreissig konnte ich endlich in die Rekrutenschule, nach Andermatt, das ist am Fuss des Gotthardpasses. Ich rückte als grosser Spinner ein, ich freute mich dermassen. Neuneinhalb Wochen dauerte die, später wurde sie dann verlängert. Beim Suri kündigte ich, das war normal säbi Zit, dass man für das Militär die Stelle aufgab. Ein Arbeitgeber hatte keine Verpflichtung, einen zu behalten. Und die Zeiten waren gar nicht rosig, gäll, es gab praktisch keine Arbeit. Aber das war mir gleich, ich wollte im Militär etwas werden. So stellte ich mir das vor. Der Hitler hatte in Deutschland die Wahlen gewonnen und kam an die Macht. Der setzte bekanntlich voll aufs Militärische. Der rüstete Deutschland auf und das half dann der Wirtschaft. Das beeindruckte auch die Schweizer. Ausser den Roten war doch niemand gegen das Militär. Aber auch die haben das bald eingesehen.

Ich war bei den Pionieren, die Signaleure sind Pioniere. Das sind die, die alles vorbereiten, die Infrastruktur, damit die Armee nachrücken kann. Alles Berufsleute. Ich gehörte zur Küchenmannschaft, als Metzger wurde ich der Küche zugeteilt. Also einen Tag in der Küche, einen Tag ausrücken, abwechselnd. Das ist schwerer Dienst, es hiess tragen, Gewichte schleppen, das konnte ich. Ich war der zweitkleinste in der ganzen Kompanie. Der Gehrig Ernstli war der kleinste. Wir waren im gleichen Zug, der Ernst und ich. Der Ernst konnte nach zweihundert Metern das Räf nicht mehr tragen, der konnte es wirklich nicht, das sah man. Das war ein Gewicht, dieser Felltornister. Allein der Dynamo wog sicher dreissig Kilo, der war aber extra, den hattest du zusätzlich am Ranzen. Fünfzig Kilo waren das sicher, alles in allem, wahrscheinlich mehr. Aber mir konnte nichts schnell genug gehen und nichts war mir schwer genug, gäll. Bei den Prüfungen war ich der beste, sicher, ausser beim Schiessen. Das war nicht mein Gebiet. Ich hatte eine unbändige Freude am Lernen und am Vorwärtskommen.

Am Anfang lernten wir morsen. Damit wir mit der Signaleur-Lampe die Nachrichten an die andere Gruppe morsen konnten. Das war ein Lichtstrahl, den sah man nur, wenn er direkt auf einen gerichtet war, sonst sah man den nicht. Und dafür musstest du die Koordinaten genau einrichten. Man sah das Licht ziemlich weit, aber das ist natürlich relativ. Mich faszinierte es kolossal. Ich hatte doch keine Ahnung, was es alles gibt. Heute ist das natürlich Klimbim, was wir machten. Diese Instrumente waren nicht neu, das hätte sich die Schweizer Armee nicht leisten können. Wir bekamen diese Apparate von den Deutschen. Die kauften sich nach dem ersten Weltkrieg modernere und die Schweiz konnte die alten haben.

Am liebsten machte ich Knoten, das konnte ich im Schlaf. Wir hatten diesen Stecken, den Gebirgsstock, den mussten wir überall mitnehmen. Und ein etwa vier Meter langes Seil, das war für die Knoten. Ich konnte die doch alle bereits von zu Hause, ein Bauernbub beherrscht das. Den Pimpomlätsch, den Achterknoten, den konnte ich mit einer Hand. Eigentlich heisst der richtig Bindbaumlätsch, man fixierte damit die Heufuder. Aber wir sagten Pimpomlätsch. Das kann ich heute noch, schau, trotz dem Gezitter. Da nimmst du das Seil so über die Hand und drehst das ganze und schon ist das ein Lätsch, gäll. Die anderen übten tagelang, bis die es konnten, eine ganze Woche. Wahrscheinlich ist der letzte heute noch am Knöpfen.

Das Exerzieren ging mir auf die Nerven, dieses «Gleichschrittmarsch». Das war nichts für mich, kannst denken. Aber es war natürlich wichtig. Da geht es um die geballte Kraft, gäll, damit wird das geübt. Die geballte Kraft war wichtig, jetzt machen das ja Maschinen. Säbi Zit holte man diese Kraft aus den Männern, aus der Mannschaft. Das war entscheidend für eine Armee. Und wenn es dann bei so einem «Steht!» wirklich einen einzigen grossen Knall gab, von vierhundert Mann, dann war das ein wahnsinniges Gefühl, absolut.

Die Hälfte der Zeit war ich in der Küche. Der Küchenchef hiess Adjutant Helfenstein. Der hatte eine Geliebte im Dorf und war mehr bei der am Köcheln als in der Küche. Er war zwar verheiratet, aber das störte ihn gar nicht. Ich war meistens auf mich allein gestellt und lernte bald, den Laden zu schmeissen. Die Küche ist immer ein besonderer Ort im Militärischen, ein bisschen ausserhalb von allem. Hier tauchten sie alle auf irgendwann, die Offiziere, wegen dem Znüni. Pause mit etwas zu essen, das ist Znüni. Ob es Znüni hatte oder nicht, das entschied die Küche.

Der Helfenstein war zwar ein Schürzenjäger, aber er hätte nichts auf mich kommen lassen. Das Schikanieren war grosse Mode säbi Zit, das gehörte zum guten Ton. Der Helfenstein liess von der Abwaschmannschaft immer das ganze Geschirr zweimal abwaschen, extra. Wenn sie fertig waren, packte er den ersten sauberen Teller und brüllte: «Dreckbande, das soll sauber sein?», und schmiss den ganzen Abwasch in den Trog zurück. Das gehörte einfach dazu, man wusste es. Der Helfenstein war überzeugt, dass er sich nur so Respekt verschaffen konnte, durch Schikanieren. Ich hielt es anders. Mir lag das nicht, dieses stupide Geiselklöpfen. Das macht die Mannschaft doch nur störrisch.

Item, der Feldweibel war auch ein Schikanierer. Der riss mir jedesmal, während ich beim Frühstück sass, mit dem Säbel die Planke herunter. Die Planke ist der Stapel auf dem Regal über der Pritsche. Die musstest du aus den Kleidern formen.

Rechtwinklig, wohlverstanden. Das war hohe Kunst, absolut. Eine Stofflage durfte von der nächsten keinen Milimeter abweichen. Sicher eine halbe Stunde bastelte man daran, bis das schön präzis war. Langte der mir doch jedesmal diese Planke mit dem Säbelspitz herunter. Ich musste alles nochmal falten und kam natürlich zu spät in die Küche. Der Helfenstein hornte: «Heilanddonner, warum kommst du wieder erst?»

«Chef, es tut mir leid, der Feldweibel hat mir die Planke runtergerissen.»

«Was hat der?»

«Er hat mir die Planke aufs Nest gerupft.»

Da war der Feldweibel aber an den Falschen geraten. Säbi Zit galt der Feldweibel etwas, das war eine Respektsperson. Kam der Herr Feldweibel also Punkt neun in die Küche marschiert. Da bellte der Helfenstein: «Was willst?»

Der Feldweibel: «Blöde Frage.»

«Ich frage dich trotzdem: Was willst?»

«Ja was wohl? Znüni.»

Da meinte der Helfenstein seelenruhig: «Aha. Zuerst eine tipptoppe Planke runterreissen und nachher ein Znüni abholen bei uns. Mach, dass du fortkommst.» Das war der Tonfall säbi Zit, man nahm kein Blatt vor den Mund.

Es dauerte nicht lange, und sie haben mich für die Unteroffiziersschule vorgeschlagen. Das wollte ich natürlich, das war mein Traum. Dass ich nicht gut schiessen konnte, war nicht so wichtig. In der Küche brauchst du das eh nicht. Wegen dem Schiessen war dann aber Schluss mit der Freude, endgültig. Wegen dem Schützenabzeichen war das. Das bekam nicht ich, das bekam der Klingler Ernst aus Près d'Orvin, das liegt oberhalb von Biel. Den habe ich seither nie mehr getroffen, den Ernst, aber der schoss gut. Wir standen alle auf dem Exerzierplatz in Andermatt, in Habachtstellung, bocksteif. Hauptverlesen, da darf sich der Armeekörper nicht rühren. Der Klingler Ernst stand hinter mir. Und vorn die Offiziere auf der Brücke, das waren sicher hundertfünfzig Meter Abstand. Sie riefen den

Ernst auf und gaben bekannt, dass er die Medaille gewonnen habe. Da brüllte der Ernst mit voller Kraft: «Verstanden, Herr Leutnant!» Direkt mir ins Ohr. Ich bin so erschrocken, ich zuckte zusammen und bewegte den Kopf ein bisschen, das war ein Reflex, gäll. Aber strengstens verboten. Das war schlimmer, als jemanden totzuschlagen. Wenn man einen totschlägt, bekommt man eine Auszeichnung. Aber wenn einer zuckt, wird er eingelocht.

Der Steinauer, das war der Instruktionshauptmann, Berufsmilitär. Der sah das. Wir nannten ihn nur den Storch. Der kam angestakst, fuchtelte mit dem Spitzfinger in meine Richtung und kläffte: «Den kleinen Cheib dort, den sperrt ihr mir ein, verstanden!» Ich wusste natürlich, dass er mich meinte, aber ich rührte mich nicht. Bocksteif blieb ich und stierte geradeaus. Bis der Storch mir seinen Finger fast in die Nase stach. «Den da.»

Danach konnten wir abtreten. Ich ging hinauf in den Schlag, hatte noch einen Brief in Arbeit, fürs Hildi. Den wollte ich fertigschreiben. Nach einer Weile kam der Ernstli, der kleine Gehrig, der trampte herein, ganz aus dem Häuschen: «Hausi, komm sofort runter! Du weisst doch, dass du ins Loch musst. Scharfer Arrest! Sie warten!»

«So? Das hat nur der Steinauer gesagt. Bis jetzt hat mich niemand geholt.»

Ich nahm dann aber dem Ernstli zuliebe die Wolldecke unter den Arm und stieg die Treppe hinunter. Unten warteten sie tatsächlich schon. Cinturon raus, mit dem Gürtel könnte sich einer erhängen, gäll. Schuhbändel raus, Hosenträger weg, alles abgeben. Es deprimierte mich kolossal, das muss ich sagen. Etwa um sieben schlossen sie mich im Loch ein.

Da sass ich also. Wahnsinnig wütend. Wahnsinnig enttäuscht, das stellst du dir nicht vor. Weil es ungerecht war. Für dieses Zucken drei Tage scharfen Arrest, das war absolut unverhältnismässig. Und gegen Ungerechtigkeit war ich allergisch, gäll, das war ein ganz empfindlicher Punkt. Ich hockte dort auf dem Boden im Dunkeln und schwor mir, jetzt ist fertig. In dem Moment haben diese Herren einen guten Mann verloren. Von jetzt an mache ich nur noch das Nötigste, nur noch das absolute Minimum. Gerade noch soviel, dass sie mich nicht einlochen können. Mehr nicht, vorbei. Das schwor ich mir.

Um halb zehn kam Oberleutnant Müller, der Kompaniekommandant. Er holte mich raus. Ich musste die Schuhbändel wieder einfädeln, Gürtel rein, Hosenträger spannen. Wir gingen auf die Allmend. Marschierten zusammen in der Dunkelheit fast bis nach Hospental. Der Müller war in Ordnung, mit dem konnte man reden. Der war Strohhutfabrikant in Wohlen. Ein feiner Herr, aber im positiven Sinn. Er wollte mich beruhigen, mir erklären, dass das mit dem Loch schon seine Richtigkeit habe, weil ich mich in der Habachtstellung bewegt hätte. Ich dürfe das nicht bagatellisieren. Ein bisschen hart sei es vielleicht, drei Tage Scharfer, aber er lasse mich ja jetzt raus und werde es auch nicht eintragen.

Da erklärte ich dem Müller zwei Sachen. Erstens könne ich nicht einsehen, warum ich für dieses Zucken so scharf bestraft werde. Das leuchte mir einfach nicht ein. Pionier Wiesmann, das war ein Lehrer aus Moutier im Jura hinten, der sei doch eingeschlafen auf der Wache. Und das ist ein Verbrechen, gäll, Schlafen auf der Wache, das kam gerade nach dem Totschlag. Nur Landesverrat war noch schlimmer. Und dieser Pionier Wiesmann bekam nur drei Tage leichten Arrest. Das sei für mich eine Ungerechtigkeit, das könne ich nicht akzeptieren. Und das von einem Berufsmilitär. Wenn das die Bräuche seien in diesem Laden, dann sei das nichts für mich. «Sie können mich streichen von der Liste der Offiziersanwärter, Herr Oberleutnant.»

Überdies könne ich nicht verstehen, wie eine solche Pfeife wie dieser Steinauer Berufsmilitär werden könne. Das sei doch ein Witz von einem Offizier. In meinen Augen sei der eine Schande für die Schweizer Armee. Wir nannten ihn den vollgeschissenen Strumpf. So sah der aus, vor allem, wenn er auf dem Pferd daherkam. Eine peinliche Erscheinung. «Verstehen Sie, Herr Oberleutnant, ich war wahrscheinlich von allen vierhundert Rekruten der mit der grössten Begeisterung. Aber jetzt weiss ich, wie es hier läuft. Jetzt ist Schluss für mich.»

Er meinte, da sei noch nicht das letzte Wort gesprochen, man werde nochmal drüber reden. Aber er kannte mich nicht. «Nein, Herr Oberleutnant. Ich heisse Meister. Und einen Meister sperrt man nicht ein.»

Die Briefe ans Hildi wurden mir eine Leidenschaft. Sie war meine Braut. Wir wussten, dass wir irgendwann heiraten würden. Obwohl, vielleicht war mir das klarer als ihr, müsstest sie fragen können. Ich konnte ihr ja noch gar nichts bieten. Säbi Zit musste ein Mann einer Frau etwas bieten können, damit sie ihn nahm. Das Hildi kam aus behüteten Verhältnissen. Aber ich war auf dem Weg. Ich sagte ihr von Anfang an, dass ich noch Zeit brauche, um etwas zu werden. Dass ich weiterkommen wolle. Ich wusste noch nicht, wie, säbi Zit gab es kaum Möglichkeiten, sich weiterzubilden. Ich wollte auf keinen Fall ein Leben lang Metzgerknecht bleiben, gäll. Die schufteten nur und verdienten nichts. Das Hildi hätte mich nicht gedrängt.

Nach der Rekrutenschule hatte ich natürlich keine Arbeit, ich war arbeitslos. Ich musste schon wieder Bauer spielen beim Vatter. Es war immer noch tiefe Krise. Die hat ja noch furchtbar lange gedauert, das weiss man jetzt. Der Hitler nützte das aus, der kam an die Macht. Ich fand erst nach einem halben Jahr eine Stelle, im Vierunddreissig. Es gab nur eine Stelle in der ganzen Schweiz, und die war in Brig. Immerhin, im Wallis reden sie schon fast Französisch. Brig war eine Chance, ein Anfang. Und sowieso, besser als wieder zurück ins Tal. Sonst wäre ich sicher nicht nach Brig gegangen. Man könnte sagen: Ich hatte keine Wahl.

Im Februar war der grosse Metzgerball in Solothurn, eine Woche vor der Fasnacht. Das war eine ganz gediegene Angelegenheit, der Metzgerball hatte grosses Ansehen in der Stadt. Es war eigentlich der wichtigste Anlass in Solothurn, kann man sagen, eine alte Tradition. Es gab keinen Schusterball oder Bäckerball oder Schreinerball. Aber es gab Ärztebälle, Pressebälle, Diplomatenbälle und eben den Metzgerball. Der wurde von den Burschen organisiert, und die Meister rissen sich darum, eingeladen zu werden, denk auch. Die Metzgerburschen hatten sich in Solothurn zum ersten Mal organisiert, im Metzgerburschenverband, das war 1899. Politisch aktiv wurde der dann erst später, als die Zeiten immer härter wurden. Da war ich nicht unbeteiligt. Aber säbi Zit war das noch ein Vergnügungsverein, würde ich sagen. Es ging vor allem ums Festen. Man fuhr in Kutschen vor, das war Vorschrift. Kutschen waren noch nicht so kitschig wie heute, das war einfach ein elegantes Fahrzeug. Ein bisschen übertrieben elegant. Und alle Burschen in schwarzen Anzügen mit gestreiften Hosen und steifen Hüten und die Mädchen in rauschenden Kleidern. Das mietete man. Es war eine grosse Sache.

Metzger waren ein besonderes Volk, immer. Vielleicht sind die Metzger die stolzesten Berufsleute, die es gab, das ist möglich. Nicht jeder konnte Metzger werden. Ich rede natürlich vom Vollblutmetzger. Ich würde sagen, als Metzger wird man geboren, das ist eine Berufung. Lernen kann man das nur beschränkt. Die wichtigste Voraussetzung ist eben die Härte. Härte muss einer mitbringen, er muss etwas vertragen. Angst darf man nicht kennen. Sonst ist das nichts. Diese Spezies ist am Aussterben. Der Beruf ja auch. Und der Berufsstolz auch. *Kennst du dieses Wort, Berufsstolz? Das war für uns heilig, Berufsstolz. Dem Gewerbe Ehre machen, dem Handwerk. Auch den anderen, die zu uns gehörten. Als ich die Lehre anfing, wusste ich das nicht, dass es das gab, diesen Berufsstolz.* Ich wusste es nicht, aber ich würde sagen, ich hatte ihn.

An diesen Metzgerball ging ich natürlich mit dem Hildi. Wir hatten es sehr lustig, haben viel getrunken, das gehörte dazu bei solchen Gelegenheiten. Wo Metzger feiern, fliesst der Alkohol, die kommen gerade nach den Wirten. Wenn ich Wirt geworden wäre, hätte ich mich zu Tode gesoffen, sicher. Aber als Metzgerbursche konnte man sich das nur selten leisten.

Manchmal bekamen wir vom Patron einen Batzen und mussten damit auf Kundschaft einen trinken gehen. Aber das war selten. Zum Glück, gäll, auch wegen der Finger.

Ich kannte das an mir, diese Ausuferung. Ich wusste, es war etwas in mir, da musste ich aufpassen. Etwas Zügelloses. Das konnte mich mitreissen, da war ich nicht mehr zu bremsen. Wenn ich mit etwas anfange, das ich gern habe, dann geht das explosionsartig. Beim Trinken war das so, beim Rauchen sowieso, auch bei anderem. Nicht zu bremsen. Heute weiss ich das, das ist die Veranlagung. Das ist das Temperament. Damals wurde ich oft überrumpelt, bis ich lernte, dass ich vorsichtig sein muss. Mich nicht zu weit hinauslehnen darf. Dieses Masslose an die Leine nehmen, das musste ich lernen. Es gelang mir nicht immer. Es ist auch eine Kraft, sicher, aber die braucht Zügel. Das musst du trainieren, sonst reisst dich das fort. Auch beim Lesen war das so. Das war eine richtige Krankheit. Wenn ich am Abend ein Buch anfing und es gefiel mir, dann las ich es an einem Stück, bis zum Morgen. Ich konnte nicht aufhören, bis es fertig war. Dann machte ich es zu und raus aus dem Nest und an die Arbeit.

Wir feierten bis am nächsten Morgen. Am Schluss nur noch wir zwei allein, das Hildi und ich. Bücher hätten wir nicht gelesen, gäll. Um sieben Uhr brachte ich sie zur Ghilmetti. Dann fuhr ich zurück nach Brig.

An Ostern bekam ich ein Brieflein. Es überstöckelte mich fast, das muss ich zugeben. Hildi schrieb, sie sei beim Gynäkologen gewesen, und der habe bestätigt, dass sie im dritten Monat schwanger sei. Das war deine Mutter, die hatten wir demnach in der Ballnacht gezeugt. Jetzt war geschehen, wovor mich alle warnten. Am nächsten Tag kündigte ich in Brig und fuhr zurück nach Solothurn, zum Hildi. Wohnen konnte ich beim Vatter auf dem Hof. Ich suchte eine Stelle, fieberhaft, das kann man sagen. In wenigen Monaten musste ich Frau und Kind versorgen und hatte doch gar nichts. Keine Wohnung, kein Geld, keine Stelle und auch keine Aussicht.

Es war nichts mit Etwas-bieten-Können, wahrlich nicht. Das Hildi war wie gesagt katholisch und älter als ich, solche Verbindungen sah man sowieso nicht gern. Für mich war die Konfession kein Problem, aber für andere schon, vor allem für den Pfaff. Als wir bei dem vorbeigingen und die Hochzeit anmelden wollten, da sagte der zu mir: «Janun, Herr Meischter, am nexte Mittwuch müsse Sie zu mir in den katholische Unterrischt komme.» Er sagte das in diesem Hochdeutsch, das die Schwaben reden, wenn sie meinen, die Schweizer seien blöd, gäll. Es war ein deutscher Pfaff, ein Schwarzwälder, Zengerling hiess der. «Ich kann Se sonscht nit traue, wenn Se nit in de Unterrischt komme.»

Ich gab ihm zur Antwort : «Herr Pfarrer, das ist kein Problem, überhaupt kein Problem. Dann wird also protestantisch geheiratet. Aber die Kinder werden in dem Fall auch protestantisch getauft. Das müssen Sie berücksichtigen. In Ihren Unterricht komme ich sicher nicht.»

Da war der Pfaff platt. Er musste es mit dem Bischof besprechen, und dann klappte es plötzlich, ohne Unterricht. Wir konnten katholisch heiraten. Das war in der St.-Niklaus-Kapelle von Zuchwil, eine Kirche gab es noch nicht dort säbi Zit. Ich wusste, dass es für das Hildi wichtig war. Die Katholischen sind da heikel. Hildis Mutter war sehr katholisch. Aber das war eine liebe Frau. Hildis Mutter hatte ich gern. Die ganze Familie wohnte im gleichen Haus in Zuchwil, das Hildi hatte ja fünfzehn Geschwister. Die Mutter war das Zentrum, würde ich sagen. Da wurde immer gesungen. Nur mit dem Vater konnte ich es gar nicht. Von dem wusste ich Sachen, über die man nicht redet. Dieser Fotzelhund von Pfarrer versuchte übrigens auch später wieder, sich einzumischen. «Aber Hilda! Hascht du kein Bessere gefunde?» Das erzählte sie mir. Dieser Pfaffenfötzel, dieser Engerling.

Hildis Eltern hatten nichts gegen unsere Heirat. Begeistert waren sie nicht gerade. Hildis Vater hatte seine Uhrmacherwerkstatt im Haus. Eigentlich war er Protestant. Aber ein Umgetaufter, bei der Heirat war der Katholik geworden. Der war auch aus dem Tal und hatte sich katholisieren lassen, das verstand ich nie. Der hätte nichts latzen können. Zu Hildis Vater hatte ich gar kein enges Verhältnis, nie. Wir gingen uns aus dem Weg.

Dass ich eine Katholische heiratete, war auch für meinen Vatter ein Schlag, denk auch. Er als Katholikenhasser und jetzt kam ich mit einer katholischen Schwiegertochter. Bei mir sträubten sich die Haare nur, wenn ich in Kirchen war und die Pfärrer vorne ihren Käse verbreiteten. Ob katholisch oder reformiert, spielt da keine Rolle. Später ging ich ab und zu mit dem Hildi in die Kirche. Ich wusste, was der Glaube ihr bedeutete. Allein wäre sie nicht gegangen, also ging ich mit. Um mich nicht zu ärgern, hörte ich nicht zu, sondern beobachtete die Leute rundherum. Ich beobachte gerne. Im stillen beobachte ich alles. Und es war seltsam, ich sah immer wieder dieses Phänomen, wie die Menschen verändert aus der Kirche kommen. *Irgendwie glücklicher kommen sie aus so einer Messe. Die kommen zufriedener heraus, als sie hineingehen. Und ich muss sagen, ich beneide das. Bei mir funktioniert das nicht. Ich kann es nicht, ich finde nichts im Religiösen, da kann man nichts machen. Wenn ich verändert aus einer Kirche komme, dann höchstens aggressiver.* Ich hätte es gut brauchen können. Mit Zufriedenheit war ich nicht gesegnet säbi Zit, gar nicht.

Heute finde ich die Andacht. Du weisst ja nicht, wie oft ich diesen Frühling dort drüben auf dem Hügel stand, und es war für mich wie in einer Kirche. Nicht so still, man hört natürlich Flugzeuge und die S-Bahn und die Autos. Aber ich stand dort und schaute die Welt an, diese alte Welt und war zufrieden. Wenn ich dann zum Mittagessen zurückkam, dann machten sie immer Sprüche, weil ich so schwärmte, wie schön doch alles sei. Wie wunderbar der Frühling. Und dann kommt der Sommer und macht alles kaputt, gäll. Wenn ich mit mir ins reine kommen will, dann gehe ich in den Wald, wie der Vatter. Früher schon und heute noch mehr. Aber schau, auch in der Natur kann ich mir interessanterweise nicht einen Herrgott vorstellen. Die

Schöpfung, das ist nicht ein Herrgott. Das ist mehr als ein Herrgott. Und wenn schon Gott, dann eher ein weiblicher.

Wir heirateten im Mai. Die Eltern hatten es lieber diskret, es war keine grosse Sache. Wir vermählten uns prosaisch, würde ich sagen. Ich im Konfirmationsanzug, nur der Hut war neu. Ob das Hildi in Weiss war, wüsste ich nicht mehr. Vielleicht in Weiss, sicher nichts Teures. Man sah ihr die Schwangerschaft noch nicht an. Es gab auch eine abgekürzte Messe, da regte sich das Hildi auf. Sicher, das war die Rache vom Engerling. Ich hätte das nicht gemerkt, es war mir sowieso egal. Aber ich weiss noch, es gab diesen Moment, als ich mich einmal umdrehte und in die Bänke schaute. *Da sass der Vatter dort. Ist der tatsächlich in die Kirche gekommen, stell dir vor. An meine Hochzeit. Ich könnte dir heute noch zeigen, wo er sass.*

Kannst dir vorstellen, wie mir das Eindruck machte, dass er da in der Kirchbank hockte, im Kittel und Hemd. Er mit seiner Sturheit. Der war doch bockstur, wie ich. Jetzt wird die Sturheit ja schwarz angestrichen, das ist schade. Alle sind jetzt flexibel. Aber säbi Zit war das eine Qualität, gäll, die Sturheit. Haltung ist das. Man war mit dem Hergebrachten verbunden. Man war verbunden mit der vergangenen Zeit, so sehe ich das. Das ist ein Halt, wenn man weiss, dass es vor einem auch schon ein paar recht gemacht haben.

Als Ehepaar wohnten wir in einer kleinen Kammer ohne Fenster, bei Hildis Eltern. Das Hildi arbeitete in der Ghilmetti, ich war meistens beim Vatter, solange ich nichts anderes hatte. Da musste ich aufpassen, dass die Kirche im Dorf blieb, wenn ich so viel fort war. Hildis Vater musste zuerst kapieren, dass er nicht den Meister spielen konnte bei mir. Der meinte am Anfang, er müsse uns Ratschläge geben. Er war gegen mich, absolut, wegen der Schwangerschaft. Und auch, weil ich ein Aufmüpfiger war, das war bekannt.

Ich engagierte mich in der Personalbewegung in Solothurn. Im Metzgerburschenverband war ich der jüngste Präsident, den sie je hatten. Nach den Generalversammlungen hockten wir jeweils noch zusammen beim einen oder andern zu Hause, Metzger sind gesellige Leute. Es konnte schon spät werden. Einmal kam ich erst am Morgen um Viertel nach acht nach Hause. Das Hildi hatte Angst gehabt, verständlich, absolut. Sie war schon bei Ghilmetti an der Arbeit, als ich heimkam, aber der Schwiegervater hockte da. Ich kam rein, ein wenig angestochen war ich schon, und sagte: «Schönen guten Morgen allerseits.» Der Vater blieb sitzen und schwieg und schaute mich böse an. Ich fragte ihn, wie lange er noch zu bleiben gedenke. Da stand er langsam auf und knurrte: «Solange ich es für richtig halte. Ich habe mit dir zu reden, Bürschchen.»

Da sah ich rot, gäll. Bürschchen brauchte der mich nicht zu titulieren. Ich stellte mich vor ihm auf und sagte: «Aber ich nicht mit dir. Ich wüsste nicht, was ich mit dir zu besprechen hätte. Und jetzt gehe ich grad wieder. Wenn ich am Mittag nach Hause komme und du immer noch hier hockst, dann musst du mit allem rechnen, gäll. Dann setzt es was!»

Am Mittag war er gottseidank nicht mehr da und kam nie mehr. Das wäre sonst schlecht herausgekommen. Dem musste ich von Anfang an die Zähne zeigen, verstehst. Sonst hätte er sich immer eingemischt.

Das grösste Problem war, dass ich keine Arbeit fand. Es war schon September, und im Oktober erwarteten wir doch die Ankunft deiner Mutter. Da hiess es seckeln. Die offenen Stellen wurden in der Metzgerzeitung ausgeschrieben. Die erschien zuerst in Zürich, das wusste ich. Immer am Mittwoch um zehn Uhr wurde sie im Restaurant Uraniabrücke ausgeliefert. Das war an der Limmat, in der Nähe der Fleischhalle am Fluss. Die Fleischhalle wurde ja inzwischen abgerissen und jetzt ist dort ein Sandwichlokal für Bürolisten.

Item, die Zeitung war im Uraniabrüggli ausgehängt. Alle anderen bekamen sie erst am Donnerstag. Ich fuhr also an einem Mittwoch los, morgens um drei, mit dem Fahrrad. Nicht etwa rennmässig, das war Vatters alter Militärgöppel, ohne Gänge, ohne Federung, ohne Schnickschnack. Trampelte über den Striegel und den Mutschellen nach Zürich, ungeteert alles. Ziemlich genau um zehn kam ich im Uraniabrüggli an und las die Metzgerzeitung. Jetzt ist das ein Pub.

Da fand ich den Sulz. Sulz bekommt man aus ausgekochten Knochen, das ist etwas Gutes. Aber dieser Sulz war nicht nur ausgekocht, das war einer der grössten Halunken unter dem Herrn. Es nützte ihm auch nichts, gäll. Er verlumpte ja bald. Als ich das Inserat gelesen hatte, wollte ich ihn sofort anrufen. Beim Telefon stand einer, der fragte, wen ich anrufen wolle. Ich sah sofort, dass das ein Metzger war. Das sieht man, ich könnte nicht sagen, woran. «Geht es dich etwas an?», gab ich zurück.

«Du willst sicher den Sulz in Olten anrufen. Das ist verboten.»

Sie hatten den gesperrt. Der Personalverband hatte den für gesperrt erklärt, weil er ein solcher Lump war. Ich rief ihn trotzdem an. Arbeit ist Arbeit, gäll, was wollte ich sonst. Der Sulz sagte, ich solle sofort vorbeikommen. Ich setzte mich also aufs Velo und fuhr nach Olten, noch am gleichen Tag. Der Sulz begutachtete mich von Kopf bis Fuss und sagte, ich könne anfangen am Montag. Aber pünktlich. Dann radelte ich nach Zuchwil zum Hildi. Es waren im ganzen sicher zweihundert Kilometer. Ich zitterte ein bisschen, als ich ankam. Vor Glück, würde ich sagen, weil ich endlich eine Stelle hatte.

Am Montag nahm ich den ersten Zug von Solothurn nach Olten und trudelte um Viertel vor sechs beim Sulz ein. Die Metzgerei war direkt beim Bahnhof. In der Wursterei war schon Licht und alles in Betrieb, das sah ich sofort. Ich läutete. Der Sulz kam heraus und kläffte: «Wo kommt Ihr her?! Bei uns fängt man nicht am Vormittag an. Wir fangen am Morgen an!»

«Herr Sulz», sagte ich, «ich bin mit dem Zug von Solothurn gekommen. Es war der erste.»

«Bei uns wird gearbeitet, nicht Zug gefahren. Merkt Euch das.»

Er zeigte mir den Schlag im Dach, wo ich schlafen konnte. Nach Hause konnte ich nur am Samstag abend.

Ich blieb neun Monate beim Sulz, das war ein Rekord. Die meisten blieben nur eine oder zwei Wochen. Das war ein richtiger Schinder. Da kam mir wieder die Härte zugut. Morgens um vier mussten wir raus, um halb fünf anfangen, spätestens. Etwa um sieben gab es ein Frühstück, ein paar Minuten. Znüni hiess, nebenher ein Würstchen verdrücken, ein Glas Most runterkippen, ein Stück Brot runterwürgen, alles im Stehen. Und weiter. Um halb eins war Mittagessen. Um zwanzig vor eins kam der Sulz daher und pfutterte: «Warten die Herrschaften eigentlich aufs Abendessen?» Alles runterschlingen, weiterkrampfen bis abends um acht, manchmal neun Uhr. Wir schufteten sicher neunzig, sehr oft auch hundert Stunden und mehr in der Woche. Für einen Hungerlohn, gäll. Damals konnte einer mit so einem Geschäft viel Geld verdienen. Der Sulz konnte nicht mal das. Der ging ja nach ein paar Jahren ein. Er hatte die zweitgrösste Metzgerei im Städtchen, schlachtete sicher zehn Schweine in der Woche, dazu drei Kälber und zwei Grosse, also Rinder. Der hatte doch einen phantastischen Umsatz. Der hätte reich sein müssen, sicher. Er ging aber ein, das lag an seiner Alten, das war ein richtiges Luder.

Man war am Anschlag säbi Zit, absolut. Alles, die ganze Welt stand unter Druck. Der Sulz war nur ein Beispiel von vielen, ein schlimmes, aber das war normal. Er war berühmt als Schinder, elf verschiedene Metzgerburschen in neun Monaten, stell dir das vor. Das Personal hatte keinen Wert, gäll, wenn einer nicht selber auf sich aufpasste, kam er unter die Räder. Vielen ging es dreckig. Es warteten ja mehr als genug auf Arbeit.

In der zweiten Woche gab es bereits einen Vorfall. Der Wurster und der Sulz gerieten aneinander. Den Wurster kannte ich schon von früher, ein rechter Typ, sicher, der Thüru, ein Schrank. Der Sulz war ja kleiner als ich, klein und dick. Der brachte den Thüru zur Weissglut mit der Schikaniererei. Unten in der Wursterei war das, ich war grad am Därmewaschen.

Da packte der Thüru den Sulz am Hosenboden und am Schlawittchen, wuchtete ihn hoch und wollte ihn ins Brät schmeissen, in den Blitz. Das ist eine Maschine, die mit vielen extrem scharfen Messerchen aus dem Fleisch Brät macht. Ich sprang im letzten Moment dazwischen und riss dem Thüru den Sulz aus den Fingern. «Das darf man nicht, Thüru, das weisst du!»

Der Sulz schob seine Hosenbeine runter und keuchte: «Kannst sofort den Lohn abholen.» So ging das bei dem.

Von diesem Tag an musste ich auch noch den Wurster machen. Da musste man regelrecht zum Künstler werden, bei der Ware, die der Sulz verarbeiten liess. Und alles musste schnell gehen, schnell und immer schneller. Die Akkordarbeit kam auf, das heisst, man wurde nach Stücken bezahlt, die man schaffte. Mir lag das Schnelle, mir machte das nichts aus, gäll. Aber mich bezahlte der Sulz natürlich pauschal, im Monat, da kam der viel besser weg.

Ich brachte für mich das Handwerk zur Perfektion. Für mich, gäll, nicht wegen dem Geld. Es brachte mir ja nichts ein. Aber es machte mir Freude. Auch wegen den Tieren war mir das wichtig. In zweiunddreissig Minuten eine Kuh schlachten, dass sie vor dir hängt und du zwischen ihr hindurch gehen kannst, das war eine Leistung. Aber sauber musste sie sein und dressiert, also proper. Alles Blutige weg.

Vom Moment an, wo sie getötet wird, stoppst du die Zeit. Wenn sie tot ist, stichst du sie, damit das Blut rausläuft, das dauert etwa drei Minuten. Man trank auch ein Gläschen Blut, gäll. Man kostete es, ob es gut ist. Wenn es nicht gut ist, ist es körnig. Und es gab diesen Aberglauben. Dass die Kraft vom Tier in dich übergeht. Aber das machten nicht alle, ich hatte das vom Vatter. Dann musst du jemanden rufen, der dir hilft, sie auf das Güfi zu legen. Das ist wie eine Wiege, wo du sie schön auf den Rücken legst.

Dann kommt zuerst der Kopf weg, der Kopf wird zuerst gemacht. Ausser den Augen wurde alles verwertet, sicher, auch der Kopf ist wertvoll. Danach die Füsse, die sägst du ab. Und dann ziehst du sie aus, zuerst die Beine, schneidest sie auf, und dann der Rest, sssst, schön in einem Stück. Darfst auf keinen Fall die Haut verletzen, das wäre ein Kunstfehler. Dann ziehst du sie an Ketten hoch und wenn sie hängt, machst du die letzten Züge, bis die Haut zu Boden fällt. Dann wird aufgebrustet, die Brust aufgesägt, Lunge, Herz und Leber kommen raus, damit ihnen nichts geschieht und sie nicht verletzt werden. Das Gekröse schaufelst du raus, die Eingeweide. Danach ist alles leer und du kannst runterspalten. Säbi Zit machte man das mit der Säge und dem längsten Messer, das war sehr schwierig. Da hiess es aufpassen wie verrückt, dass man nicht abrutscht und dem Knochen entlang ins Fleisch fährt. Das war ein schwerer Fehler, wenn man ins Fleisch rutschte. Ein grosser Wertverlust.

Das Blut, das man nicht verwertete, gab man wie gesagt in die Aare. Stell dir vor, an einem Montag waren das doch jedesmal zehn Kühe und vielleicht noch drei Rinder, die geschlachtet wurden. Zehn Kühe, das sind etwa fünfhundert Liter Blut. Blut färbt wahnsinnig, gäll, das Flusswasser war wirklich rot. Meiner Meinung nach macht das nichts, das ist doch Blödsinn. Im Gegenteil. Das gibt das beste Wasser. Jetzt ist das verboten, obwohl das Wasser sowieso geklärt wird. Für den Boden und das Wasser war das Blut gut. Die feissen Forellen gab es dort, wo die Aare rot war. Bei den Schlachthäusern am Flussufer. Früher war Blut, ich würde sagen, etwas Kostbares. Fast ein bisschen heilig. Jetzt können es die meisten nicht einmal mehr sehen, ohne blöd zu tun.

Das ewige Gehetz beim Sulz bezahlte ich mit einem Finger. Beim Vorwärtsmachen hatte ich mir im Schlachthaus den kleinen Finger abgequetscht. Er hing nur noch an einem Fetzen Haut. Ich verstellte die Zahnräder an der Aufziehkette, damit es schneller ging. Es ging dann sehr rassig. Der Finger war nicht ganz ab, aber fast. Die Hälfte hing runter, das Knöchelchen war durchgetrennt. Ich war ganz überrascht. Gespürt hätte ich das nicht, in dem Moment. Ich wickelte einen Lappen drum und stieg auf ein Velo, das herumstand, und fuhr zum Sulz. Es blutete wahnsinnig. Der Sulz schickte mich zu einem Arzt, ein Gynäkologe war das. Ein Kunde, gäll. Und der wollte das partout wieder annähen. Ich sagte ihm, er solle das doch bittesehr abschneiden. Aber der hüstelte nur: «Es wird schon wieder, es wird schon wieder», und schnurpfte es zusammen. So sieht das jetzt aus, gäll. Das ist doch kein Finger mehr, so verkrümmt und verzworgelt und ohne Gefühl. Dass das ein Frauenarzt nicht kann, wusste ich schon vorher. Ich hatte später noch einmal das Vergnügen mit dieser Sorte Doktor.

Es gab viele Gynäkologen, schon säbi Zit. Die Frauen brauchen häufiger den Arzt als die Männer. Sie sind heikler. Aber nicht alle. Beim Sulz hatte die Alte die Hosen an. Aber unter der Schürze, das ist klar. Das war ein käches Weib, die hatte Temperament, sicher. Und er ein kleines Mannli, der war diesem Weibsbrocken doch nicht gewachsen. Ich kam von Anfang an nicht gut mit ihr aus, ich mochte sie nicht. Aber das war gar nicht gegenseitig. Sie hätte mich ja geschätzt, gäll. Ich darf sagen, ich weckte bei den Frauen ab und zu Sympathien. Aber das interessierte mich nicht, ich lehnte das ab.

Dass die Sulzi ein Auge auf mich hatte, erfuhr ich im Bahnhofbüffet. Ich musste dort jeden Tag die Würste vorbeibringen. Eines Tages fragte der Küchenchef: «Wie kommst du zurecht mit der Alten?»

«Nicht gut, warum?»

Da rief er: «Komm, Hausi, tu nicht so. Musst ihr doch nur unter den Rock langen. Das weiss doch jeder.»

Das war also bekannt in der Stadt. Aber ich kannte mich nicht aus in diesen Dingen, ich begehrte das nicht. Genützt hätte es sicher. Ich vermute, dass die dem Sulz das Geld durchbrachte mit ihrer Mannsverrücktheit. Der zeigte ihr zu wenig den Meister.

Wir haben uns öfter gegenseitig gekündigt in diesen neun Monaten, hin und her ging das. Er kam dann jedesmal nachher wieder und sagte: «Hans, das machen wir nicht, du bleibst.» Er lud mich sogar zweimal zur Jagd ein. Die andern mussten dafür am Abend zwei Stunden länger krampfen. Wir fuhren mit seinem schönen Auto in den Jura hinauf, das passte mir natürlich. Aber ich warnte ihn: «Herr Sulz, ich werde Ihnen kein Reh zujagen, das können sie vergessen. So etwas mache ich nicht.» Es war ihm egal, er wollte mir ein Zückerchen geben, damit ich nicht davonlief. Ich bin ein totaler Gegner der Jagerei.

Deine Mutter war inzwischen bestens angekommen, das Sophie, an einem Sonntag. Als ich beim Sulz am Montag kurz freinehmen wollte, um die Formalitäten zu erledigen, gab das ein Theater. «Was? Ihr seid verheiratet? So grün hinter den Ohren und verheiratet?» Es brauchte etwas, bis der mir das glaubte. Mich ärgerte seine Bemerkung, kannst dir vorstellen.

Nach neun Monaten war der Zapfen definitiv ab, die Kündigung definitiv, meine ich. Es war wegen der Alten. Im Haushalt arbeitete auch ein Hausmädchen, eine Hilfskraft. Das waren die untersten Unterhunde, diese weiblichen Hilfskräfte. Ich kannte sie aus dem Tal. Lineli Heiniger hiess sie. Sie stammte aus einer grossen Familie, ihr Vater war ein armer Bauernarbeiter. Das Lineli war bei uns im Eichholz, als die Mutter den Walti zur Welt brachte. Da war das kleine Lineli bei uns, als Hilfe. An jenem Tag kam es beim Sulz die Treppe zur Wursterei heruntergestolpert und die Sulzi trampelte hinter ihm drein. Und schlug ihm mit der Hand von hinten auf den Kopf, rechts und links und rechts und links, mit aller Kraft. Das Lineli kauerte sich in eine Ecke, es war ja nur ein Häuflein Elend. Und dieses Weib drosch weiter und weiter. Da packte ich die Sulzi mit meinen Brätfingern an den Haaren und schüttelte sie. «Frau Sulz, ich warne euch! Wenn Ihr Euch noch einmal an diesem Mädchen vergreift, dann schicke ich Euch die Polizei auf den Hals!»

Die Sulzi musste dann mit den brätverschmierten Haaren durchs Haus und die Frisur neu machen. Und er, der Feigling, kündigte mir. Da steckte die Alte dahinter, das ist klar. Am nächsten Tag nahm er die Kündigung wie immer zurück, es sei nicht so gemeint gewesen. Aber ich sagte: «Tut mir leid, Herr Sulz, aber ich meine es so.»

Da stand ich wieder ohne Arbeit auf der Strasse. Und bald war dann auch noch der Karl unterwegs, das war ziemlich schwierig. Immerhin durften wir eine Wohnung beziehen im Haus der Schwiegereltern. Ich war aber meistens wieder beim Vatter am Werken, Landarbeit. In Zuchwil hatte es übrigens auch einen grossen Gemüsegarten. Gartenarbeit war für mich fast noch schlimmer als Feldarbeit, gäll. Dieses ewige Wassertragen. Aber säbi Zit war man froh um alle Fressalien, die man nicht bezahlen musste. Mir war das Grünfutter schon in der Herstellung zuwider, aber es war natürlich wichtig. Ich bin wirklich kein Gärtner, schon Bauer wollte ich nicht sein. Man kann sagen, das Hildi kümmerte sich auch um den Garten.

Der Krieg lag in der Luft, keine Frage, man roch den. Man hatte noch die Erfahrungen vom letzten Mal im Kopf, gäll, wo die Männer einfach in den Schützengräben gehockt waren und gewartet hatten, bis es vorbei war. So sollte das nicht nochmal rauskommen. Man bereitete sich vor, alle rüsteten auf und das half auch der Wirtschaft. Die Firmen konnten liefern, das brachte Geld. Ein kleiner Aufwind war zu spüren. Die Nazis gruben Deutschland um. Und vieles, was sie machten, gefiel den Leuten, das war klar. Vor allem auch den Frauen. Der Hitler hob die Frauen, das war der erste weitherum, säbi Zit. Er verschaffte ihnen Rechte, er gab ihnen das Stimmrecht. Kannst dir vorstellen, wie das den Frauen Eindruck machte. Und auch die Arbeiter bekam er auf seine Seite, das Personal, durch das, was er machte. Der schwafelte nicht nur wie alle vorher und machte leere Versprechungen. Er baute zum Beispiel die Autobahnen. Mit den vielen Arbeitslosen, da hatten diese etwas zu tun, und die Deutschen bekamen Autobahnen. Reisen, Ferien wurden organisiert für die kleinen Leute, das waren ja fast alle. Ferien kannte man nicht, da war der Hitler einer der ersten. Irgendwie ist es schon schade, dass der diesen Arierwahn hatte, diesen Rassenfimmel.

Die Schweizer Presse war verseucht mit Nazigedankengut, das würde man nicht glauben heute. Die waren doch am Anfang alle begeistert. Und es gab auch eine Art Zensur von höherenorts, Vorschriften, was nicht geschrieben werden durfte. Die Nazis hatten es leicht, ihr Ariergedankengut in der Schweiz zu verbreiten. Das war gar nicht schwierig, die stiessen auf offene Ohren. Die Migge war immer schon ein wenig revolutionär eingestellt, vielleicht wegen der Behinderung. Dass sie ein Nazitotsch wurde, tat mir leid. Ein Totsch ist mehr als ein Esel, das geht Richtung Idiot. Ich würde sagen, sie hatte Temperament und auch den Willen, aber sie konnte das schlecht ausleben. Eine Weile lang besuchte ich sie nicht mehr, weil wir jedesmal Streit hatten. Sie hatte den «Völkischen Beobachter» abonniert und das «Signal», das war ein Monatsmagazin. Und ich muss sagen, eines der schönsten Monatsmagazine, die ich kannte. Ein wenig sah das aus wie eine Kunstzeitschrift. Wunderschöne Abbildungen, so etwas sah man sonst nirgends. Wenn man nicht genau las, merkte man gar nicht, dass da der Wurm drin war. Edel kam das daher. Die Migge legte es mir immer auf die Seite.

Ich würde sagen, säbi Zit, in den dreissiger Jahren, war das gar nicht klar mit den Nazis. Es war nicht einmal klar mit Deutschland und der Schweiz. Oder mit der Schweiz als Schweiz. Es gab viele, hauptsächlich in der deutschen Schweiz, die wollten den Anschluss an Deutschland. Die hätten gar nichts dagegen gehabt, zum Deutschen Reich zu gehören. Die versprachen sich viel davon. Die Schweiz war säbi Zit viel mehr nach Deutschland orientiert als heute, ich meine die deutsche Schweiz. Die Welschen nicht, gar nicht, und die Tessiner wahrscheinlich auch nicht.

Trotzdem übten wir den Kriegsfall, stiefelten in den Alpen rum und verkabelten die Berge. Die Signaleure hatten sich inzwischen zur Telegrafenkompanie entwickelt. Wir legten Telefonleitungen, verdrahteten die Walliser Alpen. Ich gehörte zur Küchenmannschaft, musste aber zur Hälfte Kabeldienst tun. Und auf die Märsche mussten alle. Einmal marschierten wir von Airolo Richtung Gotthard. Hinauf zum Ritomsee, dann weiter zum Tomsee und dann zum Piz Taneda, das sind über tausendfünfhundert Höhenmeter. Morgens um fünf zogen wir los. Nicht in den Turnschuhen, wohlverstanden.

Fast die ganze Strecke trug ich zwei Packungen, meine und die vom Ernstli. Der Ernstli war von Beruf Bürolist. Das war wirklich ein zartes Bürschchen. Aber das war mit Abstand der Anständigste, das war mir der Liebste, sicher. In der Rekrutenschule hatten wir die Pritschen nebeneinander gehabt, und darum kümmerte ich mich auch sonst ein wenig um den Ernstli. Ich trug also seine Packung und er trug mein Gewehr. Aber oft konnte er nicht mal mehr mit den zwei Gewehren weiter. Da hätte aber niemand gelacht, man sah, dass der Ernst wirklich nicht mehr konnte. Er lehnte an der Felswand und japste, dem liefen die Tränen herunter. «Hausi, ich kann nicht mehr. Ich schaffe das nicht.» Da hiess es dann Kameradschaft, dieses Wort ist jetzt verpönt, wegen dem Hitler. Aber es gab sie schon, diese Kameradschaft. Man half einander, die Stärkeren den Schwächeren. Man hätte keinen hängenlassen. Wir waren alles Unterhunde, da hielt man zusammen. Man musste schauen, dass keiner unter den Karren kam, es konnte einen ja auch erwischen. Der Ernst starb ziemlich jung.

Wir lernten gehen. Mit diesen Lasten gibt es eine Technik, auch für die Ausdauer. Die Kraft gut einteilen und absolute Konzentration. Wir schleppten alles, auch die Kabelrollen, die ganzen Küchengeräte, Proviant. Alles auf dem Rücken. Maultiere hatten wir nicht säbi Zit. Wenn du so steil hinaufsteigst, darfst du nicht mehr als dreissig Schritte machen in der Minute. Das sind also zwei Sekunden pro Schritt, aber stetig. Wir hatten jeden Tag Gebirgsmarschtraining. So langsam geht normalerweise kein Mensch. Aber die Offiziere, diese Hornochsen, die schwarwänzelten natürlich voraus. Die hatten winzige Rucksäcke und sonst nichts. Es dauerte nicht lange und wir verloren die aus den Augen. Der Weg ging im Zickzack den Berg hoch und um Felswände und Buckel herum, da war das kein Wunder. Wir gingen in unserem Trott und kamen zum Ritomsee. Wahnsinnig heiss war es. Und weil wir ganz unter uns waren, fanden wir es Zeit für eine kleine Erfrischung. Wir nahmen ein Bad im See, natürlich ohne entsprechendes Tenü.

Es dauerte nicht lange, da kam eine Schulklasse, Mädchenklasse. Das gab ein Hallo, kannst dir vorstellen. Der See voller nackter Burschen, Soldaten. Das war doch verboten. Die Uniform auszuziehen und zu baden, das war doch nicht militärisch. Und weit und breit kein Offizier. Die Lehrer trieben die Mädchen weiter, so gut sie konnten, und wir nichts wie raus aus dem Wasser und schauen, dass wir wegkamen.

Als wir auf dem Piz Taneda ankamen, gab es ein Geschrei. Die Herren Offiziere hatten Hunger, wahrscheinlich deshalb. Unerlaubtes Entfernen von der Truppe, das wurde bestraft. Sie drohten mit einem Rapport. Ich erklärte denen, dass wir leider auch einen Rapport machen müssten. Weil sie vorausgestürmt seien, nicht einer vorne, einer in der Mitte und einer hinten, wie es Vorschrift war. Das half.

Kaum hatten wir abgeladen, mussten wir das Abendessen machen. Es gab Suppe, Würfelsuppe, diese Maggiwürfel, Brot und Käse, wie immer. Die Suppe wurde in Gamellen gekocht, das sind die Blechnäpfe. Und das Wasser war im Tanedasee, etwa zweihundert Meter steil unter uns. Dort mussten wir es holen gehen, nachdem wir doch daran vorbeigetrottet waren. Also nocheinmal runter, Wasser fassen und wieder rauf. In der Gegend vom Piz Taneda entspringt übrigens der Rhein, aber er hat dort noch keinen Lauf.

Nach dem letzten Bissen kam wieder dieser Unteroffizier Wiesmann, der Lehrer, der auf der Wache eingeschlafen war, den konnte ich nicht riechen. Kam der daher und schnauzte: «Meister, um zwölf schiebst du Wache.»

Ich bellte zurück: «Kannst mich am Arsch lecken. Die Küche macht keinen Wachdienst.» Da versuchte der mir zu drohen, wegen Befehlsverweigerung. Also musste ich einen anderen Ton anschlagen. «Hör zu, Wismerlein. Du weisst genau, dass die Küche keine Wache macht. Du weisst genau, dass du deine Pflichten nicht erfüllt hast. Und wenn du jetzt nicht Ruhe gibst, musst du aufpassen, dass du in der Nacht nicht aus Versehen plötzlich dort unten im See liegst.» Wir standen gerade so schön am Abgrund, das wirkte, gäll.

Diese Wiederholungskurse dauerten zum Glück nie lange, zwei, drei Wochen. Am Schluss des Dienstes gab es nochmal Theater, mit dem Oberarschloch, dem Ege. Er war unser Hauptmann, wir nannten ihn nur Ege. Ein kleines Intermezzo, aber mit bösen Folgen für mich. Wir hatten Ausgang und trafen uns zu einem Bierchen im Neuhaus in Thun. Als ich gerade ins Wirtshaus wollte, stolzierte auf der anderen Strassenseite der Ege vorbei. Ich hatte ihn schon bemerkt. Aber ich hatte einfach absolut keine Lust, ihn zu grüssen, und verdünnisierte mich in die Beiz. Am nächsten Tag beim Abtreten verriss der das Maul. Was das für eine Sauordnung sei. Ob es der Meister nicht mehr nötig habe, Offiziere zu grüssen. Da rutschte es mir heraus: «Tut mir leid, Herr Hauptmann, ich habe Sie nicht gesehen. Sie hätten rufen sollen.» Alle wieherten, kannst dir vorstellen. Das hatte dann Konsequenzen.

Nach dem Dienst war ich wieder drei Wochen arbeitslos. Da bekam ich Stempelgeld, sieben Franken zwanzig im Tag. Der Sulz wollte mich zwar zurückhaben. Der kam sogar einmal extra mit dem Auto beim Vatter vorbei und wollte mich mitnehmen. Aber ich sagte: «Nur unter einer Bedingung. Wenn Ihr die Alte zum Teufel jagt.» Da ging er wieder.

Inzwischen waren der Karl und dann noch das Teres zur Welt gekommen, eigentlich jedes Jahr eins. Das Hildi gebar immer zu Hause, und ich stand ihr bei. Das war in unseren Kreisen selbstverständlich, dass der Mann bei der Geburt half, schon bei meinen Eltern. Wenn das einer nicht machte, titulierte man den Hosenscheisser. Der Mann gehört neben die Frau in diesem Moment. Die Hebamme musste ich in Solothurn holen, das war ein weiter Weg, weil es keine Brücke gab. Man musste einen Umweg laufen. Beim Karl ging alles prächtig, es war an einem Silvester. Ein grosser starker Bub, von Anfang an. Das wäre ein guter Metzger geworden, ein währschafter. Die Geburt vom Teres war sehr schwer, das stand auf Messers Schneide. Das Hildi wäre fast gestorben. Die Nachgeburt war angewachsen und kam nicht heraus. Sie blutete und blutete. Wir mussten den Doktor holen. Der kam, der Loosli, untersuchte sie und nahm mich auf den Korridor. Er sagte: «Herr Meister, es steht schlecht. Die Nachgeburt sitzt fest. Wenn sie nicht kommt, stirbt ihre Frau. Es pressiert. Ich kann versuchen, das von Hand herauszuholen. Es ist aber sehr gefährlich. Und ich muss Ihnen sagen, dass ich das noch nie gemacht habe. Geben Sie die Einwilligung?» Sicher war ich einverstanden. Ich hätte das auch gemacht, gäll, als Arzt.

Der Loosli war ein guter Doktor, dem vertraute ich. Einer der wenigen guten. Der hatte das Talent dafür. Er brachte die Planzenta dann tatsächlich heraus. Das Hildi verlor wahnsinnig viel Blut. Sie musste ein paar Tage im Bett liegen. Vier Wochen Urlaub bekam sie jeweils bei der Ghilmetti, wenn ein Kind kam. In der Zeit stillte sie, dann arbeitete sie wieder. Als ich dann endlich auch wieder eine Stelle fand, hatten wir ein Kindermädchen, das Emilie. Sie verdiente viel weniger als das Hildi bei der Ghilmetti. Das Emilie bekam vierzig Franken im Monat und hatte Kost und Logis. Sie schlief mit den Kindern, beim Sophie im Bett, drum lohnte sich das für uns. Obwohl man von Lohnen nicht reden konnte.

5 Ehrensachen

Der Fink kam immer in den gestreiften Hosen daher. Du kennst die nicht mehr, das ist schade. Feines schwarzes Stöffchen mit feinen weissen Streifchen. Das war für uns Metzger das Galagewand, aber der Fink kam immer in den Gestreiften herunter. Zwischen sieben und acht Uhr morgens tauchte er im Laden auf, wenn wir schon das erste Mal müde waren. Alles lag bereit, die Auslage geschmückt, die Würste drapiert, die Fleischplatten mit Peterli garniert, die Messer poliert, dann kam der Fink. Leuchtend weisse Schürze über den gestreiften Hosen, messerscharfe Bügelfalten, die blütenweissen Hemdärmel aufgekrempelt, Krawättli und stellte sich hinter die Bank wie hinters Rednerpult. Das war sein Auftritt, gäll. Dann beriet Meister Fink seine Kundschaft. Um zehn hängte er die unbefleckte Schürze an einen Haken und verschwand, hinunter in die Wirte, das war der wichtigste Gasthof in Solothurn, ein Zunfthaus. Er sagte jeweils: «Kundschaft pflegen», und hockte dann mit anderen Patrons beim Aperitif. Zum Mittagessen tauchte er kurz auf, dann legte er sich ein Stündchen aufs Ohr und verschwand bald zum Nachmittagsdienst in ein anderes Wirtshaus. Um sechs stolzierte er angestochen in den Laden, mit durchgehockten Bügelfalten, und verkündete, was alles anders werden müsse.

In der Zwischenzeit schaute das Personal, dass der Laden lief. Die Stelle beim Fink war meine wichtigste Metzgerstelle, dreizehn Jahre blieb ich bei dem. Das Personal war zuverlässig säbi Zit und willig, gäll. Man schuftete und man war froh, dass man durfte. Die Arbeitslosigkeit war immer noch verheerend. Bei jedem grösseren Betrieb hing ein Plakat an der Tür: «Es werden keine Arbeiter eingestellt!» Sonst hätten die extra jemanden anstellen müssen, der die Leute abwimmelt. Da stellt man keine Bedingungen. Ich war beim Fink zuerst Aushilfe, dann wanderte der Wurster nach Amerika aus und ich konnte bleiben. Der Fink war mit den Nerven kaputt, der brauchte mich, könnte man sagen. Er soff.

Es ging ansonsten mit der Wirtschaft aufwärts, wie gesagt. Die Patrons verdienten nicht schlecht, das sah man. Autos tauchten auf im Städtchen und die Geschäfte liefen gut. Nur wir hatten nichts davon. Für das Personal blieb alles beim alten, Mittelalter. Es gab keine Verträge. Es gab die Berufsordnung und mündliche Abmachungen. Dass man sich an die mündlichen Abmachungen hielt, war Ehrensache. Für das Personal schon. Für die Patrons weniger. Wenn's ums Zahlen ging, war die Ehre nicht mehr so wichtig. Über Arbeitszeiten wurde nicht geredet, sie waren auch nirgends geregelt. Man machte einfach, was einem aufgetragen wurde, und zwar so lange, wie es der Meister für richtig hielt. Die Entscheidung, was man zu tun hatte, wann und wie lange, lag ganz allein beim Patron, da war der ganz frei. Auch beim Fink bedeuteten das neunzig Stunden in der Woche, in der Regel. Nur der Sonntag stand uns zur freien Verfügung.

Kannst mir glauben, ich hatte von diesen Zuständen genug. Von dieser Schufterei. Ich hatte doch eine Familie, aber die sah ich kaum. Das Hildi wenig und die Kinder gar nicht. Am Morgen, wenn ich in Zuchwil wegging, da schliefen sie noch. Und am Abend, wenn ich nach Hause kam, schliefen sie schon wieder. Und am Sonntag mussten sie in die Kirche, gäll. Das Hildi war blass und wurde richtig mager. Sie musste viel zuviel arbeiten, und immer in die Fabrik. Die Kinder waren ohne die Mutter, das war gar nicht meine Vorstellung von Familie. Sie schuftete und trotzdem reichte es nirgends hin.

Wenn es etwas zu feiern gab, dann nutzten wir die Gelegenheit, das kann man sagen. Wir wussten, wie man feiert, man pflegte die Fröhlichkeit, wenn es eine Gelegenheit dazu gab. Es war ja selten. An der Fasnacht hauten wir immer über die Schnüre. Wir tranken nur Bier, halbliterweise, bis wir voll waren. Und hat's mir geschadet? Am nächsten Tag stieg man aber aus dem Nest und tat seine Arbeit. Ob man Grindweh hatte, dass man meinte, das Hirn platze, war kein Thema. Einfach Strich unter den Abend vorher und anfangen.

Ein bisschen schadete es mir dann doch. Am Mittwoch nach einer Fasnacht ging ich wie immer in den Stollen. Man könnte nicht behaupten, dass ich nüchtern war. Ich hatte eine More zu schlachten und es ging alles bestens. Ich musste sie nur noch zerteilen, dann konnte ich endlich mittagessen. Eine More ist ein Mutterschwein. Die hat sehr harte Knochen, weil sie viel älter ist als eine Sau, da verknöchert man. Auch der Knorpel ist bei der More verknöchert. Und ich wollte rasch durch den Knorpel am Brustspitz, wollte das schnell durchwürgen mit dem Messer. Ich säbelte herum, es ging zäh. Und dann – taatsch. Und dann – juhuuu. Das Messer steckte im Bein, tief drin, fast bis zum Anschlag. Es kam aber hinten nicht raus, ich kontrollierte das. Ich zog es heraus und wickelte den Oberschenkel ein, so gut es ging. Wie ein Springbrunnen blutete es.

Und ab zum Frauenarzt. Es tönt vielleicht wie ein Witz, aber es war tatsächlich so. Ich landete wieder bei einem Frauenarzt. Irgendwo wartete immer so ein Gynäkologe auf mich. Diesmal an der Bielstrasse, ein guter Kunde. Ich kannte seine Frau, sie kaufte bei uns ein. Ich stolperte in die Praxis und sagte zum Sprechstundenfräulein, das mir die Jacke abnahm: «Hören Sie, ich kann nicht ins Wartezimmer sitzen. Ich blute.»

Da zwitscherte die: «Das macht doch nichts, das macht doch nichts. Kommen Sie nur und setzen Sie sich noch ein Momentchen ins Wartezimmer. Der Herr Doktor ist besetzt.»

Ich setzte mich also brav auf das Plüschsofa. Rundherum Frauen, die geniert in Heftchen schauten. Plötzlich quäkte eine: «Jesses, ums Gottswillen! Der blutet ja wahnsinnig! Dem läuft das Blut aus dem Schuh!»

Da hatte der Herr Doktor dann Zeit für mich und nähte das. Das ganze Sofa war versaut und auch der Teppich. Ich hatte die Zwetschge ja gewarnt.

Am nächsten Tag war nichts mit Ausbeineln, unmöglich. Ich konnte fast nicht mehr stehen. Der Scheichen war dick geschwollen. Die ersten beiden Tage konnte ich nicht mal ins Bett. Es war einfach nicht zum Aushalten, wenn ich ruhig dalag. Ich humpelte lieber herum, damit ich nicht durchdrehte. Lief kilometerweit durch die Gegend, die ganze Nacht. Ob man etwas gegen diese Schmerzen hätte machen können, wüsste ich nicht. Schmerzen ertrug man, das war normal.

Am dritten Tag stand ich schon wieder beim Fink im Laden. Er brauchte mich und mir wars recht. Besser als rumzuhocken. Ich musste aber Kotletts hacken mit dem Beil, weil der Fink in der Wirten sass. Da liefen mir doch die Tränen runter, der Schmerz war einfach unsäglich. Mit der Zeit wurde es besser. So ist das.

Eines Tages machte mir der Lauper Hans den Mund wässrig. Der Lauper war Wurster beim Suri, dem Patriziermetzger. Er hatte den Auftrag, Leute zu suchen für eine neue Wurstfabrik, in Marokko. Säbi Zit wurden Algerien, Tunesien und Marokko selbständige Länder, das waren französische Kolonien gewesen. Die Bedingung für eine Anstellung war, dass man verheiratet war und Französisch konnte. Ich konnte zwar nur wenig Französisch, aber das hätte ich schnell gelernt. Unter der Haube war ich ja. Diese Idee mit Marokko beflügelte mich. Endlich raus aus allem, die Welt sehen, gäll. Etwas Neues kennenlernen und aufbauen. Ich war begeistert, denk auch. Aber das Hildi wollte nicht. Sie war ganz kategorisch, das war sie sonst nie. Nach Marokko komme sie nicht mit. Nicht mit und nicht ohne Kinder, sicher nicht nach Afrika. Und im nachhinein muss ich sagen, sie hatte recht, absolut recht. Mit drei Kindern nach Afrika, das wäre nicht gut herausgekommen in diesen Zeiten. Aber ich kaute eine Weile, bis ich das verdaut hatte.

Ich würde sagen, ich führte eine gute Ehe mit dem Hildi. Ob sie das auch fand, müsstest sie fragen. Jedenfalls hielt das achtundfünfzig Jahre. Sie redete mir nicht drein und ich ihr nicht. Jedes hatte seine Pflichten. Ich meine, wir lebten miteinander, wir verloren einander nie. Vielleicht ganz am Schluss.

Es scheint mir manchmal, die Menschen wissen jetzt nicht mehr, was eine Ehe bedeutet. Überhaupt, was Gemeinschaft bedeutet. Und sie sind doch nicht glücklicher. Das ist wie mit der Kameradschaft. Das wurde nach dem Krieg alles über Bord geworfen, sicher, verständlich. Aber es wurde zuviel über Bord geworfen, wenn du mich fragst. Gemeinschaft heisst, nicht nur für sich selber schauen, sondern auch für die anderen. Das hat nichts mit Pfaffengeschwafel zu tun, das ist eine menschliche Grundbedingung. Das ist meine Meinung, auch wenn ich ein Tattergreis bin und aus dem Mittelalter komme.

Die Menschen sind Gruppentiere, keine Einzelgänger. Das ändert sich doch nicht in so kurzer Zeit. Denk auch, wie lange sich der Mensch entwickelt hat. Der fing doch nicht mit Adam und Eva an, den gibt es viel viel länger. Und immer überlebte er nur, weil er nicht allein kutschierte. Nur ganz wenige sind Eremiten, aber heute meinen viele, sie seien zu gut für die andern. Die Leute nehmen sich viel zu wichtig, das schadet ihnen. Sie schauen auf die Bobos an den eigenen Zehen statt in die Umgebung. Dann merken sie dauernd, wo es ihnen schlecht geht. Und dann geht es ihnen noch schlechter.

Eine Gemeinschaft, auch eine Ehe, heisst kämpfen dafür, dass man sie nicht verliert. Das ist gar nicht einfach, sicher nicht. Aber das Kämpfen üben die Menschen nicht mehr gern. Höchstens noch mit diesem asiatischen Gefuchtel. Kämpfen heisst, etwas wollen, etwas, wofür man sich entschieden hat. Alles dafür einsetzen. Aber man kann nicht alles haben, gäll. Wenn man alles will, hat man meistens am Schluss gar nichts. Ein Ziel zu haben ist das wichtigste. Dann hast du gar keine Zeit, immer auf die eigenen Bobos zu starren, weil du nämlich das Ziel im Auge hast. Solche Ziele hatten wir, das war für uns gar nicht schwierig. Zuerst drehten sie sich ums Überleben. Später ging es auch um ein besseres Leben. Das war aber noch ein weiter Weg.

Es war so vieles im argen. Die Klassenunterschiede, die Ausbildungsmöglichkeiten, die verlogene Politik. In München hockten Hitler, Mussolini, Chamberlain und Daladier zusammen und vereinbarten, sich in Ruhe zu lassen und die Grenzen zu akzeptieren. Das war die Münchner Konferenz, im Achtunddreissig. Da roch man ganz stark, dass etwas nicht stimmte. Das stank doch zum Himmel. Das glaubte doch kein vernünftiger Mensch, dass der Hitler Wort hält. Der hatte seine Tatzen schon längst nach der Tschechei ausgestreckt. Alle schauten weg, das war grosse Mode. Appeasement hiess das, wegschauen. Auch in der Schweiz gärte es.

Einen ersten Vorgeschmack davon, dass sich etwas zusammenbraute, bekamen wir in einem militärischen Wiederholungskurs im August achtunddreissig. Wir marschierten von Meiringen durch das Ursental Richtung Rosenlaui. In der Rosenloui biwakierten wir, unter dem Gletscher. Da gab es mitten in der Nacht Alarm. Wir durften zum Schlafen die Schuhe nicht ausziehen und mussten das geladene Gewehr im Arm behalten. Da schläfst du doch nicht. Das war ein Kriegszeichen, das war jedem klar, auch wenn niemand wusste, was los war. Erst später erfuhren wir, dass der Hitler die Tschechei annektiert hatte. Die gehörte seiner Meinung nach ins Deutsche Reich. Damit fing alles an.

Es hatte geschehen müssen, gäll. Irgendwie spürte man, dass die Zeit ablief. Und es lief nicht zu unseren Gunsten. Wir blieben Unterhunde. Das sagte ich auch laut an den Versammlungen des Metzgerburschenverbandes, ich war ja Präsident. Soziale Gerechtigkeit verlangte ich, und zwar jetzt, nicht irgendwann. Solothurn war nicht gerade ein Hort sozialer Gehobenheit. Mittelalter, was die Arbeitsbedingungen betraf. Die Arbeitszeiten für das Personal mussten endlich runter, die Löhne rauf und schliesslich musste auch über einen Vertrag geredet werden, einen Gesamtarbeitsvertrag. Fertig mit den Ehrenwörtern.

Eine solche Rede hatte ich übrigens vorher schon einmal geschwungen, mit neunzehn. Da war der Vatter dabeigewesen, ich durfte zum ersten Mal mit an eine Versammlung des

Bauern- und Gewerbebundes, in Leimiswil. Ich stand auf, und der Vatter wäre am liebsten im Boden versunken. Dass ein Grünschnabel an einer solchen Versammlung das Maul aufriss, das war ganz und gar ungehörig. Fast schon ein bisschen Landesverrat. Aber ich musste einfach etwas sagen. Die alten Galöri wollten schon wieder die Löhne um fünf Prozent senken. Da stand ich auf und sagte: «Meine Herren, jetzt will ich euch etwas fragen. Ihr seid alles Bauern und Gewerbetreibende. An wen wollt ihr denn eure Produkte verkaufen? An die Familien? Aber wenn die noch weniger verdienen, dann kaufen die nichts mehr, das ist doch sonnenklar.» Da überlegten sie es sich.

Ich war kein Gewerkschafter, sicher nicht. Da hatte ich es wie der Vatter, rotes Tuch, gäll. Gewerkschaften werden immer politisch geführt, da schwatzen alle mit. Da reden ganz die Falschen, immer von weit oben kommt das. Da geht es vor allem um die Ideologie. Ich bin Realist. Ich sah es als meine Aufgabe an, dafür zu sorgen, dass es den Mitgliedern des Personalverbandes besser geht. Dass sie gerecht behandelt und bezahlt werden, nicht mehr und nicht weniger. Aber daraus muss man kein grosses Geschiss machen, nur den Auftrag ernst nehmen und ausführen. Dafür waren wir selber zuständig, nicht schwafelnde Politiker. Denen geht es nicht um die Sache, denen geht es immer zuerst um die Politik, das ist meine Meinung. Bei der Gewerkschaft sind immer die Roten die Schirmherren. Und die politische Arbeit muss ja einer bezahlen. Die bezahlen dann die Gewerkschafter, ob sie das wollen oder nicht. Säbi Zit hatten wir beim Personalverband einen Beitrag von drei Franken im Monat. Und die Gewerkschaft verlangte zwölf Franken zur gleichen Zeit. Vielleicht waren unsere Ziele ja die gleichen, das ist möglich. Aber der Hintergrund war ganz verschieden.

Ich wurde wie gesagt mit vierundzwanzig Präsident des Ortsverbandes. Zwei Jahre später, am Ostermontag im Neununddreissig, wählten sie mich dann in den Zentralvorstand des nationalen Personalverbandes. Das war vielleicht der wichtigste Tag in meinem Leben. Das kam sogar im Radio. Eine riesengrosse Ehre, denk auch. Als ich am Dienstag in die Bude kam, pfiff mich der Fink ins Büro: «Hans, ich muss mit Euch reden.» Er sass mit bedeutungsvoller Miene an seinem Pültchen, das konnte der gut. Ich musste stehen. «Hans, Ihr seid in den Zentralvorstand des Burschenverbandes gewählt worden, ist das richtig?» Ich bejahte. «Da muss ich Euch mitteilen, die Lage wird für Euch brenzlig. Ihr müsst das sofort rückgängig machen, Hans. Sonst tut es mir leid. Ich müsste Euch ziehen lassen.» So redete der. «Wir Solothurner Meister haben das untereinander besprochen und sind alle gleicher Meinung. Ihr müsst sofort den Austritt geben. Sonst findet Ihr hier in Solothurn und auch sonst in der Umgebung nirgends Arbeit, das garantier ich Euch. Denkt doch an Eure Frau und die Kinder!» So plagierte der. Er versuchte mich zu erpressen, das war klar. Und es war dem Fink völlig ernst, gäll. Dahinter stand natürlich auch der Suri, das passte dem überhaupt nicht in den Kram. Der war Präsident des Meisterverbandes. Die wussten, dass ich sehr hartnäckig war. So einer hatte ihnen gefehlt. Meinten die, sie können mich unter Druck setzen. Eigentlich staune ich, dass die den Meister so schlecht kannten.

Ich erklärte dem Fink ganz ruhig den Sachverhalt. Er solle das dem Suri auch gleich ausrichten. Wenn sie es tatsächlich wagen sollten, mich auf die Strasse zu stellen, dann sei dort auf der Strasse aber der Teufel los. Da könnten sie Gift drauf nehmen. «Dann gibt das eine Grossdemonstration in Solothurn, wie es sie noch nie gegeben hat, meine Herren. Die würde Euch gar nicht freuen. Die gesamte Arbeiterschaft werde ich mobilisieren, das gibt eine Revolution, das garantiere ich Euch. Sagt das ruhig dem Suri. Ich habe exzellente Beziehungen zum Gewerkschaftskartell. Die warten nur auf diese Gelegenheit.» Das war doch überhaupt nicht wahr. Das war ein riesengrosser Bluff, gäll. Das hätte ziemlich schiefgehen können. Aber es gab für mich nichts anderes als diese Flucht nach vorn.

Am nächsten Tag ging ich sofort aufs Gewerkschaftskartell. Das Büro lag in der Vorstadt, direkt gegenüber dem Dornacherbrunnen, einem der vielen schönen Brunnen in Solothurn. Mir war jeder Strohhalm ein Rettungsanker. Und dieser Strohhalm hiess Willi Ritschard. Der Willi war säbi Zit Chef von der Gewerkschaft in Solothurn. Später wurde er dann Sozi-Bundesrat, ein sehr beliebter Bundesrat, absolut. Vielleicht ist er dir noch ein Begriff. Er war ein einfacher Mann, der hat mir immer gefallen. Ich ging also in sein kleines Büro und schilderte ihm das Problem. Ich schlug ihm vor, dass der Burschenverband und die Gewerkschafter aus diesem Anlass eine gemeinsame Aktion starten könnten, falls es nötig würde.

Aber der Ritschard sah da keine Möglichkeit. «Ich verstehe Euch gut, Hans, die Lage ist brenzlig für Euch. Aber ich werde das an der Basis nicht durchbringen. Ihr seid nicht Mitglied des Gewerkschaftskartells.» So erklärte er das.

«Schau, Willi, das kann sich noch ändern. Wenn ihr jetzt ein Zeichen gebt, dass ihr auch für die Metzgerarbeiter etwas tut, dann könnten wir es allenfalls werden, Gewerkschaftsmitglieder.»

Da lachte der Willi und meinte nur: «Sicher, Hans, sicher. Solche Versprechungen kennen wir und euch kennen wir auch. Darauf kann ich leider nicht eintreten.»

Aber schau, der Bluff tat seine Wirkung. Und sicher auch die Unerschrockenheit. Der Fink behielt mich und der Suri gab Ruhe. Meine Strategie war aufgegangen. Schwein gehabt, das kann man sagen.

Die Schweiz war inzwischen, im Neununddreissig, zusammengerückt. Man hatte sich zusammengerauft und wollte sich wehren, falls es nötig werden sollte. Sogar die Roten befürworteten inzwischen die Armee. Sie sahen es ein. Die Nazis hatten hierzulande nicht mehr viel zu melden. Man nahm sie nicht mehr ernst, man machte sich lustig über sie. Das war sehr gefährlich. Man unterschätzte die total, das denke ich. Der Hangartner Fritz, ein Solothurner Metzgermeister, war ein fertiger Nazi, ein Hitleranhänger. Der flog doch zweimal durch die Gegend, weil er seine Nazisprüche klopfte. Einmal flog er in der Wirte durch die Scheibe auf die Strasse. In der Wirte traf man sich, um das Neueste zu erfahren. Dort diskutierte man den Stand der Dinge. Die Presse war säbi Zit weit weniger wichtig als die Wirtshäuser für die Übermittlung von Nachrichten. Der Presse konnte man wie gesagt nicht trauen. Die Nachrichten gingen von Mund zu Mund. Es wurde also über die Deutschen und das Deutsche Reich diskutiert und da sagte der Fritz: «Wartet nur. Es dauert gar nicht mehr lange, dann bezahlt man auch in dieser Beiz das Bier mit Reichsmark.» Nach drei Sekunden flog der kopfvoran durch die schönen Butzenscheiben. Er erschien dann nicht mehr in der Wirte. Aber gescheiter wurde der nicht. Auf dem Fleischmarkt am Dienstag und Samstag referierte er weiter sein Nazizeug. Und eines schönen Samstags segelte er wieder im eleganten Bogen in einen Brunnen.

Diese Deutschfreundlichen in der Schweiz waren nicht unbedingt für die Nazis, weil sie die Deutschen so toll fanden. Sondern weil sie mit den Zuständen in der Schweiz nicht zufrieden waren, das glaube ich. Das wirft die Leute immer den Schnorrern in die Arme, wenn sie nicht zufrieden sind. Selber denken, das tut eben vielen weh im Grind.

Und manchen tut es zu wenig weh, gäll. Die überborden. Der Fink begann zu spekulieren, das war grosse Mode säbi Zit. Das war sowieso seine Domäne, das Hochangeben. Eine Zeit lang ging das gut. Auch ich wollte mich endlich verbessern. Aber nicht mit Papier, ich suchte ein eigenes Geschäft. Ich wollte endlich mein eigener Herr sein. Bescheiden, aber der eigene Meister. Ich hatte etwas in Aussicht, einen kleinen Betrieb im Industriequartier von Solothurn, Metzgerei Gasser. Der Gasser hatte den Narren an mir gefressen und wollte mir sein kleines Geschäft übergeben. Es war gerade so gross, dass das Hildi und ich es zu zweit hätten bewältigen können.

Ich erzählte dem Fink davon. Und der brachte den Mund kaum zu vor grosse Töne spucken. Das sei doch nichts für mich, so ein kleines Budeli, das sei doch viel zu bescheiden. Ich solle mich jetzt nicht unter dem Wert einsetzen, ich solle doch die Gunst der Stunde nutzen. Es gehe doch allgemein aufwärts. Er sehe da eine ganz andere Zukunft für mich. Er sehe mich nämlich als seinen Nachfolger. Er persönlich plane den ganz grossen Wurf. Er werde in eine Grossmetzgerei einsteigen, Grossbetrieb Brand.

Es wurde dann nichts draus, weil dieser Aff, paff, hunderttausend Franken verspekulierte. Hunderttausend Franken auf einen Klapf. Das war viel Geld säbi Zit, denk auch. Ich unterschrieb den Vertrag für die eigene Metzgerei aber auch nicht, aus einem andern Grund.

Am letzten Sonntag im August 1939 fuhren wir mit der ganzen Familie in die Innerschweiz, auf die Seebodenalp, mit dem Autocar. Es war die grosse Versammlung des Metzgereipersonals, und als Mitglied des Zentralvorstandes musste ich natürlich dabeisein. Diese Tagungen waren immer eine gepflegte Sache, das darf ich sagen. Auf dem Nachhauseweg kamen wir in einen Stau. Das gab es doch selten, eigentlich gab es das nie. Dutzende und Aberdutzende von Militärfahrzeugen waren unterwegs, alles Grenzschutz, die hatten überall Vorfahrt. Ganze lange Kolonnen waren das. Jetzt war es sonnenklar, es gibt Krieg. Bei einem solchen Militäraufgebot konnte es sich nur noch um Tage handeln. Und erst recht war klar – jetzt kannst du alles vergessen. Zukunftspläne kannst du jetzt grad wieder vergessen, absolut vergessen.

6 Schützenfeste

Ich hatte den Ernstfall mit dem Hildi lange im voraus besprochen. Viel zu besprechen hätte es nicht gegeben. Man musste sich noch mehr einschränken, das war alles. Im Radio hatte es geheissen, der Hitler habe jetzt Polen angegriffen und jetzt sei fertig. Jetzt sei Krieg. Man fand das gut in der Schweiz, wenn diesem wahnsinnig gewordenen Deutschen endlich ein Riegel geschoben wurde, gäll. Da wollte man gern das Seine dazu beitragen. Obwohl es doch überraschend kam. Solche Ausbrüche kommen immer überraschend, auch wenn man irgendwie damit rechnete. Dass der Krieg so lange dauern würde, das hätte sich niemand träumen lassen.

Die Schweiz wollte sich nicht im Vorbeigehen in die Tasche stecken lassen. Der Hitler hätte das durchaus gekonnt, sicher am Anfang. Die Deutschen machten diese Sprüche: «Jo die Schweiz. Die nehmen wir auf dem Rückweg, wenn uns alles gehört. Die holen wir mit der Berliner Feuerwehr.»

Am Wochenende hiess es im Radio, man müsse auf die Plakate achten. Und über Nacht war es dann soweit. Es hingen tatsächlich überall Plakate. «Allgemeine Mobilmachung!» Am Sonntag, dem ersten Mobilmachungstag, rückte der Grenzschutz ein. Darum waren wir in den Stau gekommen. Am Montag waren die Offiziere dran. Und am Dienstag kam die Armee. Das war am 3. September 1939. Es musste alles bereit sein, wenn die Armee einrückte, vor allem auch die Eisenbahn.

Das Hildi kam nicht mit an den Bahnhof, ich ging allein. Sie war ja hochschwanger. Das beunruhigte mich sehr, sie jetzt allein zu lassen. Aber zum Glück war ihre Familie im Haus. Der Fink musste auch einrücken, auch die in den gestreiften Hosen mussten an die Säcke, alle. Er begriff das erst im letzten Moment. Er liess aber am Montag noch drei Grosse schlachten, diese Intelligenzbestie. Drei Grosse, das ist viel Arbeit.

Ich fragte ihn: «Herr Fink, wer soll denn das verarbeiten? Ich muss mich am Nachmittag für den Krieg vorbereiten, Gewehr putzen. Am Dienstag ist Einrückungstag. Um halb vier in der Früh fährt der Zug.» Sagte der seelenruhig: «Das soll Euch nicht kümmern, Hans. Ich bin auch noch da.» Ich musste den Fink tatsächlich aufklären, dass dem nicht so sei. Dass dieser Einrückungsbefehl auch den Patrons gelte. Dass nur noch die Frauen und die Kinder zu Hause blieben. Im Neununddreissig konnte nur der Bundesrat in bestimmten Fällen Dispensen erteilen. Später war das anders, da konnten die Kantone selber entscheiden, wer dispensiert wurde. Da war es dann möglich, es so einzurichten, dass der Patron sich mit den Burschen abwechselte. Item, es war auch ein schwerer Muni dabei und ich dachte: Nimmt mich ja wunder, wer diese schweren Viertel schleppt.

Es war noch dunkel um halb vier am Bahnhof Solothurn, an jenem Dienstag, aber schon ein grosses Durcheinander. Überall Menschen, Pferde, Aufregung. Soldaten und haufenweise anderes Material. Wir Männer mussten uns eng nebeneinander auf offene Wagen hocken, auf die Tornister. Und dann fing das an mit der Warterei. Rangieren hin und Rangieren her. Kriegsfahrplan, die halbe Schweiz wurde verschoben und alles musste verladen werden. Viele Bauernfamilien kamen zum Bahnhof. Die Frauen begleiteten die Pferde und die Männer. *Der Vater und die Pferde kamen auf den Wagen, vielleicht noch ein Sohn, die Knechte sowieso, alles einrücken. Da lief das Augenwasser, kannst dir vorstellen. All die Frauen und Kinder, die allein zurückblieben, ohne Männer und ohne Pferde. Das war ganz furchtbar, das zu sehen. Das Elend der Frauen, ganz furchtbar.* Die Frauen mussten dann mit den Kühen kutschieren, gäll, das ist nicht lustig. Kühe sind widerspenstig. Oder mit einem Hengst, noch schlimmer. Die Hengste mussten nicht einrücken, die hätten nur den Corso verrückt gemacht.

Um halb elf trafen wir endlich in Unterseen bei Interlaken ein, sieben Stunden brauchten wir von Solothurn nach Interlaken. In der Zeit hätte man das zu Fuss geschafft. Da hatten wir schon einen Vorgeschmack. Krieg heisst vor allem warten, Zeit verplempern, gäll. In Unterseen stellten wir uns auf dem Marktplatz auf, wir waren vielleicht vierhundert Mann, Telegrafenkompanie elf. Alle waren gekommen, auch die Ewigdispensierten. Sogar die Auslandschweizer, die nicht in der Schweiz wohnten, die auch. Jeder Mann wurde einzeln runtergelesen, vom Hauptmann, dem Ege. Dann wurden sie einem Zug zugeteilt. Am Schluss standen nur noch sechs auf dem Platz, alles Ausländer. Und ich.

Ich meldete mich: «Hauptmann, Pionier Meister. Ich war in der Küchenmannschaft.»

Da verzog der Ege das Maul und knatterte: «Genau, Pionier. War. Jetzt nicht mehr!»

Die Küchenmannschaft ist ein begehrter Posten, sicher. Keine Wache und nah an der Verpflegung, das war wichtig im Krieg. Der Ege liess mich stehen, bis keiner mehr übrig war. Dann teilte er mich in einen schweren Zug ein. Das sind die, die die schweren Kabelrollen schleppen, nicht die kleinen mit dem Gefechtsdraht. Eine solche Rolle wog dreissig Kilo. Die verlegen die Telefonleitungen, setzen die Masten. Im Hochgebirge, wohlverstanden. Das war die Rache vom Ege, weil ich ihn in Thun vor der Beiz nicht gegrüsst hatte.

Der hatte schon lange einen Ruf als Sadist. Am Mobilmachungstag machte er seinem Ruf sofort alle Ehre. Damit auch der hinterletzte wusste, das ist jetzt der Obersadist. An einem Säumer statuierte er ein Exempel. Ein Gefreiter war das, ein guter Soldat, absolut. Aber den hatte diese Mobilmachung ganz auf dem falschen Fuss erwischt. Er kam angeschlurft, zu spät, die Uniform nur halb angezogen, den Tornister schleifte er am Riemen über den Boden, das Gewehr klackte ihm gegen die Schuhe, so kam der daher. Singend und holeiend, gäll. Der war voll bis an den obersten Rand. Ein gefundenes Fressen für den Ege. Er schickte diesen Säumer gleich am ersten Tag nach Savata. Savata, das war der reine Horror. Das war die Gefängnisfestung im Wallis. Das schlimmste Militärgefängnis während dem Krieg.

Unter diesem Prachtsoffizier hatten die meisten in der Kompanie schon mal zu leiden gehabt. Er war wirklich ein Prachtsoffizier, äusserlich, wenn man nichts mit ihm zu tun hatte, gäll. Wir taten grad einen Schwur. Gelobten uns hoch und heilig, dass der Ege der erste sein sollte, der in diesem Krieg fiel. Das erste Schweizer Kriegsopfer sollte Ege heissen, das war eine beschlossene Sache.

Wir zogen von Interlaken ins Wallis, nach Glis, das ist bei Brig. Auf dem grossen Platz, wo sonst der Vehmarkt stattfand, ging es los mit dem Exerzieren. Und mit den Reden, gäll. «Schweizer Männer! Soldaten! Eine grosse Aufgabe wartet auf euch!» Das war uns ja recht, diese Aufgabe, es waren alle bereit, die Heimat zu verteidigen. Die sollen nur kommen, denen zeigen wir's, so dachte jeder, absolut. Mit ganz wenigen Ausnahmen. In unserer Kompanie waren es drei. Einen kannte ich gut, den Bieri Ernst. Der desertierte in die deutsche Armee, und noch zwei andere. Der Ernst ist dann bei Stalingrad gefallen. Das war gar kein Nazi, das würd ich nicht sagen. Aber unzufrieden war er, mit der Schweiz und den Zuständen, unter denen wir Kleinen zu leiden hatten. Er ertrug es auch nicht, wenn man ihn schikanierte. Er meinte wahrscheinlich, es sei bei den Deutschen besser.

Diese Kriegszeit war auch in der neutralen Schweiz alles andere als lustig. Es war nicht die Angst, die einen fertig machte. Angst hatte man keine, überhaupt nicht. Angst hatte man vielleicht so, wie beim Skifahren vor einem Skiunfall. Es kann passieren, aber es muss nicht. Man dachte nicht daran. Am zweitschlimmsten war die Schikaniererei. An die gewöhnte man sich halbwegs. Am schlimmsten war die Warterei, an die gewöhnte man sich nie. An dieses Gefühl, für nichts herumzuhocken. Italien war ruhig, wir bewachten die Südgrenze, lagen dort herum, das war alles. Zu Hause gingen sie schier drauf und wir jassten uns die Finger wund. Das hatte der Vatter schon vom ersten Krieg erzählt, das schlimmste sei die Warterei. Darum muss ein Schweizer jassen können, weil sie in Kriegen nur rumhocken. Der Vatter musste übrigens auch wieder einrücken, obwohl er schon fünfundsechzig war. In den Dörfern wurden Ortswehren mit den Alten und den ganz Jungen gebildet. Für alle Fälle.

Das wurde eine ausgewachsene Feindschaft zwischen dem Ege und mir, ein Kampf. Er schikanierte mich bei jeder Gelegenheit. Und ich legte mir einen Plan zurecht, wie ich ihn umbringen könnte. Ich weiss nicht, ob ich es wirklich gemacht hätte, aber schau, ich glaube schon. Der Hass war einfach zu gross, nicht nur bei mir. Einmal kam in der Nacht ein Wachtmeister, ein Küchenchef, in den Schlag hereingestürzt, halb ohnmächtig. Ich sprang aus dem Bett und konnte ihn gerade noch auffangen, bevor der heulend zu Boden krachte. Ich nahm ihm die Vollpackung ab und zog ihm die Uniformjacke aus. Sein Hemd war blutig. Der Ege hatte den nach dem Hauptverlesen auf dem Simplonpass zu einem Strafmarsch hinunter nach Naters geschickt. In der stockfinsteren Nacht, gäll, und allein. Das ist extrem gefährlich, jemanden in der Dunkelheit allein durch diese Schlucht zu schicken. Ein Wunder, dass dieser Küchenchef nicht abstürzte. Die Vollpackung hatte ihm bei dem Gewaltsabstieg den Rücken blutig gescheuert.

Und alles wegen ein paar Rüebli. Er war Chef in der Küche auf dem Simplon und sie hatten ihm winzige Rüebli geschickt. Nicht mehr als zwei Zentimeter lang waren die und völlig verschrumpelt. Unmöglich, solche Hundware zu rüsten. Er hatte sie entsorgen lassen, sie schütteten sie in den Bach. Und das entdeckte der Ege und liess sich die Gelegenheit für eine sadistische Einlage nicht entgehen. Ich versuchte den Kollegen zu überreden, einen Rapport zu machen und den Ege anzuzeigen. Aber er hatte zu grosse Angst vor diesem Arschloch.

Die Gelegenheit, aus dem Ege endlich ein Kriegsopfer zu machen, kam am Bettag im Neununddreissig. Ich musste auf die Wache. Die Küche muss normalerweise nicht auf die Wache, aber ich gehörte jetzt zu den andern. Ich ging zum Wachkommandanten und sagte: «Du, ich möchte zwischen Mitternacht und zwei Uhr auf die Wache. Und möglichst beim Wagenpark hinten.» Dort waren all die grossen und kleinen Pferdewagen eingestellt, er lag ein bisschen abseits. Ein guter Ort für ein Nickerchen oder einen Jass. Aber ich hatte etwas anderes vor. Ich erklärte dem Wachkommandanten: «Wirst sehen, der Ege wird dort herumschnüffeln und mich kontrollieren. Der meint garantiert, er erwischt mich dort hinten beim Jassen. Aber dann erwische ich ihn, gäll. Dann knallt's.» Ich war so geladen, ich hasste den richtiggehend. Ich stellte mir vor, wie er sich heranschleicht. Und ich unter dem Wagen, Gewehr im Anschlag. Natürlich hätte ich vorschriftsgemäss gerufen: «Halt! Wer da?!» Aber dann hätte es geknallt, bevor der einen Pieps gemacht hätte. Ja, den hätte ich umgelegt. Tragischer Unfall. Aber leider schlich er in jener Nacht nicht herum.

Später kam dieses Prachtsexemplar von Offizier zu einer anderen Truppe, nach Unterwalden. Genietruppe, die sind auch nicht zimperlich. Da war er bereits Oberstleutnant. Die kletterten in diesem Krieg die Leiterchen hoch wie die Wiesel, diese Herren. Aber auch in Unterwalden hatte der wieder Affenschwein. Die fackelten zwar nicht lange, die Innerschweizer, die schossen aus dem Hinterhalt direkt auf ihn. Und trafen ihn nicht, stell dir das vor. Die trafen nicht! Das ging wie ein Lauffeuer durch die Kompanie, dass sie den verfehlten.

Wir hätten getroffen. Wir übten das Schiessen so oft wir konnten mit den Italienern, ganz privat sozusagen. Wir lagen am Nufenen, hinten im Tal an der Grenze, damals gab es dort noch keine Passstrasse. Allerhöchstens mit Maultieren kam man dort hinauf. Schroff ist es dort, keine Bäume, nichts, nur rundherum Dreitausender. Vom Nufenen geht es links ins Bedrettotälchen und geradeaus zum Griesspass und hinunter nach Domodossola, Valdossola heisst das. Die Geografie ist immer haftengeblieben. Die Alpen waren dort an der Grenze voller Festungen, der ganze Fels war hohl. Wir mussten die Festungen verkabeln, mit

Telefonleitungen ausrüsten. Die Italiener bauten Strassen bis hinauf an die Grenze zur Schweiz. Säbi Zit konnten die sogar im Hochgebirge praktisch überall an die Grenze fahren. Das hatte sicher der Hitler angeordnet.

Wir veranstalteten mit den Italienern Schützenfeste. Die klaubten eine Handvoll Patronen aus dem Hosensack, luden ihre Gewehre und streckten sie uns entgegen. Sie waren zu zweit und wir unsererseits zu zweit. Das war ein bisschen Abwechslung, gäll. Wir standen an der Grenze und schossen auf Büchsen, auf die leeren Konservendosen, die gab es in Hülle und Fülle. Man frass ja nichts anderes. Die Italiener hatten die Munition lose in der Tasche, nicht in Schachteln, abgezählt wäre die nicht gewesen. Unsere Munition wurde streng kontrolliert. Sie hatten kleine Flinten, sehr kleine, das Kaliber vielleicht ein wenig grösser als bei einem Flobertgewehr, nicht viel grösser. Auf einer Krete stellten wir die Büchsen auf. Und dann schossen wir mit den italienischen Jagdbüchsen auf die Schweizer Blechbüchsen. Reden konnten wir nicht mit denen, gäll, aber schiessen ging gut. Auch das Singen. Das waren währschafte Leute, Bauern aus dem Valdossola. Es ging doch allen gleich, das waren doch keine Feinde. Es wäre uns nicht in den Sinn gekommen zu denken, halt, das ist jetzt der Feind.

Ich war ansonsten sehr pflichtbewusst. Aber Spässe waren immer wichtig, ein wenig Freude, das war wichtig. Es war mir ernst mit der Verteidigung der Heimat, sicher. Ich fühlte mich als Schweizer, aber es störte mich überhaupt nicht, wenn die anderen Italiener waren. Da störten mich die Schafseckel in den eigenen Reihen mehr. Da gab es solche, die hatten das Pflichtbewusstsein mit Löffeln gefressen, mit der grossen Kelle. Die platzten schier vor Pflichtbewusstsein. Einer hiess Waldvogel, und der meinte, er sei der einzige Fels in der Brandung. Jürg Waldvogel, ein eigenartiger Name. Er war Lokomotivführer und ein sehr schlechter Soldat. Aber die Nase immer hoch über uns, aufgeblasen vor Pflichtbewusstsein war der. Das kommt nicht gut raus, gäll. Eines Abends, wir waren wieder weiter unten im Wallis, in Saas Fee, kommt der Waldvogel daher und verkündet: «So, ihr Pflaumen, passt mal auf! Heute abend hält der Waldvogel Wache im Materialpark. Da wird endlich einmal nichts verschwinden, das garantiere ich euch.»

Es kam ab und zu vor, dass Material verschwand. Entweder klauten es die Dorfbewohner oder die Soldaten verscherbelten etwas. Diese Waldvogelsprüche reizten mich, ein Spässchen musste sein. Ich sagte zu ihm: «Wirklich schade, Jürg. Aber ausgerechnet heute, wo du Wache hast, wird aus dem Wagenpark ein grosser Wagen geklaut.»

Und er hornte: «Nehmt euch nur in acht. Ich werde euch umlegen, wenn einer von euch im Wagenpark rumschleicht!»

Weisst du, wir waren so vollgepumpt mit Militär. Das Rumschiessen stand uns zuvorderst. Es wäre eine Erleichterung gewesen, es endlich einmal zu tun. Statt dieses Kriegsgeheul immer nur in die Köpfe gehämmert zu bekommen und dann rumzuhocken. Wir warteten doch nur auf eine Gelegenheit. Sicher, man kann brave Männer dazu bringen, sich darauf zu freuen, endlich aufeinander zu schiessen, absolut.

Wir organisierten bei der Serviertochter im Restaurant Gebüdem ein Fähnchen, ein Kleidchen meine ich. Und sprachen uns genau ab. Der Wagenpark lag hinter dem Friedhof. Punkt neun stieg der Gehrig Ernstli im Kleidchen und mit nackten Beinen auf die Friedhofsmauer. Er gab ein gutes Fräulein, absolut. Dort scharwänzelte er ein bisschen herum, setzte sich hin, schob das Röckchen über die Knie und winkte dem Wachsoldat zu. Es war halb dunkel. Der Waldvogel flatterte prompt dem Ernstli auf den Leim. Der Ernst sprang von der Mauer in den Friedhof hinunter und trällerte: «Guguseli, dada» und versteckte sich zwischen den Grabsteinen. Und der Jürg hatte nur noch das Waldvögelen im Grind und hüpfte hinterher. In der Zwischenzeit hieften wir einen Wagen aus dem Park und versteckten ihn gut. Es klappte wie geschmiert. Diesem Plagöri war das eine Lehre, der bekam einen schweren Verweis. Mit solchen pädagogischen Einlagen unterstützten wir die Truppenmoral, könnte man sagen.

Im Oktober bekam ich ein Telegramm. Beziehungsweise ich bekam telefonisch die Meldung, es liege ein Telegramm in Brig unten. Ich telefonierte zurück, sie sollen es mir vorlesen. «Kind kommt – Hildi.» Wir hatten das vereinbart, dass sie mir melden würde, wenn es soweit war. Ich bekam die Erlaubnis, nach Brig hinunter zu fahren und ging dort ins Kompaniebüro. Wer sonst, der Ege thronte hinter dem Pültchen. Ich meldete, ich bräuchte sofort einen Urlaubsschein für zwei Tage und einen Transportgutschein. Ein Kind sei unterwegs. Pfutterte der los: «Soldat, nimmt mich wunder, wozu ihr bei einer Geburt dabeisein müsst? Gebären können die Frauen allein. Das wär ja noch schöner, wenn jeder Schweizer nach Hause rennt, nur weil ein Kind kommt. Abtreten!»

Ich war darauf vorbereitet, dass er mir das verweigern würde. Ich kannte meinen Feind. Und ich wusste von alten Kollegen, dass der Ege auch bei den Offizieren der Brigade einen schlechten Ruf hatte. Die Brigade war ihm übergeordnet. Der Ege hasste die Brigade und denen war er ein Dorn im Auge. Er war auch bei denen bekannt als Sadist. Ich sagte leise: «Wenn Sie mich nicht auf der Stelle gehen lassen, dann gibt's Zoff bei der Brigade, das garantier ich Ihnen. Ich habe dort gute Kontakte.» Das stimmte sogar. Und es wirkte.

Ich kam etwa um eins nach Hause. *Und um halb zwei gebar das Hildi den Werni, unseren Jüngsten. Alles ging gut, gäll. Am nächsten Tag musste ich wieder zurück an die Grenze. Das war nicht schön, aber es gab nichts anderes. Es drückt einem doch das Herz ab, eine Frau mit drei kleinen Kindern und einem Neugeborenen allein zu lassen.* Und für nichts!

Ab Oktober bekamen wir keinen Lohn mehr. Da kam dann zum ersten Mal die Angst. Nicht ums eigene Leben, sondern um die Familie. Es gab nichts, ausser zwei Franken Sold am Tag. Keinen Lohnausgleich, nicht für uns, nur Wehrmannsunterstützung. Aber das waren Almosen. Im Jahr darauf, im Vierzig, bekamen wir ein wenig Lohnausgleich, zwei Franken am Tag, also ein Witz. Wenn es nicht reichte, musste die Familie auf die Gemeinde, zur Soldatenfürsorge, wie die Bettler. Es reichte sicher nicht.

Und über den Simplon kamen in der Zeit die grossen schwarzen Limousinen, aus Mailand. Manchmal zehn am Tag schlichen von denen über die Grenze. Sie hatten turmhoch geladen, ganze Wohnungen auf dem Dach und drinnen sassen sie in Pelzmänteln. Die Bergler warfen ihnen Steine nach. Man darf nicht darüber reden, aber alle waren gegen die in diesen dicken Autos. Sie fuhren durch die armseligen Bergdörfer nach Brig. Mitleid hätte keiner gehabt mit denen, im Gegenteil. Was später geschah, konnte man noch nicht ahnen. Meistens meldeten sich diese Flüchtlinge erst in Brig offiziell. Sie wurden dann weitergeschickt, nach Frankreich.

Es wurde kalt in den Bergen, im Herbst, es lag Schnee. Wir froren und warteten. Die Hirten kamen mit den Schafherden von den hohen Weiden herunter und fingen an, die Schafe totzuschlagen. Nicht unbedingt fachgerecht, das könnte man nicht behaupten. Die Hirten sind ein hartes Volk. Das Fleisch wird an der Luft getrocknet in diesen Regionen, das trocknet wunderbar im kalten Wind. Ich schaute ihnen zu und beobachtete, dass sie auch viele tragende Schafe totschlugen. Auen heissen die. Sie schnitten ihnen die Bäuche auf und schabten die Jungen raus mit allem, dem Gedärme. Die Lämmer in den Fruchtblasen lagen überall herum, sie waren kurz vor der Geburt gewesen, das sah man. Aber sie kamen natürlich tot auf die Welt. Oder eher gar nicht auf die Welt, gäll. Da fragte ich einen Hirt, was sie mit den Lämmern vorhätten?

«Ja, was wohl, in den Bach schmeissen wir die. Warum, willst sie kochen?»

«Nein, häuten.»

Ungeborene Tiere ass niemand. Sie überliessen mir die Lämmer, es waren sechsunddreissig. Ich wickelte sie vorsichtig aus der Blase und badete sie im Bach. Der Bach ist der Rotten, gäll, bis Naters heisst die Rhone Rotten. Ich band die Lämmchen alle an Bindfäden und legte sie über Nacht ins fliessende Wasser. Die Füsse froren mir fast ab. Die Hirten hielten mich für einen Spinner. Am nächsten Morgen war der Bach vereist, aber er hatte mir die Schäfchen schön sauber gewaschen. Ich häutete sie und heftete die Felle an die Einfriedung zum militärischen Gelände. Sie trockneten schnell und ich konnte sie verpacken. Mit der Feldpost schickte ich sie an die Hautsammelstelle in Kirchberg. Das gab Mäntel für die Stadtweiber, die Felle von ungeborenen Schäfchen geben teure Persianerpelze. Die wenigsten dieser aufgedonnerten Stadthühner kümmerte das. Ich bekam dafür hundertfünfzig Franken, stell dir vor, hundertfünfzig ganze Franken. Das wussten die Bergler doch nicht. Das Geld schickte ich dem Hildi.

Hunger hätten wir Soldaten nie gelitten, aber wochenlang immer die gleichen Trockenwürste, Würfelsuppen und Futterdosen fressen, das hing einem mit der Zeit zum Hals heraus. Wir waren leider keine Engel. Wir waren jung und geladen und fast immer nur mit Männern zusammen. Das unterstützt nicht unbedingt die feine Art. Es war uns wahnsinnig langweilig. Und da überkam es uns plötzlich. Da kommt man auf die blödesten Ideen, sicher. Seit die Hirten heruntergekommen waren, hoppelte ein Lämmchen durch unsere Baracken. Wir fütterten es und freuten uns, wenn es sich auf einer Wolldecke zusammenrollte. Da stach den Hopf und mich der Hafer. Der Hopf war wie der Gehrig ein lieber Kollege. Wir hatten grosse Lust auf eine Abwechslung. Der Hopf schnappte das Lämmchen und wir verdrückten uns in die Baracke, mit einem Hammer. Ich hielt das Lämmchen auf den Knien und streichelte es, damit es stillhielt. Wir hatten vereinbart, dass ich das Tier halte, der Hopf wollte es schlagen, der war Metzger wie ich. Es zu erschlagen hätte ich nicht fertiggebracht. Aber Lammbraten machen schon, darauf freute ich mich wahnsinnig. Der Hopf hatte also den Hammer hochgezogen, und ich hielt das Köpfchen. Da sah ich, wie ein Sanitäter zur Tür hereinkommt. «Verdammte Sauhunde, was macht ihr da?», brüllte der.

«Wieso, nichts. Menüvorschläge überlegen.» Er riss uns das Lämmchen aus den Fingern und verschwand fluchend aus der Baracke. Von da an wurde es von den Sanitätern gehütet wie ein Augapfel. Die Sanitäter waren mir immer suspekte Leute. Aber ich muss sagen, im nachhinein war ich froh um diesen Weichherzigen, absolut.

Noch tiefer unten als die Sanitäter standen bei uns nur die Vogelherren. Das war eine Clique für sich, die meinten, sie seien etwas Besseres, die Brieftäubeler. Ich würde sagen, der Brieftaubendienst war wahrscheinlich der angenehmste Dienst, den es überhaupt gab. Der Hopf hatte die Kochkiste für die mit «Vogelherren» angeschrieben, kannst denken, wie das überall die Runde machte.

Eigentlich rede ich lieber nicht über die Brieftäubeler. Weil es mich an etwas erinnert, das ich lieber vergessen würde. Ich schäme mich heute noch deswegen, nach über sechzig Jahren.

Die Vogelherren liessen sich bei schönem Wetter am Morgen mit einem Transportgutschein hinüber ins Lötschental chauffieren, oder nach Saas Fee, oder nach Zermatt. Irgendwohin, wo es ein bisschen nett war bei schönem Wetter, darauf achteten die. Dort machten sie ihre Spaziergänge, sassen ein wenig in der Sonne und dann liessen sie die Vöglein fliegen und kamen wieder nach Hause. Nachdem sie zurückchauffiert worden waren, fütterten sie ihre Täubchen, die auch zurückgekommen waren, und misteten vielleicht ein bisschen die Schläge. Dann war ihr hartes Tagwerk erledigt und sie hatten Extrawürste verdient. Brieftauben waren ein sehr wichtiges Kommunikationsmittel im Krieg. Es war die schnellste und sicherste Möglichkeit, Nachrichten aus abgelegenen Gebieten zu senden. Tauben fliegen von überall her zurück in ihren Schlag. Die Vogelherren gingen also die Grenzen inspizieren und steckten dann einen kleinen Zettel in ein Kästchen am Fuss der Taube: «Feind rückt an» oder «Viele Grüsse aus Zermatt». Vögel bewegen sich viel schneller als ein Mensch zu Fuss. Und die Südgrenze erreichte man praktisch nur zu Fuss.

Eine Brieftaube fliegt in einer Stunde von Zermatt nach Brig. Das war natürlich tiefes Mittelalter. Aber schau, der Zug nach Zermatt ist jetzt noch nicht schneller als so ein Vogel.

Die Vogelherren waren Wichtigtuer, fanden wir. Die brauchten eine Lektion. Der Hopf und ich hatten eine Idee. Das war wirklich schlimm. Ich hatte diese Brieftauben doch gern, hatte grossen Respekt vor diesen Tieren. Aber wir waren jung und dumm, das ist natürlich keine Entschuldigung. Jedenfalls fingen wir zwei Tauben ein. Und frassen sie auf, gäll. Also wir kochten sie natürlich zuerst, wir dachten, das sei ein bisschen wie Poulet. Aber es schmeckt überhaupt nicht. Man kriegt diese Siechen nicht weich. Das war natürlich ein richtiges Verbrechen, weil damit die Nachricht verloren ging. Aber in dem Moment war uns doch alles egal. Vom Krieg merkte man weit und breit nichts und uns war wahnsinnig langweilig bei dieser Warterei.

Anfang Dezember hiess es dann endlich, runter ins Tal, Transport nach Interlaken, abtreten. Nach Hause bis auf weiteres. Wir waren zwar erleichtert, hatten aber eine Wut im Bauch. Diese ganze monatelange Übung war doch für die Füchs. Vor dem Abtreten mussten wir das gesamte Korpsmaterial zusammenstellen und kontrollieren zum Abgeben. Es durfte nichts fehlen. Wir überprüften alles sorgfältig und es war tipptopp. Beim Abtreten hiess es, es fehlten zwei Wolldecken. Von unserer Gruppe müsse jeder sieben Franken bezahlen, also fast vier Tagessolde, für diese fehlenden Militärdecken. Das brachte bei mir das Fass zum Überlaufen. Ich marschierte nach vorn, man durfte nicht in der Reihe reden, und trat vor die Herren: «Nichts werden wir bezahlen, keinen einzigen Batzen! Keiner von uns Soldaten wird etwas bezahlen, dafür werde ich sorgen. Und wenn Sie mich einlochen! Wir haben das Zeug kontrolliert und alles war in Ordnung. Es war nicht unsere Aufgabe, das zu bewachen. Wenn das an der Wache lag, dann ist die Kompanie verantwortlich, sicher nicht wir Soldaten.» Jetzt kam ich erst richtig in Fahrt und liess die ganze Wut heraus. «Und überhaupt, wenn jemand das Recht hätte, etwas zu verlangen, dann sind das wir. Neun Wochen haben wir alles stehen und liegen lassen, für nichts und wieder nichts. Neun Wochen nur rumstämpfelen und rumhocken. Und zu Hause verreckt derweilen alles. Sie, Herr Oberleutnant Gerber, Sie sind Sekundarlehrer, ein Beamter. Sie bekommen den vollen Lohn und einen grossen Sold, etwa sechzehn Franken. Und unser lieber Hauptmann Ege ist Direktor in Bern, Beamter, voller Lohn, noch grösserer Sold. Und unsereiner hat im September den letzten Lohn bekommen und seither ein paar Fränkli. Unsere Frauen stehen Schlange bei der Fürsorge. Sie sollten sich alle schämen!» Wahnsinnig wütend war ich, ich hätte die alle erwürgen können.

Noch ein Jahr vorher hätte ich nie gedacht, dass ich einmal ein so renitenter Kerl werden würde. Das kann es aus einem machen. Wenn die nicht wussten, was sich gehörte, dann musste man es denen mitteilen, ob Offizier oder nicht, das war mir egal. Man könnte sagen, ich wurde ein Querulant. Aber nicht blöd, gäll. Ich wusste, was es litt. Und ich wusste, wenn ich im Recht war.

Der Polo, der Oberleutnant Paul Gerber, das war für mich ein Kollege. Wir hatten zusammen die Rekrutenschule gemacht und uns immer gut verstanden. Er versuchte mich zu beruhigen. Ich solle jetzt doch aufhören mit diesen aufwieglerischen Reden. Sonst seien sie gezwungen, das weiterzuleiten. Ich drehte mich um und sagte zu den Leuten: «Ihr habt's gehört, Manne, keiner von uns bezahlt einen Batzen. Und wenn es einer trotzdem tut, dann werden wir das nicht vergessen. Diesen Hosenscheisser, der neben uns in der Reihe steht, den werden wir nicht vergessen. Daran werden wir auch dort oben an der Grenze denken.»

Für diese Rede hätte der Polo mich drinbehalten müssen, absolut. Savata, gäll, ins Loch. Aber ein paar von diesen Herren wussten genau, dass ich recht hatte. Wir mussten nichts bezahlen. Ich konnte nach Hause.

7 Extrawürste

Angst kannte ich nie. Angst kennt man nur, wenn man zuviel Zeit hat. Das Wort Angst kam bei mir vielleicht in bezug auf die Familie vor, sonst nicht. Respekt kannte ich schon, oder Bedenken. Stress kenne ich bis heute auch nicht. Jedenfalls weiss ich nicht genau, was damit gemeint ist. Den Stress, von dem alle reden, lernte ich nie kennen. Wenn etwas schwierig war im Leben, dann füllte ich mich aus mit dem Gedanken, jetzt machst du das und es wird gutgehen. Geglaubt habe ich das selber nicht immer, gäll. Aber so getan, als würde ich es glauben. Das ist wichtig, dass du so tust. Auch wenn du es selber nicht glaubst. Das ist ansteckend, immer. Die andern glauben es dir, solange du es glaubst. Und weil es die anderen glauben, glaubst du es auch stärker und so weiter. Du musst hinstehen. Einer muss hinstehen, ich würde sagen, das gelang mir im Leben. Ich bin immer hingestanden und habe meine Überzeugung vertreten, auch für die andern. Das war oft nicht sehr gemütlich. Schweigen und schlucken ist auch nicht gemütlich. Wichtig ist, dass du dich auf dein Gefühl verlassen kannst. Ich konnte mich darauf verlassen, absolut. Vielleicht ist das Instinkt.

In bezug auf die Familie war das anders. Da war ich viel weniger sicher. In Familiendingen kannte ich mich nicht aus, es war nicht meine Domäne. Das war die Domäne vom Hildi. Oft hatte ich Angst um die daheim, um das Hildi und die Kinder. Grosse Angst, weil sie so allein kutschieren mussten und ich ihnen immer noch keine materielle Sicherheit bieten konnte. Das war säbi Zit die Aufgabe von uns Männern.

Im Vierzig besetzten die Deutschen Frankreich. Das war ein Schock. Erst jetzt war wirklich der Teufel los. Die Schweiz war eingeschlossen. Ausser einem schmalen Korridor nach Genua waren wir rundherum eingekesselt. Dieser Korridor blieb aber nur offen, solange das dem Mussolini in den Kram passte.

Nur solange die Italiener diesen Spalt duldeten. Wahrscheinlich liessen sie sich dieses Spältchen von den Schweizern ein bisschen vergolden, das würde mich nicht wundern. Interessanterweise hielten die Italiener irgendwie immer zur Schweiz. Der Duce tat der Schweiz nichts zuleide, nicht dass ich wüsste. Wahrscheinlich interessierte er sich mehr für Afrika als für Berge. Die Deutschen wollten immer wieder, dass Italien den Knebel an der Schweiz ein wenig enger dreht. Aber die Italiener machten das nicht.

Im ersten Kriegsjahr waren die Lagerhäuser noch voll, aber später sah es böse aus. Die Schweiz war diesmal zwar besser vorbereitet als im ersten Krieg. Die Lebensmittel wurden von Anfang an rationiert. Und es gab Spezialmassnahmen. Jeden Monat gab der Bundesrat neue Anordnungen heraus. Es ging vor allem darum, wie man sich zu verhalten hatte als Bürger. Es war zum Beispiel gefährlich, mit Deutschen Kontakt zu haben. Dabei hatten doch alle Deutschschweizer mit Deutschen Kontakt. Die Deutschen waren uns sehr nahe. Jeder hatte Freunde und Verwandte in Deutschland und umgekehrt. Es gab einen sehr regen Austausch.

Dann wurde von höherenorts die Angst und das Misstrauen geschürt. Es kamen diese Anweisungen – Feind hört mit! Die Regierung wollte die Bevölkerung misstrauisch machen gegen die Deutschen und auch gegen die eigenen Leute, würde ich sagen. Man durfte nicht mehr lange telefonieren, alles wurde abgehört. Überall wurde spioniert. Am Telefon durfte man nichts erzählen, nicht, wo der Schatz oder der Ehemann war und mit wem, das schon gar nicht. Der Staat schnüffelte überall herum. Vor allem in den grenznahen Orten war es schlimm. Die Leute trauten einander nicht mehr über den Weg. Der gegenseitige Respekt ging verloren, würde ich sagen, das fing säbi Zit an. Man wusste nicht, wer bei wem was ausplauderte. Man wusste nicht, wer wo stand, das war sehr schlimm. Viele wurden verdächtigt, weil sie Beziehungen zu Deutschen hatten, einfach nur deshalb. Die Leute waren sehr verunsichert. Es sah gar nicht so aus, als wäre es bald vorbei, das wurde einem klar.

Im April, genau am 15. April 1940, es war Pfingsten, musste ich wieder einrücken. Wieder ins Wallis, nach Visperterminen. Diesmal wurde ich aber der Küche zugeteilt, und ich bestand darauf, dass sie im Dienstbüchlein bei der Einteilung ein für allemal «Koch» stempelten. Obwohl ich ja keine Kochausbildung hatte. Aber kochen konnte ich besser als viele dieser Köche, jedenfalls für militärische Zwecke. Ich würde sagen, mit Phantasie. Man musste sich etwas einfallen lassen, etwas erfinden können, gäll. Ich machte das sehr gern. Gelernt hatte ich das Kochen in der Rekrutenschule, aber nur wenig. In erster Linie hatte ich es mir selber beigebracht, abgeschaut. Ich konnte das von der Lehre. Als Metzger bekommt man das Kochen sowieso mit. Würste machen ist auch Kochen. Sie sahen das dann bei der Einteilung ein, sie wussten wahrscheinlich, dass sie einen brauchbaren Mann bekamen. Weil ich mich wehrte, auch für meine Umgebung. Das wurde jetzt allgemein wichtig. Das war natürlich nicht der Ege, der mir den Koch stempelte, das war der Polo, der Gerber Päuli, den ich schon lange kannte. Einundzwanzig Wochen war ich dort im Wallis in den Bergen.

Wir mussten Telefonleitungen ziehen, permanente diesmal. Von Visperterminen auf den Simplon, das ist weit. Von Stalden über den Gebüdem auf 2300 Meter, dann runter ins Nanztal und rauf auf den Bistinen, der ist auf 2500 Meter, bis hinüber auf den Simplon. Nur Schluchten, Felsen, Grate, Tobel und Geröll. Und Schnee hatte es auch noch. Das war eine Wahnsinnssache, das darf ich sagen. Ich musste zuerst mit der Truppe ausrücken. Nachher wurde alles so kompliziert mit der Verpflegung, da sagten sie, der Meister soll die Küche machen. Die Kompanie wurde aufgeteilt, die Züge arbeiteten an verschiedenen Orten. Zum Glück wurden auch die Sanitäter aufgeteilt auf die verschiedenen Züge, die hatten ja nichts zu tun. Die mussten dann Kartoffeln schälen. Ich musste für zwei Züge kochen, siebzig Mann. Alles in Kochkisten, da brauchst du den Grind. Kochkistenkochen ist ein Kunststück.

Diese Kochkisten hatte man, um Brennstoff zu sparen, also Holz. Wir waren ja meistens über der Baumgrenze. Kochkisten hatten übrigens auch die Hausfrauen säbi Zit, eine wunderbare Erfindung ist das. Es sind Blechkisten, mit einem Mantel verpackt und gut isoliert. Oben ist ein Deckel, der muss verschlossen sein, und darin gibt es noch ein kleines Loch. Durch dieses Loch machst du alles, gäll, rühren, würzen, probieren, alles muss durch dieses Loch funktionieren. Du machst zuerst ein Feuerchen. Und wenn das schön heiss ist, stellst du die Kochkiste drauf, also ohne Mantel natürlich, zum Beispiel mit Kartoffeln. Dann wartest du, bis es köchelt, vielleicht noch ein wenig länger, aber die Kartoffeln müssen nicht weich sein. Das Fleisch schon, da ist es besser, wenn du es kochst, bis es fast weich ist. Dann verschliesst du die Kiste luftdicht, zählst bis dreissig, nimmst sie vom Feuer und stellst sie sofort in den Mantel. Dann gart das dort noch sechs Stunden weiter, ganz ohne Feuer. Aber das braucht ein wenig Erfahrung, gäll, das musst du im Gefühl haben. Sonst ist das Zeug roh oder Brei.

Im Dorf unten schliefen wir im Schulhäuschen, da gab es Stroh am Boden und einen Kanonenofen. Übers Stroh kam eine Zeltplache und zum Zudecken eine Wolldecke und noch eine Zeltplache. Bequem war es nicht gerade, aber man war so müde, da war das nicht so wichtig. Waschen mussten wir uns am Brunnen, man musste zuerst das Eis wegschlagen. Das Waschen ging schnell, würde ich sagen, es hätte eh niemanden gestört, dass wir stanken. Auf dem Berg schliefen wir in Baracken, aber das mit dem Stroh war überall gleich. In den Baracken war es ein bisschen kälter.

Für den Transport in diesen Gegenden waren die Säumer zuständig, der Säumerzug. Die brachten auch die Telefonmasten in die unwegsamsten Gebiete. Es gab keine Strassen, nur die alten Wege, häufig in den Fels gehauen oder aus Steinplatten aufgeschichtet. Die Säumer kannten das Gebirge wie ihre Hosentasche. Das war ein altes Gewerbe, die ersten Transportunternehmer, könnte man sagen. Die gingen mit der Ware über die verrücktesten Pässe, ohne Strassen. Der Hannibal kam mit seinen Elefanten nicht so weit, vor zweitausend Jahren. Der hätte eben umsteigen müssen auf die lokalen Verkehrsmittel.

Das Holz für die Küche am Bistinen oben lieferten auch die Säumer, es waren aber keine Scheite, es waren ganze Spälte, grosse Stücke. Das musste zuerst gehackt werden. Ich hatte immer etwas Holz parat für die Znünibrüder. Meistens waren das Säumer. Wenn sie mit dem Stalldienst fertig waren, spalteten die zwischendurch mein Holz und dann kamen sie zum Znüni. Ich verlangte bei den Fleischbestellungen immer Knochen mit etwas dran. Stell dir vor, wie die Freude hatten. Die füllten sich die Ranzen, die machten einen strengen Dienst, denk auch. Einen Knochen kann man der Mannschaft nicht zum Mittagessen geben, das geht nicht. Aber zum Znüni schon.

Unsere Kompanie war verteilt, die ganze Telegrafenkompanie elf. Ein Zug war in Naters, einer in Visperterminen, dort war das Kompaniebüro, ich war im Bistinen und mein Freund Hopf war im Rosswald. Die Metzger schickten sie ins Juhe, die sind nicht zimperlich.

Etwa nach einem Monat kam die zweite Mobilmachung. Ich hätte endlich einmal Urlaub gehabt, das erste Mal. Das war immer ein Theater, als Koch Urlaub zu bekommen. Ich hatte schon den Urlaubspass, von Samstag bis Dienstag. Und da kam der Ernstli angerannt. «Housi, kannst wieder auspacken. Mobilmachung! Die Italiener kommen! Alle Urläube sind gesperrt.» Das war zwar ein Ärger, wegen dem Urlaub, aber auch eine grosse Freude, absolut. Weil wir endlich zum Schiessen kamen, so dachten wir jedenfalls. Ich hätte jetzt diese Italiener allesamt mit Vergnügen abgeknallt.

Um acht Uhr abends mussten wir antreten, auch die Küche. Vollwix, Stahlhelm, Rössligeschirr, das waren die Ledergurten für die Munition und den Säbel, die man über der Uniformjacke trug, Räf, Karabiner. Karabiner geladen. Kannst dir vorstellen, mit welcher Begeisterung wir luden. Es war fast unsere Hymne: «Kommt nur, kommt nur! Wir werden euch einen schönen Empfang geben.» Dann wurde uns mitgeteilt, was zu tun war. Zuerst natürlich warten. Immerhin einmal geladen. Glaub mir, wir sehnten uns danach, dass endlich wirklich ein Feind über die Grenze käme. Dass endlich etwas passierte. Statt Italiener wären uns Deutsche vor den Gewehren ja lieber gewesen. Aber wir hätten auf alles geschossen in diesem Moment, auch auf Indianer. Wir wollten kämpfen, etwas tun, böllern. Man muss die Leute nur lange genug vollpumpen und dann köcheln lassen, dann machen die nichts lieber.

Ich würde sagen, es gab keine Armee in Europa, die so motiviert war wie die Schweizer Armee. Wahrscheinlich weil keine so wenig zum Schuss kam wie die Schweizer. Die Armee, das waren ja wir, die Soldaten. Wir waren bis zum Explodieren motiviert. Säbi Zit hatte jeder einzelne Soldat eine Bedeutung, heute spielt der einzelne keine Rolle mehr. Heute hat man Maschinen. Die nehmen das nicht so persönlich. Bei uns war es der Stolz, denen zeigen wir es. Wir sind zwar die Kleinsten, aber denen zeigen wir es. Dieser Stolz war säbi Zit in den meisten von uns, würde ich sagen. Wo er heute geblieben ist, frage ich mich manchmal. Vielleicht ist er ja verpufft, der Mut. Weil wir Schweizer zu lange nicht mehr durften. Zu lange nicht beweisen konnten, was wir können. Aber säbi Zit spürte man Wagemut.

Das grossspurige Gehabe der Deutschen weckte natürlich den Widerstandsgeist. Die machten immer noch grosse Sprüche, haha, die Schweiz nehmen wir auf dem Heimweg. Ich kann dir sagen, die Deutschen hätten sich total verrechnet. Nicht, wenn sie gleich im Neununddreissig gekommen wären, da wäre das eine Fingerübung gewesen. Aber nachher nicht mehr, ganz sicher nicht. Die deutsche Armee war ein aufgeblähtes Monster, viel zu unbeweglich. Für den schwierigen Alpenraum hätten die zu viele Leute gebraucht, die hatte der Hitler gar nicht mehr. Der Aufwand dafür, die Schweiz zu erobern, wäre viel zu gross gewesen, absolut. Vielleicht hätten sie einen Teil vom Flachland bekommen, weil das die Politik zuerst aufgab. Aber sicher nicht den Rest. Und das lag eben an unserer Kampfbereitschaft. Einen Dank hätten wir ja nie dafür bekommen.

Morgens um zwei hiess es: «Bereitmachen! In zwei Stunden ist Abmarsch!» Für mich hiess das Futter machen für siebzig Mann, statt Urlaub. Dann alles sofort zusammenpacken. Tagesproviant einpacken, Abmarsch. Schleppen und marschieren. Wir mussten das ganze Nanztal hinunter bis ins Rhonetal, nach Glis. Es waren sicher zwanzig Kilometer. Das wollte nicht mehr aufhören. Das Nanztal geht von Brig bis zum Fletschhorn. Sehr schlechte Wege, schwierig, mit diesen schweren Packungen. Ein Pferd stürzte ab, wir konnten es nur noch erschiessen. Wir zerteilten es blitzschnell und jeder nahm etwas mit, als Proviant. Als wir endlich in Glis ankamen, hiess es, sofort weiter, hinauf nach Gletsch. Also weiter das Wallis hoch, Brig, Naters, Mörel, Grengiols, Lax, steil bergauf. Als wir oben waren, hiess es, Rast. Für mich also das Gegenteil von Pause, nämlich auspacken, Feuer machen, Suppe kochen. Als ich das Feuer anzünden wollte, hiess es: «Stopp! Zusammenpacken, sofort weiter.» Gut, alles wieder verpacken, weiter nach Münster. In Münster brannte das Feuer schon, als wir ankamen. Da hatten sie bereits einen anderen Zug weitergejagt. Ich packte wieder alles aus, wir hatten inzwischen wahnsinnig Hunger. Seit der Herrgottsfrühe waren wir unterwegs. Aber wieder nichts, zusammenpacken. «Sofort nach Gletsch!» Die Kampfbereitschaft hatte inzwischen merklich nachgelassen, denk auch. Wir starben einfach vor Hunger. Und dieses Loshetzen und Zurückreissen war zermürbend. Dieses ewige Hü und Hott förderte die Motivation nicht. Und dann die extremen Märsche mit Vollpackung. In Oberwald, das ist kurz vor Gletsch, kam wieder ein Befehl: «Rechts umkehrt! Zurück nach Münster!» Ich hatte noch gar nicht ausgepackt. Nachmittags um vier konnte ich das erste Mal etwas zum Fressen machen für die Leute. Nach etwa zwölf Stunden Marsch, gäll. Wenn jetzt die Italiener gekommen wären, hätten die uns ab der Leine gepflückt wie nasse Socken.

Es war ein Chaos, absolut. Allen war klar, die hatten das oben nicht im Griff. Da gab es Kommunikationsprobleme. Damals gab es dieses Wort noch nicht. Anscheinend wusste keiner, wo wir uns aufstellen sollten. Die Befehle gingen von der Armeeleitung an die Brigade, und von der Brigade an die Kompanie, per Telefon. Und von der Telefonstation mit Meldefahrer und -reiter weiter zu uns. Funk kannte man noch nicht, der wurde erst am Ende des Krieges eingeführt. Die Befehle kamen also vom Büro in Brig per Telefon an die Meldeposten im Feld und dann ging das per Zettel an die Armeeteile. Es kamen ständig andere Zettel.

Item, es war dann ja nichts. Ich glaube heute, das war nur ein Spielchen der Italiener. Die spielten ein bisschen Katz und Maus mit den Schweizern, probierten aus, was es litt, gäll. Wie die Schweiz reagiert, wenn man sie zeukelt. Die machten dieses Theater dem Hitler zuliebe, um den zu beruhigen. Die Deutschen drängten nämlich die Italiener, endlich die Schweiz in den Senkel zu stellen. Italien und Deutschland waren ja Verbündete. Unsere Alpenübergänge hätten denen schon gepasst. Es war den Deutschen ein Dorn im Auge, dass die Italiener das Ganze so leger nahmen. Die Italiener mussten es dann büssen, o ja. Die SS wütete später furchtbar in den italienischen Dörfern.

So kriegerleten wir eine Weile das Wallis rauf und runter. Blasen hätte man keine gekriegt bei diesen Mordsmärschen. Die Schuhe waren gut eingelatscht. Einmal in der Woche hatten wir auch Fusspflege. Da musste jeder die nackten Scheichen den Sanitätern hinhalten, damit die uns mit Gift einpinseln konnten. Mit einem Gerbmittel, ich glaube, es war Formalin, das macht die Haut hart. Man war nicht zimperlich. Nur die Impferei hasste ich. Es gab Befehl, jeder Soldat müsse sich in der Sanitätsbaracke gegen Pocken und Tetanus impfen lassen. Ich überhörte das, gäll, machte einfach einen Bogen um diese Baracke. Da schlenderten eines Tages ein paar Spitzbuben in die Küche, ich war am Kochen, im Unterhemd. Ich dachte, es seien Znünibrüder, wir machten ein Schwätzchen. Plötzlich packte mich einer links und einer rechts und der dritte jagte mir eine Spritze in den Rücken, durchs Hemd. Das genossen die Sanitäter natürlich. Die meistens lagen nach diesen Spritzen einen Tag flach. Ich bekam auch Fieber, aber im Nest wäre ich deswegen nicht rumgelegen.

Ein wichtiges Ereignis und ein gutes Mittel gegen die Langeweile war der 1. August, der Schweizer Nationalfeiertag. Den feierte man säbi Zit mit Inbrunst, denk auch. Die ganze Kompanie kam zusammen auf dem Gebüdem, dem Bergrücken ob Visperterminen. Es wurden Reden geschwungen, an die erinnere ich mich nicht mehr. Und ein richtig offiziersmässiges Essen sollte es geben dort oben, Fleisch und Salat. Das musste der Meister machen, in den Kochkisten. Und mit dieser Hundware. Ein richtiger Koch wäre davongelaufen. Hundertzweiundfünfzig Fleischdosen und etwa hundert mit vorgekochtem Gemüse, das war die ganze Pracht. Und ein Dosenöffner am Militärsackmesser. Mit dem quetschte ich die Blechdosen auf, von schneiden könnte man nicht reden. Die Hände bluteten, gäll. Aber es gab Gulasch und russischen Salat.

Sonst waren wir meistens oben am Bistinenpass, auf 2500 Meter. Ziemlich allein. Ab der Welt, weg von der Zivilisation und weg von der Familie. Manchmal kamen die Serviertöchter aus dem Dorf herauf, sagten, sie seien am Spazieren. Mir passte das nicht, die machten uns nur verrückt. Von zu Hause hatte man wenig Nachrichten, ein Briefchen ab und zu. Viel Zeit fürs Briefschreiben hätte das Hildi nicht gehabt. Ich schon eher. Die gewöhnlichen Soldaten konnten alle immer wieder in den Urlaub, die Offiziere sowieso. Aber ich nicht. Wegen der Küche liessen die mich in diesem Jasslager verrecken. Einmal kam mich das Hildi besuchen. Ich war gerade in Visperterminen einquartiert. Wir machten Spaziergänge. Das Hildi konnte für eine Nacht im Militärquartier wohnen, wir konnten sogar zusammen ein Zimmer beziehen. Dann musste sie wieder nach Hause.

Nach fünf Monaten hielt ich es nicht mehr aus. Ich ging zum Ege. «Herr Hauptmann, ich verlange eine Unterredung.»

«Was wollt Ihr?»

«Urlaub will ich!»

«Das könnt Ihr vergessen, ich habe niemanden, der kocht.»

Jetzt reichte es. Der Ege als grosses Arschloch kannte den Meister immer noch nicht. Ich besprach die Sache mit meiner Mannschaft. Zu jenem Zeitpunkt waren die Züge zusammengeführt worden, der Hopf und ich schmissen die Küche, mit zwei Aushilfen. Ich sagte zu denen: «So Leute, am nächsten Samstag gehe ich heim.»

Der Hopf liess das Messer fallen und verwarf die Hände: «Housi, bist du verrückt? Mach doch keinen Blödsinn. Die werden dich einlochen, Savata.» Savata, das geisterte als Schreckgespenst immer bei uns herum. Diese Militärfestung lag bei St. Maurice, unten im Wallis, in der Nähe vom Genfersee. Man musste zu Fuss dorthin laufen, wenn man eingelocht wurde, egal, wo man gerade war. Ein Offizier auf einem Pferd oder Velo ging mit, und in Ketten daneben der Gefangene. In Savata musste man Steine klopfen. Das ist Knochenarbeit, das ist sehr hart. Sold bekam man keinen mehr. Das einzige, was man bekam, waren zwei Briefmarken pro Woche. Und man war absolut rechtlos, war denen voll und ganz ausgeliefert. Die konnten dort mit einem machen, was sie wollten, gäll. Aber nicht einmal das hielt mich von meinem Plan ab.

«Der Meister geht am nächsten Samstag nach Hause. Die können mich jetzt am Arsch lecken, der Ege und die ganze Bande. Schluss.» Wir besprachen, wie das unauffällig gehen könnte, aber die Chance, dass am Wochenende ein Offizier seinen Arsch lüpfte und bei uns in der Küche herumschnüffelte, war klein. Auch der Gehrig Ernstli gab mir seinen Segen. Es schadet nie, einen Verbündeten im Büro zu haben.

Am Samstag marschierte ich also in den Urlaub. Das Zugsbillet musste ich ganz normal kaufen, sonst bezahlte diese Urlaubsfahrten ja die Armee. Ich hatte von einem Kollegen, der auch solchen Urlaub genommen hatte, den Tip bekommen, möglichst auf der Gangseite und in der Mitte des Zugsabteils zu sitzen. Man sieht die Gefahr so von weitem kommen und kann sich vorbereiten. Ganz wichtig und oberstes Gebot: Alles tipptopp in Ordnung halten, Kragen geschlossen, alle Knöpfe eingetan, Häftchen eingehakt, Schuhe sauber, kein Stäubchen weit und breit. Und dann schön entspannen, ein Schläfchen machen. Wenn ein Soldat ein verdientes Nickerchen macht und alles in Ordnung hat, dann weckt ihn die Hepo nicht. So hiess es jedenfalls. Die Heerespolizei kontrollierte die Fernzüge regelmässig, jeder Soldat musste einen Urlaubspass bei sich tragen, sonst hätten sie ihn gepackt und eingelocht in Savata.

Ich setzte mich also in die Wagenmitte, Uniform gepützelt, alles tipptopp, und sah sie in Brig prompt kommen. Augen zu, durchatmen, alles geht gut. Das Herz klopfte wahnsinnig, ich hatte die Befürchtung, man sehe das durch die Uniformjacke. Sie kamen näher – kamen näher – bleiben stehen. Bleiben genau vor dir stehen, gäll. Jetzt ja nicht den Schnauf anhalten, schön durchatmen, nicht blinzeln, schön tief schlafen. Und dann waren sie vorbei. Ich hätte die am liebsten zum Abschied geküsst.

In Bern musste ich umsteigen nach Solothurn, hatte etwa eine halbe Stunde Aufenthalt. Überall Hepo auf dem Bahnhof Bern und sehr wenig Soldaten. Es gibt nicht so viel Urlaub im Krieg. Brenzlig war das schon ein bisschen. Am besten weiter Ruhe bewahren und Tee trinken. Auch ein Bierchen war recht. Ich setzte mich ins Bahnhofbüffet, das hatte zwei Ausgänge. Also wieder der bewährte Trick, ganz in die Mitte, zwecks besserer Übersicht. Ich bestellte bei der Serviertochter eine Stange und bezahlte sie auch gleich. Dann trank ich das Bier sofort bis auf einen Fingerbreit leer. Und als die Armeepolizisten hereinkamen und anfingen, durchs Büffet zu schnüffeln, kippte ich den letzten Schluck, winkte der Serviertochter zu und schlenderte zum anderen Ausgang hinaus. Draussen war es zum Glück schon dunkel. Säbi Zit war die Nacht sehr dunkel, weil alle am Abend die Fenster abdichten mussten, damit der Feind von oben die Lichter nicht sah. Ich verschwand unauffällig zwischen den Zügen. Ich kam ohne Zwischenfälle heim, aber ich war extrem erleichtert. Ziemlich nassgeschwitzt war ich bei diesem ersten Mal. Das Hildi war völlig aus dem Häuschen, als ich zur Tür hereinspazierte, sie beruhigte sich dann wieder. Die Kinder schliefen, aber ich küsste sie, wie ich das immer machte, wenn ich spät nach Hause kam.

Ausser diesen Dummheiten hätte man nicht viel erlebt, was einem Freude oder ein bisschen Abwechslung brachte. Aber zwei Momente gab es, die waren so anders als der ganze sonstige Leerlauf, dass es mich heute noch freut. Es war auf dem Bistinen. Dort oben hockte ich monatelang praktisch allein. Die Freude war wegen einem Offizier, Oberst Scherrer. Ein toller Mann. Er war Direktor der Karthografischen Anstalt Bern, Kümmerli & Frey. Der Scherrer hatte sich mit seinen Leuten ein paar Kilometer weiter oben im Dreck eingebuddelt. Sie schaufelten tiefe Gräben, legten den Boden dick mit Tannästen aus. Dann kam viel Stroh drauf, dann Zeltplachen und darüber die Zelte. Die lebten nicht schlecht in diesen Gräben. Ein bisschen feucht, sicher, aber wärmer als in unseren Baracken.

Ungefähr um halb zwei kommt der Scherrer daher, wir hatten schon gegessen. Ich sass draussen an der Sonne, wahrscheinlich war ich am Kartoffelnschälen. Das könnte ich heute noch im Schlaf, sogar mit diesem Gezitter. Ich kannte den Scherrer nur flüchtig, ich salutierte, wie es sich gehörte. Da fragte er: «Soldat, wäre es möglich, dass man eventuell noch etwas Kleines in den Magen bekäme?»

«Sicher, Herr Oberst. Wenn Ihr ein Momentchen warten könnt.»

Er setzte sich an unseren wackligen Tisch. Er habe Zeit. Der gefiel mir, gäll, der kam nicht an und lärmte herum. Der behandelte einen nicht wie einen Schafseckel. Der war höflich. Das war extrem selten.

Ich verschwand in der Kochbaracke und machte zuerst einen Salat, sie hatten mir gerade frischen Salat heraufgebracht. Dann hatte ich noch geschwellte Kartoffeln, die wurden geraffelt und in viel Schmutz gebraten. Schmutz ist Schweineschmalz, das beste Bratfett. Und dann kam die Krönung. Ich hatte in der hintersten Barackenecke ein kleines Geheimnis. Eine Kochkiste war dort im Boden vergraben. Und in dieser Kochkiste lag ein Rindsfilet, wunderbar kühl. Ich brachte dem Oberst Scherrer also zuerst eine Schüssel schön frischen Salat. Als er den Salat ass, fragte er: «Sagen Sie mir, Soldat, diese Salatsauce? Wie machen Sie diese Salatsauce? Eine solche Salatsauce hatte ich noch nie.»

Ich sagte: «Das kann ich Euch gern verraten, Herr Oberst. Was Ihr hier ein wenig speziell findet, das ist nur der Knoblauch. Ein Hauch Knoblauch. Ihr spürt ihn eigentlich kaum, aber er ist drin. So muss das sein mit dem Knoblauch.» Dann brachte ich den Teller mit der Rösti und einem Spiegelei darauf. Und separat das Filetbeefsteak, saignant. *Als ich alles vor ihn hinstellte, flippte der doch fast aus. Eine solche Freude hatte der, das kannst du dir nicht vorstellen. Für diesen Moment waren wir beide normale Menschen, die sich freuten an einem feinen Essen. Nicht einfach Affen in diesem Affentheater.*

Mit diesem Rindsfilet hatte es eine besondere Bewandtnis. Einmal kam eine Lieferung Fleisch, da war ein Nierstück dabei. Ein ganzes Nierstück, das Gewicht war gerade richtig. Stell dir vor, davon konnte ich der Truppe Entrecôte machen, das war doch ein Lichtblick in der Einöde dort oben. Das hebt die Moral mehr, als man denkt. Als ich es zurechtschnitt, merkte ich aber, dass etwas fehlte. Der beste Teil des Rindes, das Filet. Sofort telefonierte ich hinunter nach Brig, ins Fleischmagazin. Der Sterchi Paul war dort Chef, das war ein währschafter Metzger aus Bern, den kannte ich vom Personalverband. Sagte ich: «Du Poul, es ist leider nichts Erfreuliches. Ich muss eine Reklamation anbringen. Ihr habt mir ein Nierstück vom Rind geliefert. Und das Filet war nicht dran. Ich muss annehmen, ihr habt das gefressen.» Der Pöilel am anderen Ende blieb ganz stumm, der war sicher ein wenig perplex. Da sagte ich: «Hör mal, Pöil, ich will hier keine Tänze aufführen, wir sind ja nicht umsonst im Krieg. Aber ich möchte gelegentlich dieses Filet ersetzt haben.»

Da sagte der Paul sofort: «Housi, morgen schicke ich dir einen Säumer rauf, morgen früh.»

«Verpackst es gut, gäll, und schreibst es gross an. Sonst kommt das wieder nicht bis hierher.» Am nächsten Tag brachte das einer prompt und ich habe es hinten in der Baracke im Boden vergraben.

Vierzehn Tage später, an einem Mittwoch, kam der Scherrer wieder daher und sagte: «Pionier, einen schönen guten Tag. Ich wäre wieder in der gleichen Lage. Hätten Sie zufällig etwas da?»

Da hatte ich gerade geräuchte Rippchen und Sauerkraut. Habe ihm dazu Salzkartoffeln gemacht und voraus eine Schüssel Salat. Er ass sehr zufrieden und lobte das Sauerkraut. Sauerkraut darf nicht zu sauer sein, gäll. Da fragte der Scherrer plötzlich: «Warum sind Sie eigentlich nicht Gefreiter?» Gefreiter ist eine Auszeichnung, ein Ehrenzeichen, kein militärischer Rang. Für besondere Verdienste als Soldat.

Ich zuckte die Schultern, viel gab es nicht zu erklären. «Das ist ganz einfach, Herr Oberst. Der Hauptmann Ege und ich haben das Heu nicht auf der gleichen Bühne. Wenn man es so ausdrücken will.»

Das war am Mittwoch. Am Freitag kam der Bescheid, ich solle die Jacke hinunterschicken. Sie würden mir den Bändel an den Ärmel nähen, ich sei ab sofort Gefreiter. Eigentlich war es mir gar nicht wichtig. Aber wenn ich ehrlich bin, gefreut hat es mich schon.

Das waren seltene Lichtblicke. Meistens fühlten wir uns nur wie bestellt und nicht abgeholt. Kannst dir vorstellen, wie es dann ist, wenn man auf einen Schlag sieht, wie nah die Hölle ist. Dass es einen Katzensprung weiter weg ans Lebendige ging. Richtiger Krieg, gäll. Eine schlimme Lektion bekam ich am Bahnhof in Brig. Ich konnte nach langem wieder einmal in den Urlaub, das war im Zweiundvierzig. Ich stand allein auf dem Perron herum, rauchte und wartete auf den Zug. Da fährt im Schritttempo ein langer Güterzug ein. Hält einen kurzen Moment an. Geschlossene Verschläge. Der Zug kam aus Italien. *Und dann hörte ich aus den Waggons diese Geräusche. Ich hörte es stöhnen. Nicht laut, aber ich hörte es. Das war aber noch nicht das Schlimmste. Aus einem Spalt unter der Schiebetür lief ein rotes Bächlein heraus. Das war Blut, gäll. Es war grauenhaft, aus all diesen Wagen tropfte Blut. Es war wie in einem Alptraum.* Wenn ich heute daran denke, ist es fast noch schlimmer. Tausende und Abertausende Wagenladungen junger Männer, die in diesem Krieg verbluteten, bevor sie richtig angefangen hatten zu leben.

Das war unsere Generation, die in diesem Krieg auch geschlachtet wurde, neben allem andern, das diese Verrückten anrichteten. Die Jugend blutete aus, bevor sie Pieps machen konnte. Sie brachten diese sterbenden Jungen aus Italien über die Schweiz zurück nach Deutschland. Gäll, obwohl wir in der Schweiz ja nicht drankamen wie die in den umliegenden Ländern, dieser Krieg vernichtete auch unsere Jugend. Alles war erstarrt unter dieser finsteren Glocke. Nichts war möglich, ausser auszuharren und zu warten. Dabei stand es arg mit der Welt, sie hätte es nötig gehabt, dass man in die Hände spuckt. Sechs Jahre sind eine lange Zeit, wenn man jung ist. Die ganze lange Zeit hockten wir in der Ungewissheit. Nie wusste man, wann man einrücken musste und für wie lange. Niemand hatte eine Ahnung, wie lange das überhaupt noch dauerte und wie es endete. Die Jugend wurde kreuz und quer herumgekarrt und dann zum grösseren Teil begraben.

Der Krieg war nicht schrecklich, weil man Angst hatte vor dem Tod. Sondern weil er alles andere lahmlegte und alle Kräfte absaugte. Weil ein Krieg nie etwas Aufbauendes zulässt. Wenn man jung ist, möchte man formen, vorwärtsgehen, ausprobieren. Das eigene Leben, die Zukunft versuchen. Es war uns nicht möglich. Das war nicht möglich. Und als es wieder möglich wurde, war unsere Jugend abgelaufen. Diese verlorenen sechs Jahre sind mit Gold nicht aufzuwiegen. Es hätte es ja auch nie jemand versucht, gäll. Ich verstehe die Jungen, wenn sie nicht erwachsen werden wollen. Obwohl, das ist Kabis, sicher.

Die Selbstverständlichkeit, mit der man die Jugend dem Krieg opferte, hat viele später bitter gemacht. Judenhasser und Jugendhasser wurden das, das ist der Neid. Auf die Juden, weil sie als die grossen Opfer dieses Krieges wenigstens teilweise entschädigt wurden. Und auf die Jungen, weil sie jung sein können. Aber die meisten aus dieser Generation sind jetzt sowieso tot. Und ich bin so alt, dass es mir nicht mehr wichtig ist.

Statt mich auf eigene Füsse stellen zu können, blieb ich viel zu lange beim Fink, dreizehn Jahre. Für ein Hungerlöhnchen, absolut. Volle Verantwortung und nichts zu sagen. Ab dem zweiten Kriegsjahr war es so, dass die Kleinunternehmer ein Gesuch stellen konnten, damit nicht alle Männer gleichzeitig in den Dienst einrücken mussten. Ich blieb also im Geschäft, wenn der Fink einrücken musste, und umgekehrt. Da flüsterte mir seine Schwägerin, die ihm die Buchhaltung machte, einmal ins Ohr: «Hans, immer wenn du statt der Fink im Geschäft bist, dann ist der Monatsabschluss zweitausend Franken besser.» Genützt hätte es mir nichts. Im Krieg ist nichts von Wichtigkeit ausser der Krieg. Er ist das beste Mittel, um allen das Maul und das Hirn zu stopfen. Es hiess einfach, Dienst fürs Vaterland und Maul halten. Das leuchtete ein. Man unterliess das Denken und das Träumen besser.

Wir wursteten uns durch, so gut es ging, kann man sagen. In der Küche wurstete man sich eindeutig besser durch als anderswo. Nicht zuletzt wegen der Würste, das ist klar. Für meine Würste war ich berühmt im Krieg. Es war wie gesagt jedesmal ein Kampf um den Urlaub, eigentlich hätten sie die Köche am liebsten gar nie nach Hause gelassen. Da waren sie aber an die falschen geraten. Wir arrangierten uns untereinander und deckten uns gegenseitig, dann ging das gut. Kameradschaft, das musste man uns nicht beibringen.

Der Hopf hatte ein kleines Metzglein in Zürich. Keine Angestellten, nur die Frau und eine Handvoll Kinder. Der war doch gottenfroh, wenn er nach Hause konnte. Am Schluss, als wir im Aargau und in Zug eine Ewigkeit darauf warten mussten, dass die endlich Schluss machten mit dem künstlichen Verlängern des Kriegszustands, ging der Hopf jeden Tag nach Zürich ins Geschäft. Offiziell war er aber im Dienst. Am Morgen früh nahm er den Zug und abends um zehn kam er nach Lenzburg zurück. Wir holten ihn am Bahnhof ab, auch wegen dem Znüni. Der Hopf brachte immer etwas Feines mit, eine schöne Zungenwurst oder einen Salami. Dann hockten wir uns irgendwo hin und assen das Znüni, bevor wir ins Nest gingen.

Säbi Zit wäre man weit gelaufen für eine gute Wurst. Alle assen gerne Würste, sie waren die Krönung der kulinarischen Kunst, darf ich sagen. Man macht sie aus den Teilen des Tieres, die man sonst nicht essen könnte. Niemandem wäre es in den Sinn gekommen, Teile eines gesunden Tieres als schlecht zu erachten. Die Frage war höchstens, was konnte man daraus machen. Da war die Fantasie gefragt und eine Nase und ein Gaumen, wegen der Gewürze. Heute machen alle ein Geschiss um die Weine. Sie probieren dem Teufel ein Ohr ab und zahlen, als wäre das Blut von Königen. Und dazu fressen sie Hundware, gäll. Was eine gute Wurst ist, weiss doch niemand mehr, es gibt ja nur noch dieses in Plastik verpackte Zeug. Beim Brot ist es noch schlimmer und beim Grünfutter sowieso. Dem Grünfutter trauere ich persönlich nicht nach, gäll. Aber denk auch, unsere Birnen im Eichholz hinter dem Haus, was das für ein Geschmack war! Für diese Birnen würde ich weit laufen. Von denen werde ich noch drüben diesem Petrus erzählen, wenn er am Ausrufen ist: «Jetzt kommt der Meister erst! Wo bist du die ganze Zeit herumhulanert?» Jetzt schmeckt das meiste nach gar nichts mehr. Alles gleich fad, aber das stört niemanden. Dafür dieses Theater um die Weine.

Item, jedermann hatte gerne Würste, sicher, auch die Offiziere. Der Kummer Ruedi, das war ein sehr anständiger Hauptmann, der schwärmte für meine Blut- und Leberwürste, das darf ich sagen. Immer am Donnerstag waren die auf dem Menüplan. Ich machte sie selber, auch Fleischkäse und Bratwürste machte ich selber. Aus der Hundware, die uns geliefert wurde, konnte man nur etwas Anständiges kochen, wenn man es konnte. Sonst hätten die die ganze Mittagszeit fürs Kauen gebraucht. Siehst du, das war unser Geheimnis, die Würste. Die gaben uns eine gewisse Macht.

Nach monatelangem Dienst ohne Urlaub war es dann wieder einmal soweit, dass es dem Meister den Zapfen abjagte. Das Urlaubsgesuch war wieder negativ beantwortet worden. Der Gehrig Ernstli hätte sich fast nicht getraut, es mir zu sagen. Er schlich herein in die Küche und sagte: «Housi, trag's mit Fassung. Es sieht wieder schlecht aus mit deinem Urlaub. Sie haben niemand.» Da marschierte ich persönlich ins Büro vom Kummer. Den kannte ich schon seit vielen Jahren, mit dem hatte ich manchen Jass geklopft. Ich war per Du mit ihm, aber im Dienst durfte man sich nicht duzen. Ich pflanzte mich vor ihm auf, langte ans Käppi und sagte: «Jetzt hör mal, Hauptmann. Wenn ich wieder keinen Urlaub bekomme, dann kannst du grad den Menüplan für diese Woche ändern! Mir ist soeben gemeldet worden, die Hero kann uns partout kein Blut liefern. Und der hier hat ganz vergessen, wie man Leberwürste macht. Ganz und gar vergessen hat er das. Kannst mir den Grind abhauen, wenn der das noch kann.»

Der Kummer schaute blöd aus der Wäsche und versuchte mich zu besänftigen. «Was redest du da, Gefreiter? Musst das doch verstehen. Die Situation verlangt das einfach im Moment. Dieser Krieg verlangt von uns allen Opfer. Mir macht das doch auch keine Freude, glaub mir. Kannst unmöglich in Urlaub, Housi. Wir haben niemand.»

«Ja dann, lieber Hauptmann Kummer, ist die Situation so, dass es in dieser Beiz nie mehr Blut- oder Leberwürste gibt.

Auch beim Fleischkäse sehe ich absolut schwarz. Die Situation ist so, dass der Meister einfach alles vergisst in letzter Zeit. Was er nicht im Militär gelernt hat, vergisst er. Und Blutwürste machen und Leberwürste machen und Fleischkäse machen hat er nicht im Militär gelernt. Aber gäll, Rüedu, macht ja nichts. Wir haben auf alle Fälle noch unser Gulasch. Lass es am besten grad auf den Menüplan setzen, sieben Mal Kuh gedämpft. Meld mich ab und adieu, Herr Hauptmann.»

Du wirst es ahnen, ich konnte nach Hause gehen. Würste gab es trotzdem keine in jener Woche. Strafe muss sein.

Heute könnte man mit Blutwürsten die Welt nicht mehr verändern. Die Leute haben Angst vor dem Blut, das kann ich überhaupt nicht verstehen. Blut ist doch etwas Wichtiges, sogar etwas Schönes. Mir war Fleisch und Blut immer wichtig. Item, gute Blutwürste gibt es aber nur mit gutem Blut. Es muss jung sein und gesund, sonst wird das Schnittchen nicht schön. Wenn man eine Blutwurst durchschneidet, muss das gehen wie durch Butter. Oder noch besser, wie durch dick gerührten Rahm. Ganz glatt muss das Schnittchen sein und fest. Das ist die Kunst. Altes Blut wird griesig.

Und rühren musst du, bis dir fast der Arm abfault. Das Blut und der Rahm müssen gerührt werden, bis obenauf ein Schaum entsteht, der so fest ist, das du einen Batzen drauflegen kannst. Wenn der Batzen absinkt, bekommt der Lehrling einen Klapf. Rühren tun immer die Lehrlinge.

Die wenigsten der Nasenrümpfer wissen, dass in der Blutwurst die Hälfte Milch ist, Milch oder Rahm. Eine Blutwurst besteht aus gleichen Teilen Blut und Milch. Das sind doch eigentlich die wichtigsten Säfte, die das Leben hervorbringt, Blut und Milch. Und dazu gehört der Zimt, der König der Gewürze. Muskat, Nelkenpulver und Majoran sind da nur Fussvolk. Wichtig, aber man darf sie nicht merken, gäll. Wenn die Blutwurst Zimtwurst oder Milchwurst heissen würde, hätte niemand ein Problem.

Wir haben übrigens ständig irgendwas erfunden, um das Leben erträglicher zu machen. Alle erfanden immer irgendwas, sonst ging gar nichts. Ich würde sagen, das macht das harte Leben eben spannend, das macht einen zufrieden. Vielleicht sind jetzt so viele unzufrieden, weil ihnen eingeredet wird, alles sei schon erfunden, und besser, von der Industrie. Wenn du mich fragst, stimmt das gar nicht. Die Werbung redet das den Leuten ein und sie glauben es und kaufen die Sachen.

Fleischkäse zum Beispiel, der war unmöglich in der Kriegsküche herzustellen, theoretisch. Aber wir machten trotzdem Fleischkäse. Und freuten uns doppelt. Das Rezept geht so: Du gehst zu einem Metzger und bittest ihn, dir das Kalbfleisch durch den Wolf zu drehen. Das geht natürlich nicht in der Migros. Am besten lässt du es selber durch den Fleischwolf, wenn du einen hast. Das kann das billigste Fleisch sein. Dann tust du Eiswürfel dazu und ein wenig Speck und Gewürze. Und dann kommt das alles in den Blitz, den hast du natürlich nicht, aber wir hatten einen organisiert. Die scharfen Messerchen drehen mit bis zu tausendfünfhundert Touren. Die Finger tust du da besser nicht rein, gäll. Diese Messerchen lässt du laufen, bis ein schön bindiges Brät entsteht, es muss sein wie ein schöner Teig. Das Eis braucht es, damit das Fleisch nicht zu heiss wird bei der Geschwindigkeit, sonst wäre der Fleischkäse schon gar, bevor es überhaupt Fleischkäse ist. Dann wird das ganze überbacken, wegen der Kruste. Backöfen hatten wir auch keine, aber Bunsenbrenner. Wir garten den Fleischkäse in der Kochkiste und brannten dann mit dem Bunsenbrenner eine schön dicke braune Kruste drauf. Kannst dir vorstellen, was die für eine Höllenfreude hatten, wenn knuspriger Fleischkäse mit Kartoffelsalat auf den Tisch kam, statt immer dieses Kuhgulasch.

Erfunden hat man natürlich auch, um etwas dazuzuverdienen, ein Zubrot. Ich erfand zum Beispiel Hundefutter. Das war im Urlaub. Es war nicht nur das Geld, das konnten wir natürlich bitter gebrauchen. Aber es störte mich auch immer, dass im Schlachthof etwas von den Tieren weggeworfen wurde. Die Gebärmütter zum Beispiel kamen in den Abfall. Die verwertete man nicht. Ich sammelte sie ein und auch die Mägen, die Euter und Därme, die keiner wollte, und Knochen. Gut geputzt nahm ich alles nach Hause zum Fink. Dort kam das in den Autosklav. Das ist ein Herd, wo man unter Druck etwas brühen kann, der heisst Autosklav. Die Knochen blieben die ganze Nacht drin. Am Morgen waren sie so mürbe, dass ich sie verreiben konnte. Dann liess ich alles zusammen durch den Scheffel, das ist die Hackmaschine. Das geht wunderbar, nur Zähne durfte es keine drinhaben. Die flogen dir sonst um die Ohren. Dann liess ich Blut im Bain Marie, im heissen Wasserbad, eindicken und zum Schluss kam alles in den Blitz. Mit der Zeit wusste ich, wieviel Gebärmutter, wieviel Blut, wieviel Knochen es braucht, damit das schön bindet. Ich tüftelte so lange daran, bis es genau richtig war. Dann füllte ich die Masse in Bleche und brachte die einem Kollegen, der arbeitete in einer kleinen Fabrik beim Schlachthof in Solothurn. Der fiel mir fast um den Hals, als ich ihm meine Idee erzählte. In der Fabrik mischten sie dann noch Getreideflocken darunter und buken es in Öfen. Das wurden die ersten Hundebiskuits in der Gegend, das lief wie Gift. Ich bekam fünfzig Rappen fürs Kilo Grundmasse, ein sehr guter Preis säbi Zit. Fünfzig Franken verdiente ich so dazu in der Woche.

Solche Sachen sind nichts für Zimperlige. Man konnte sich das säbi Zit nicht leisten, zimperlich zu sein. Das ist etwas für Warmduscher, wie die jetzt heissen, das gefällt mir. Es ist nicht nur, weil Zimperliche nicht weit kommen. Es ist in meinen Augen auch langweilig und braucht viel zuviel Zeit. Ich wollte die Dinge kennen, auch inwendig. Ich war daran interessiert, etwas Neues oder Unbekanntes kennenzulernen. Wir sind ja unser ganzes Leben lang umgeben von Unbekanntem. Da braucht man gar nicht weit in der Weltgeschichte herumrennen, man hat so viel Unbekanntes um sich herum. Ich weiss zum Beispiel, dass Schweine und Menschen verwandt sind. Sie riechen genau gleich, wenn man sie öffnet, das wissen die wenigsten. Natürlich ist das auch meine Domäne. Schweine und Menschen stinken beide, könnte man sagen. Der innere

Geruch ist genau gleich, jauchig. Wie wenn jemand einen sehr unangenehmen Mundgeruch hat, so stinkt der ganze Mensch inwendig. Rinder riechen nie abwegig, auch Kaninchen und Fische nicht. Aber Menschen schon, das konnte ich genau feststellen.

Wahrscheinlich fragten sie darum mich, ob ich das übernehmen würde mit den Kalbsköpfen. Weil ich nicht zimperlich und ein guter Handwerker war. Ich war an der Reihe mit Dienst in der Metzgerei. Da kam einer in einem Tschopen und sagte, ich solle so gut sein und sofort mitkommen zum Schlachthof hinunter. Es gebe eine wichtige Aufgabe für mich. Im Schlachthof nahm mich der Loosli, das war der Chef, zur Seite: «Hans, wir haben eine sehr delikate Sache für Euch. Hinten im Schlachtraum stehen zwei Kälber, die müsst Ihr schlachten. Aber Ihr dürft sie nicht schiessen, Ihr müsst sie genicken.» Genicken heisst, mit dem Messer direkt ins Genick stechen, da muss man höllisch treffen. Ich konnte das. Der Loosli sagte noch: «Ihr sollt sie also genicken und die Köpfe abtrennen. Und dann sollt Ihr schnurstracks mit den Köpfen und einem guten Messer ins Spital hinauf. Es ist sehr pressant. Alles weitere erfahrt Ihr dann dort oben vom Herrn Professor.» Das kam mir zwar alles spanisch vor, aber ich tat wie geheissen.

Die Kalbsköpfe und ich wurden von einer schwarzen Limousine abgeholt und ins Bürgerspital im Schöngrün gebracht. Dort musste ich die Schuhe ausziehen und die Kleider und wurde neu ausstaffiert. Weisser Mantel, weisse Haube, Handschuhe, gäll. Wie einer von denen sah ich aus. Dann kam der Spitalarzt. Ich kannte ihn vom Dienst, er war auch Kompaniearzt bei uns. Ich hatte ihn nie beansprucht, aber er kannte mich. Hiess zufällig auch Meister, Willi Meister, er war aber nicht verwandt. Er nahm mich mit in einen Raum, da lagen die beiden Köpfe fein säuberlich auf einem Schragen, und mein Messer lag daneben. Es war sterilisiert worden. Der Willi erklärte mir, dass er heute einen Versuch machen wolle. Es sei die erste derartige Operation in der Schweiz. Er bat mich, die Haut jetzt von den Köpfen bis zu den Augen zu lösen. Ich machte das, dann brachte er mir eine Säge. «Sägt nun bitte bei beiden den Schädel sorgfältig auf, Hans, aber nicht ins Hirn sägen, nur grad schön bis nah daran.» Das tat ich und der Doktor lüpfte den Deckel und nahm vorsichtig das Hirn heraus. Darunter liegen die Hirnanhangdrüsen, Hypophysen heissen die, du wirst das wissen. Die produzieren Hormone. Sehen aus wie zwei grosse Bohnen.

Der Willi Meister schnitt diese Hypophysen hauchdünn, wie für Fondue Chinoise. Ein bisschen langsam und umständlich ging das mit diesem Skalpell, fand ich. Dann legte er sie auf ein silbernes Tellerchen und dann gingen wir sofort in den Operationssaal hinüber. Ich durfte den Professor begleiten, das freute mich wahnsinnig. Denk auch, wie mich das interessierte. Im Operationssaal lag auf dem Schragen ein Kind. Es war schon in Narkose, ein Bub. Er sah aus wie ungefähr achtjährig, war aber schon dreizehn, man hätte es nicht geglaubt. Seit dem achten Lebensjahr war er nicht mehr gewachsen. Der Willi erklärte mir jetzt, was er vorhatte. Dass er dem Buben helfen wolle.

Im Raum nebenan war noch etwas parat. Dort lag ein alter Mann in Narkose. Ich bin nicht mehr sicher, aber ich glaube, es war der Grossvater. Der war schon zweiundsiebzig und spendete seinem Enkel einen Hoden. Ich durfte zuschauen, wie der Willi diesen Hoden herausholte. Er machte ein Schnittchen am Hodensack und nahm dann die Drüse vorsichtig heraus. Dann schnetzelte er sie auch wieder in Scheibchen. Und dann kamen die Scheibchen Grossvaterhoden und Kälberhypophyse beim Jungen ins Netz. Das ist die Fetthaut, die die Därme im Bauch umschliesst, damit sie nicht herumrutschen. All das durfte ich schauen. Es war ein irgendwie heiliger Moment für mich, denk auch.

Und drum weiss ich wie gesagt, dass Menschen inwendig stinken wie Schweine, sogar schon die jungen. Als der Willi dem Buben den Bauch aufmachte, sagte ich: «Dieser Geruch ist genau gleich wie bei der Sau.» Da bestätigte der Willi mir das: «Da habt Ihr ganz recht, Hans, das riecht gleich. Es ist auch fast gleich, das ist das Merkwürdige. Die Leber ist gleich beim Schwein wie beim Menschen, der Magen ist gleich und die Därme sind auch gleich.» So erklärte mir das der Willi. Ich würde sagen, es ist nicht ein penetranter Geruch, aber ein unangenehmer, man mag ihn nicht.

Der Zufall wollte es, dass ich einige Zeit später wieder ins Spital musste, weil der Heinz, mein Patenkind, ein Bein gebrochen hatte. Ich ging ihn besuchen. Und im gleichen Zimmer lag wieder dieser Bub. *Er war grösser geworden, stell dir vor. Unsere Operation hatte ihm geholfen. Ich kann dir nicht sagen, wie stolz ich war.*

Dieses Erlebnis ging mir sicher auch deswegen so nah, weil es etwas Sinnvolles war. Etwas anderes, als die Zeit totzuschlagen und zu warten, bis dieses grauenvolle Theater zu Ende ging und wir etwas Besseres mit dem Leben anfangen durften. Ich war inzwischen im Goms stationiert, in Obergesteln, das liegt oberhalb von Münster am Fuss des Grimselpasses. Die Stimmung war gekippt an der italienischen Grenze. Der Hitler war in Italien einmarschiert. Jetzt waren die auch Feinde und wir hatten die ganze Zeit Flugalarm. Das war anfang Vierundvierzig. Nachts hörte man die Schüsse und die Detonationen. Wir durften uns kaum mehr im Freien bewegen. Ein Lichtblick war, dass ich plötzlich hohen Besuch hatte. Ein Oberleutnant kam zu mir in die Küche und begrüsste mich sehr freundschaftlich, darf ich sagen. Es war der Lanz. Der Sekundarschullehrer aus Kleindietwil, der mit seiner Schulklasse zu unserem Miststock gepilgert war, nachdem ich das Skirennen gewonnen hatte. Wegen der Uhr. Der hatte eine Scheissfreude, mich zu sehen. Ich auch. Ich musste ihn und die ganze Kompanie verpflegen, das waren hundertdreissig Mann zusätzlich. Der Lanz schickte mir aber Leute zum Rüsten.

In Italien spitzte sich die Lage dramatisch zu, das merkte man. Nicht nur an den Gefechten, die nun dauernd zu hören waren. Eines Tages kam ein Zug italienische Soldaten über den Griesspass und den Nufenen anmarschiert. Dort oben an der Grenze hatten wir früher mit den Italienern Schützenfestchen veranstaltet. Etwa vierzig Mann und sechs Offiziere waren das, alles Tschinggen in Uniformen. Das gab eine Aufregung, kannst denken. Die kamen langsam anmarschiert, Hände hoch, die Büchsen hatten sie losgehakt, der Lauf schleifte hinter ihnen her am Boden. Richtige Deserteure. Die wurden von den Schweizern aufgenommen. Und ich musste sie verpflegen, wer sonst.

Sie wurden im Wirtschäftli untergebracht, wo auch unsere Offiziere wohnten, es hatte Zimmer. Diese Verräter in den Zimmern, wir im Stroh, gäll. Dann kam der Kummer Ruedi, ein fairer Offizier, wirklich. Auf den hätte ich nichts kommen lassen. Er wurde später Kompaniekommandant. Meiner Meinung nach war der Rüedu aber ein bisschen zu weich in der Herzgegend. Item, kam der Ruedi angesprungen und sagte: «Housi, du hast gehört, dass jetzt diese Italiener gekommen sind. Wir müssen die versorgen, internationales Recht. Und die italienischen Offiziere wünschen», er sagte das so, die wünschen, «also die wünschen separat verpflegt zu werden. Nicht mit den Soldaten, sondern extra.»

«Das ist ihr Bier, wie die den Frass verteilen.»

Da sagte der Kummer: «Janein, Hausi, es geht nicht ums Verteilen. Die wollen andere Kost als die Soldaten.» Da hat's mich aber wieder mal verjagt. Sowieso hatte ich eine Riesenwut auf diese Feiglinge, einfach abhauen, wenn's brenzlig wird. Jetzt wo die Deutschen vorrückten, liefen die einfach davon und überliessen den Nazis Frauen und Kinder, das regte mich furchtbar auf. Die Deutschen, die SS, die wüteten dann in Italien, das war der reine Horror. Und diese Brüder wurden von unseren Offizieren wie Helden behandelt. Ich musste diese Fötzel auch noch füttern. «Jetzt hör gut zu, Ruedi, ich scheisse auf das internationale Recht! Wenn die Herren nicht wissen, was sich gehört, dann können sie grad wieder abhauen, diese

Verräter. Die sind mit ihren Soldaten desertiert. Und jetzt fressen die auch mit ihren Soldaten! Von mir bekommen die genau das, was alle bekommen. Wenn dir das nicht passt, Rüedu, kannst du selber kochen.»

Wir alle hatten die Nase gestrichen voll von dieser Sorte Offiziere, ich meine nicht den Kummer. Der Krieg brachte da eine ganz besondere Spezies hervor, auf allen Seiten. Vorn so tun, als ginge es um die Sache und hinten nur den eigenen Vorteil im Füdle. Von denen gab es immer mehr. Für die war die Armee nichts anderes als eine Trittleiter für die Karriere, nichts anderes. Die hockten herum, schikanierten ein bisschen die Leute, liessen es sich gut gehen und sich später als Helden feiern. Aber es funktionierte nicht bei allen. Der Ege zum Beispiel, der Obersadist, Oberstleutnant war der noch geworden im Krieg, von dem weiss ich, wie jämmerlich die Beerdigung aussah. Der starb in den Achtzigern. Stell dir vor, ein so ranghoher Offizier und kein einziger Soldat kommt an die Beerdigung. Nicht einer. Obwohl doch alle Aktivdienstler untereinander einen starken Zusammenhalt hatten. Nur der Fritz Hiltbrunner von der elften Kompanie musste gehen, aber geschäftlich. Er arbeitete am Berner Stadttheater als Beleuchter, und da wurde er abdelegiert vom Theaterdirektor, an die Beerdigung von Direktor Ege. Der war ja ein Chefbeamter. Das sei eine triste Angelegenheit gewesen. Die traurigste Beerdigung, die er je gesehen habe, erzählte der Fritz.

Der Guisan, der höchste Schweizer General und Kriegsbefehlshaber, der war nicht so. Vor dem hatte ich Achtung. Obwohl, mehr nicht, gäll. Ich glaube, ohne den Guisan wäre die Schweiz im Krieg auseinandergebrochen. Es war sehr wichtig, dass es ein Welscher war, der die Schweiz militärisch anführte. Der hatte grosses Charisma. Eine Ausstrahlung, die die Leute überzeugte. Die Schweiz war überhaupt keine starke Einheit, wie man es immer hört. Die deutsche Schweiz war wie gesagt deutschfreundlich, vor allem in den oberen Rängen. Bei den einfachen Leuten war das weniger der Fall.

Wenn wir einen Deutschschweizer General gehabt hätten, weiss ich nicht, ob die Schweiz sich den Nazis nicht in die Arme geworfen hätte. Denk nur an den Club der Zweihundert, das waren alles einflussreiche Unternehmer, Offiziere und Politiker aus der Deutschschweiz. Ich kannte einen von denen, einen Metzgermeister aus Teufen. Der gründete in den sechziger Jahren eine Grossmetzgerei, sehr erfolgreich. Der Ernst war eigentlich in Ordnung, er war einer von denen, die wussten, dass sich endlich etwas ändern musste. Dass diese verkrusteten Zustände gesprengt werden mussten. Der suchte etwas Neues, er war ein aufgeschlossener Mann. Mit dem konnte ich berichten wie mit dir jetzt, absolut. Dieser Club passte zu dem wie die Faust aufs Auge, gäll. Aber so war das bei vielen, man verstand es nicht. Alles intelligente Leute, aber als hätten sie den Stecker aus der Lampe gezogen, zappenduster in der Oberstube. Dass der Hitler nicht nur Autobahnen, sondern sonst grosse Schweinereien machte, dass wusste man säbi Zit längst. Wenn man es wissen wollte, gäll. Trotzdem, dieser Club wollte den Anschluss ans Deutsche Reich. Es gab nicht viele Offiziere in der Nordschweiz, die militärisch und diplomatisch wirklich integer waren, das ist meine Meinung. Dank dem Guisan wurde die Armee aber stark und gerade. Sehr motiviert und einig. Der wusste sich zu wehren gegen die deutschfreundlichen Laferis. Ein kluger Entscheid vom Parlament war das, den welschen Guisan an die Spitze zu stellen.

Sein Sohn hingegen war eine Pfeife. Der gehörte zur Leiterlifraktion, wie viele andere. Der war in der Armee überhaupt nur vorhanden wegen seinem Papa. Wegen dem Guisan Fils und Konsorten mussten wir noch im Dienst bleiben, als der Krieg für die Schweiz schon vorbei war. Damit diese Versager noch ihre Ränge fertig abverdienen konnten. Die hatten es nämlich während sechs Jahren Rumhocken nicht geschafft, ein bisschen Laub an die Käppi zu drapieren. Und plötzlich pressierte es, weil sogar dieser Krieg endlich ein Ende zu haben schien. Im Vierundvierzig, wir waren immer noch in Obergestlen in den Alpen eingegraben, hiess es eines Tages plötzlich: «Alarm!» Und dann nix wie los, alles zusammenpacken und runter nach Naters und verladen.

An der Kirche in Naters las ich zum letzten Mal diesen Spruch, bevor wir abfuhren. Ich hatte ihn vorher schon oft gelesen und mir gemerkt. Ich glaube, er stand am Häuschen, in dem ein Haufen Gebeine aufgeschichtet war. *Der hat mich immer erhudelt, dieser Spruch, auch heute noch, siehst ja. Da stand, «Was ihr seid, war ich. Was ich bin, werdet ihr sein».*

Was dieses Ich bedeutet, das wüsste ich bald gern.

Von Naters wurden wir über Lausanne und Bern nach Baar verfrachtet und von dort mussten wir laufen bis in die Kaserne Zug. Ganz Zug war ein einziges Militärlager. Wir mussten bleiben, bis diese Herren ihre Kriegspiele fertig hatten. Es wurden Manöver veranstaltet für die Offiziere. Das machte die Leute vollends verrückt. Stell dir vor, was das gekostet hat. Und wir leisteten natürlich gratis diesen Beitrag. Das war alles nur noch eine Farce und es ging darum, dass niemand den anderen bei dieser Komödie erwischte. Meistens waren der Hopf, der Ernstli und ich irgendwo am Spazieren, mit einem leeren Milchkübel, für den Fall, dass einer dumme Fragen stellte. Oder wir gingen inoffiziell nach Hause an die Arbeit, der Hopf wie gesagt jeden Tag. Nach Zürich war es ja ein Katzensprung. Das machte einer nur, wenn er erstens eine gewaltige Frechheit im Hintern und den vollkommenen Leck-mich-am-Arsch hatte. Den hatten wir alle.

Für den Fils vom Guisan und noch einen anderen, einen Brunner, nur für die wurden diese Scheingefechte veranstaltet. Die waren im Herbst vierundvierzig immer noch unbeschriebene Blätter, militärmässig. Vielleicht sollte man mit diesen Namen ein wenig vorsichtig sein. Die Amerikaner waren schon im Elsass, man hörte Tag und Nacht, wie die Bomben niedergingen. Und die Schweizer Armee spielte derweil am Schärmen Kriegerlis, damit auch noch die Hinterletzten ihre Kränze machen konnten. Zwei Divisionen wurden gegründet, eine für den Guisan und eine für den Brunner. Die wurden hauptsächlich aus der Briagde elf zusammengestellt, also aus uns, weil wir frei wurden.

Italien war fertig säbi Zit, keine Armee mehr im Wallis stationiert. Aber statt dass wir jetzt nach Hause konnten, mussten wir Spiele machen für diese zwei Galöri. Natürlich war das eigentlich ein Skandal. Aber es hiess, wir brauchen hohe Offiziere. Das ist unser Nachwuchs, und jetzt, wo ihr schon mal da seid, machen wir das grad noch. Vom Guisan-Sohn hiess es sowieso, dass er nicht der Hellste war. Man erzählte sich die Geschichte von den Eseln. Wie sein Detachement ein Lager hatte und er es nach dem Manöver abbrechen liess, mit den Leuten abmarschierte. Und die Esel vergass, gäll. Einen ganzen Tross Esel einfach in der Landschaft stehen liess. Die standen dort auf der Weide herum, bis es einem Bauern auffiel, die vielen Esel auf der Weide und weit und breit kein Mensch. Der Guisan Fils musste sie dann abholen. Der wäre besser grad dort geblieben, bei den Eseln auf der Weide.

Und der Brunner war sowieso eine suspekte Figur. Der war nicht weitergekommen, weil er eine grosse Dummheit gemacht hatte. Was, weiss ich nicht mehr, es war jedenfalls so schlimm, dass er nicht befördert wurde. Aber auch der marschierte zu guter Letzt die Leiter hoch und wurde Divisionär auf unsere Kosten. Der musste sowieso während der ganzen Ära irgendwo ein Nest gehabt haben im Bundeshaus, weil er erstens trotz allem weiterkam und später dann in diplomatischen Kreisen frischfröhlich wieder auftauchte. Dabei kannte ich diesen Brunnerli gut und weiss eines sicher – das war eine vollkommene Niete. Aber eine mit einem Fähnchen dran.

Wegen diesem Fähnchen gab es dann Ärger. Ein solcher Wimpel heisst Standarte und war aussen an Brunners Dienstfahrzeug montiert. Das waren alte Amerikanerschlitten, die hatten kleine Fenster. Und die Scheiben waren meistens beschlagen oder zugefroren, es war ja kalt. Man sah also nicht, wer im Auto hockte. Der Brunner gab den Befehl, wenn sich das Auto einem Soldaten nähere, habe dieser die Standarte zu grüssen. Armeebefehl, das galt für jeden. Für den Meister galt das nicht, kannst dir vorstellen. Ich grüsse doch keine Blechkisten, und wenn da zehn Wimpel dranhängen. Der kann ja laufen, wenn er so grossen Wert aufs Grüssen legt. Ich musste dann beim Brunner vortraben, weil seine Limousine angeblich an mir vorbeigefahren sei und ich nicht gegrüsst hätte. Ich hatte schon gesehen, dass der hinter dem freigeputzten Loch hockte, aber eher hätte ich mir die Hand abhacken lassen. Ich klärte ihn auf, dass man durch eine angelaufene Scheibe nichts sehe und wenn ich nicht sicher sein könne, dass wirklich er drinhocke, dann könne ich auch nicht grüssen. Er kenne ja die Geschichte vom Gessler und dem Wilhelm Tell. Da werde er das doch sicher verstehen. Ein Schweizer grüsst einen Mann und nicht einen Wimpel. Der Brunner wusste nicht, was dem entgegnen. Aber der Befehl, die Standarte zu grüssen, wurde bis zum Kriegsende nicht zurückgezogen.

Siebenhundert Tage war ich im Aktivdienst gewesen, also etwa zwei Jahre. Zwei Jahre am Stück wären weniger schlimm gewesen als diese sechs Jahre Gestückel. Es will es niemand mehr hören, aber wir dachten, *es sei für die Freiheit. Das war unsere Motivation, gäll, die Freiheit. Es war uns wirklich bitter ernst damit.* Jänu.

In meinem Milieu dachten alle so. Ich war ja kein grosser Patriot, aber ich war gerne Schweizer. Zusammen mit den anderen Schweizern. Ich wollte, dass dieses Land so bleiben konnte, wie es war. Wollte, dass es die Schweiz weiter gab auf der Landkarte, klein und ein bisschen kompliziert. Aber mit einer eigenen Farbe. Frei eben. Ich wollte auch, dass es endlich besser wurde für uns. Das hat man jetzt vergessen, dass es so wie jetzt gar nicht immer war. Die wenigsten Menschen wissen eigentlich, was Freiheit bedeutet, gäll. Weil sie sie immer hatten. Das ist wie mit dem Wohlstand, der Gesundheit. Und mit der Jugend. Man realisiert das alles erst richtig, wenn es am Verschwinden ist.

8 Meisterhosen

Der Fink kaufte sich bald einen Amerikaner. Sonst blieb nach diesem Krieg eigentlich alles beim alten in der Metzgerei. Aber das kann ich dir sagen, das Gefühl war nicht mehr gleich, gäll, absolut nicht, bei allen nicht. Wir in der blutigen Schürze an der Schlachtbank, der Fink in den gestreiften Hosen am Wirtentisch, das machte irgendwie keine Falle mehr. Nachdem wir so lange in den gleichen Uniformen gesteckt hatten. Und von den Oberschnurri, die einem sagen, was man zu tun hat, ohne selber etwas zu können und nur für den eigenen Vorteil, von solchen hatte man die Nase gestrichen voll. Ich würde sagen, nach dem Krieg war allen klar, dass es mit der alten Verteilung nicht mehr weitergehen konnte. Hier die Herren mit den goldenen Uhrketten über den Ranzen, dort die Unterhunde, denen es auch mit fünfzehnstündigen Arbeitstagen zu nichts reichte. Der Krieg hatte unter anderem das bewirkt, diese Entschlossenheit.

Das lief aber nicht mit einer Revolution, kannst denken, von Maulaufreissern hatte man genug. Die Arbeiterknechte und die Angestellten organisierten sich und begannen, ihr Leben selber in die Hand zu nehmen. Das war ein innerer Vorgang. Es geschah im kleinen, ich würde sagen, die eigene Einstellung änderte sich. Die Menschen hatten viel Zeit zum Nachdenken gehabt und in Abgründe geschaut. Das Knechtsein wurde jetzt auch in den unteren Kreisen nicht mehr für normal angesehen. Das hatte sich verändert. Das Gefühl, dass jetzt etwas ändern musste, und zwar sofort. Auch das Selbstbewusstsein war gewachsen. Ich würde meinen, das hat der Krieg gebracht. Da hatte dieser Krieg also auch sein Gutes. Und man hatte einen unbändigen Druck, etwas zu unternehmen, nach diesen langen Jahren unter dem Deckel. Endlich etwas anzupacken und die Welt zu ordnen und zu putzen und zu polieren.

Wobei, es dauerte schon ein bisschen. Es brauchte seine Zeit, bis die Steine ins Rollen kamen, jedenfalls bei mir. Am Anfang standen wir ziemlich verloren in der Landschaft. Wie wenn du nach langer Zeit aus einem Loch kommst und die Sonne scheint. Man sieht nicht grad viel am Anfang. Einfach froh ist man, wieder draussen zu sein.

Es war dann der Oberlaferi, der Fink selber, der mir den Anstoss gab, im Sechsundvierzig. An einem Nachmittag kam er nach hinten in die Bude, er hatte schon ein paar Weisse intus, und pralagte, wie das seine Art war: «Hans, jetzt spitzt ruhig die Ohren. Ich habe mich zur Meisterprüfung angemeldet.» Kunstpause. «Habt Ihr auch den Mut?» Es tönte, als wollte er mich zu einem Duell auffordern. Ich hatte ja nicht mal eine Ahnung, dass es das gab, nicht die geringste Ahnung hatte ich von dem säbi Zit.

Ich fragte: «Was muss man da machen?»

«Ein Formular ausfüllen aus Zürich. Ich besorg Euch das.»

Ich liess mich also anmelden zu dieser Meisterprüfung, wusste aber überhaupt nicht, was eigentlich gefordert wurde. Und ob ich das konnte mit meiner geringen Schulbildung. Das war wahrscheinlich der Punkt, der Fink wusste, dass ich weniger Chancen hatte als er. Alle anderen, wir waren unserer sechs, waren Patrons, nur ich war Arbeiter. Ich wollte mich aber auf keinen Fall blamieren und dem Fink den Triumph lassen. Also nahm ich das an die Hand mit der schulischen Vorbereitung. Organisierte Abendkurse für uns. So etwas gab es ja weit und breit nicht säbi Zit.

Buchhaltung und Kalkulation, das übernahm ein Kollege von der Kantonalbank, ein tipptopper Mann. Für die Korrespondenz fragte ich einen Lehrer, damit der uns ein bisschen schönschreiberisch auf die Beine half, die Lehrer können das. Und die Rechtskunde übernahm ich selber, als Metzgerbursche mit Primarschule, gäll. Die andern waren einverstanden, es wollte sich ja niemand diese Arbeit machen. Wir trafen uns einmal in der Woche, der Fink, der Suri und die drei andern, den ganzen Winter lang drei Stunden. Eine Stunde war ich dran mit der Rechtskunde, dann kam Rechnen und dann das Schreiben. Das war eine schöne Zeit, das gefiel mir, denk auch. Und wir hatten es gut miteinander, so als Studenten, da war die Stimmung ganz anders als sonst. Am Schluss absolvierten nur der Fink, der Suri und ich die Prüfung. Ich schloss am besten ab, gäll. Obwohl, in der Rechtskunde hatte ausgerechnet ich nur eine Zwei, die beiden andern eine Eins. Ich weiss noch, ich suchte viel zu weit bei der Antwort und vermasselte das.

Diese Prüfung war für mich extrem wichtig, auch gesellschaftlich, könnte man sagen. Dass ich jetzt ein zertifizierter Meister war, krempelte mein Leben hundertachtzig Grad um. Nicht nur meins, das Leben des ganzen Berufsstandes. Wir katapultierten uns endlich weg aus dem Mittelalter. Endlich hatte jeder eine Chance, der etwas auf der Platte hatte, egal, woher er kam. Das Wissen, das Können stand im Vordergrund, nicht die Geldpolster oder guten Beziehungen. Der ganze Berufsstand veränderte sich. Es wurden nun auch die etwas, die etwas konnten. Die Leute wurden besser ausgebildet, und die Qualität der Arbeit wurde verbessert, weil es jetzt Richtlinien für die Qualität gab. Und man kümmerte sich auch endlich um die Lehrlinge. Inzwischen sind die Lehrlinge ja aus Porzellan, das finde ich Kabis, dieses Zimperliche. Drum will jetzt niemand mehr Lehrlinge ausbilden, wegen den vielen Auflagen. Ein bisschen etwas vertragen muss man im Leben. Aber säbi Zit war es ganz arg, wie die Meister mit den Lehrlingen umsprangen, das war der reinste Wildwuchs.

Mit der Meisterprüfung änderte sich das. Nur noch geprüften Meistern wurden überhaupt Lehrlinge anvertraut und es gab genaue Richtlinien, wer welche Pflichten und Rechte hatte. Es wurde ein Verhältnis des Gebens und Nehmens. Das kam vom Personalverband, das boxten wir durch. Da muss man doch bei den Lehrlingen anfangen.

Und endlich wollten wir bessere Arbeitsbedingungen, endlich auch einen Gesamtarbeitsvertrag. Fertig mit den Neunzigstundenwochen und den Hungerlöhnen. Man sah ja, wie es den Unternehmern gut ging, sogar die Kleinmeister kauften sich jetzt Amerikaner. Und diese Wägen musste man bar auf den Tisch bezahlen, nicht mit Leasing und dergleichen. Bis zum Krieg hatte man nur die Berufsordnung gekannt. Die war im neunzehnten Jahrhundert von den Meistern gemacht worden. Aber die war nicht verbindlich und völlig veraltet. Diese Verordnungen konnte einer einhalten oder auch nicht. Da standen zum Beispiel Dinge wie «Der Bursche hat Anrecht auf ein eigenes Bett». Bis kurz vor dem ersten Krieg, in der Berufsordnung aus dem Jahr 1890, hatte es noch geheissen, ein Meister dürfe nicht mehr als zwei Burschen ins gleiche Bett pferchen. Und für die Arbeitszeit wurde empfohlen, zweiundsiebzig Stunden nicht zu überschreiten, aber da hielt sich doch niemand dran, warum auch, gäll. Unterkunft und Verpflegung waren automatisch Teil des Lohnes, egal was für ein Loch und was für ein Frass das war. Der Verband war wie gesagt bis in die dreissiger Jahre eine Art Unterhaltungsclub, damit man sich in guter Gesellschaft vollaufen lassen konnte.

Hinter die Arbeit im Verbandsvorstand und die Verhandlungen für einen Gesamtarbeitsvertrag ging ich mit der ganzen Leidenschaft, ich war ja bereits vor dem Krieg Präsident des Solothurner Personalverbandes und Mitglied des Zentralvorstands geworden. Aber erst jetzt kam etwas in Bewegung, denk auch, der Krieg hatte ja jede Entwicklung verhindert. Ich war auch Mitglied der Vertragskommission. Ich brachte die Leute, die Meister und die Vertreter vom Personal an einen runden Tisch, damit endlich verhandelt wurde. Diese Verhandlungen führte ich.

Der Suri war der Präsident der Meister in Solothurn. Dem Suri sagte ich: «Losid, Herr Suri, jetzt wird die Sache besprochen, da kommt ihr nicht mehr drumherum. Ihr habt doch keine Angst vor dem, was recht ist. Übrigens werden wir auch von Bern aus, also vom Zentralvorstand aus, Dampf machen. Dafür leg ich meine Hand ins Feuer.» Die wollten natürlich nichts ändern, kannst denken. Ich war überhaupt mit dem

Aufbegehren sonst allein, der einzige, der es laut und deutlich sagte. Es begleiteten mich zwar immer ein paar vom Verband, die kamen aber vor allem mit zum Nicken. Gestritten habe immer ich. Das war mir gleich, weil ich wusste, dass es richtig war. Für dieses Recht ging ich durch alle Böden, das merkten die bald. Obwohl keiner geglaubt hätte, dass ein Verheirateter sich so auf die Äste hinauswagt. Ich wusste, dass ich nicht verlieren würde, ich habe das im Gefühl.

Es war auch für die Familie, dass ich das machte. Nach der vielen Abwesenheit im Krieg war einem die Familie auf eine ganz neue Weise wichtig. Das Zusammensein mit dem Hildi und den Kindern war mir ein grösseres Anliegen. Ich wollte meine Kinder sehen. Ich habe sie ja häufig nur gerade am Sonntag nachmittag zu Gesicht bekommen, unter der Woche nie. Da weiss einer mit der Zeit gar nicht mehr, wofür er krampft.

Auch für das Hildi war es wichtig, dass sich etwas änderte. Sie musste viel zuviel arbeiten. Ich sagte mir immer, da bist du schuld, dass deine Frau so krampfen muss. Du verdienst einfach zuwenig. Ich konnte das nicht so lassen. Aber was tun? Sie war erschöpft nach dem Krieg, sehr erschöpft.

Das Hildi bekam dann diese Ekzeme, am Kopf und an den Oberarmen, alles voll. Die plagten sie sehr. Diese Ausschläge gingen nicht weg, obwohl sie lange daran herumdokterte. Über ein Jahr war sie beim Kelterborn, das war ein Hautspezialist. Da traf ich eines Tages in Solothurn den Weber Köbel, den kannte ich gut. Das war der Wasserdoktor vom Vatter, seit der Vatter mit dem Fritz ins Unterland gezogen war. Ich traf ihn im Goldgässli, als ich vom Schlachthof kam, er ging auf den Markt. Wir plauderten ein Weilchen, da sagte ich: «Komm, wir trinken ein Bier in der Feuerwehrhalle.» Gut, wir gingen in die Beiz. Da sagte ich zum Köbel: «Hör mal, Köbi, meine Frau hat ein Problem. Sie hat ein starkes Ekzem, an den Ohren und an den Armen. Seit einem Jahr geht sie jetzt zum Kelterborn, aber es wird nicht besser.»

«Verschreibt ihr der Kelterborn Salben?»

«Ja, dicke Salben und auch Tabletten.»

«Also, Hans, jetzt machst du das so. Wenn du nach Hause kommst, schmeisst du das ganze Zeug am besten in den Abtritt. Nasse Ekzeme darf man doch nicht nass behandeln! Die Heilung muss von innen kommen, gäll, sonst wird das nichts.» Dann schrieb er auf einen Zettel vier Buchstaben und zwei Wörter und ein paar Zahlen. «Jetzt gehst du in die Hirschenapotheke und holst das für dein Fraueli, das kostet nicht mehr als zwei Franken. Von dem soll sie jeden Morgen, Mittag und Abend drei Tropfen nehmen. Wenn die Flasche leer ist und es nicht bessert, bringst du mir ihr Wasser.»

Ich holte die Sachen und nach drei Tagen waren diese Ausschläge weg, denk auch. Und beim Kelterborn schmierte sie für über zweihundert Franken Salben drauf. Der Köbel war eine seltene Erscheinung. Naturheiler und Wasserschauer, aber mit diesen speziellen Fähigkeiten, gäll, die kann man nicht lernen. Er war ein Bauer, hatte einen schönen Hof. Ich ging ein paarmal bei ihm zu Hause vorbei. Man musste immer warten in der Stube am Samstag oder Sonntag, weil so viele Leute in die Audienz wollten. Die Kräuter suchte der Köbel selber. Säbi Zit war die Kräutermedizin noch hoch im Kopf der Menschen. So hoch wie heute die andere Medizin waren damals die Kräuter. Wenn du so ein Kräuterbuch unter der Nase hast, dann siehst du, dass jedes Kräutlein, das man findet, für irgend etwas gut ist. Heute sagen wir Unkraut.

Der Köbel war auch ein bisschen hellsichtig, würde ich sagen. Einmal verschwand mein Velo und ich erzählte ihm das auf dem Markt. Er fragte: «Hast du es der Polizei gemeldet? Die findet das nicht, das kannst vergessen. Aber dein Velo kommt schon wieder.» So redete der. Und nach ein paar Wochen kam der Polizist und sagte, er habe ein Telefon bekommen von der Station Solothurn West, das war ein winziger Bahnhof. Ich solle endlich mein Velo dort abholen. Ich ging sofort vorbei, und dann wollten die doch tatsächlich noch zwölf Franken Lagergebühr, weil es so lange auf dem Bahnhofsgelände gestanden habe. Das bezahlte ich nicht, kannst denken. Ich musste es dann heimtragen, es hatte keine Pneu mehr.

Item, wir kamen auf keinen grünen Zweig. Ich verdiente beim Fink vierhundertneunzig Franken, das Hildi in der Fabrik zweihundert Franken. Die Wohnung kostete zweiundsiebzig Franken und das Emilie, unser Kindermädchen, bekam vierzig Franken. Wir hatten also gut fünfhundert Franken zum Leben, das war auch in unserer Zeit einfach zu knapp mit vier Kindern. Obwohl wir sorgfältig lebten. Mit dem Fink über Lohnerhöhungen zu reden, das war für die Füchs, ich hatte es mehrmals versucht. Ihm sogar mit der Kündigung gedroht, aber der blieb stur wie ein Bock. Keinen Rappen mehr hätte der herausgerückt. Der Geschäftsgang lasse das nicht zu. Aber der Amerikaner schon, der lag drin, gäll.

Der Erfolg mit dem Gesamtarbeitsvertrag kam dann nur, weil das Personal so geschlossen war und keiner kneifte. Da hielt ich die Zügel straff, ich kannte meine Leute. Da konnte keiner ausscheren von den Burschen. Ich kontrollierte beide Seiten, die Burschen und die Meister. Es hatte ja nur einen Sinn, wenn sich alle daran hielten, sonst wäre die ganze Übung für die Katz gewesen.

Wir legten die Arbeitszeit auf sechsundvierzig Stunden fest, bestimmten darum auch einen halben Freitag, sonst wäre man bei den Arbeitszeiten nie auf diese Stunden runtergekommen. Und wir stritten über die Löhne. Um zu beweisen, dass das auf keine Kuhhaut ging, was wir krampfen mussten für das bisschen Geld, schrieben wir minutiös die Zeiten auf, die wir für eine bestimmte Arbeit brauchten. Zum Beispiel, wie lange es dauert, um ein Rindsnierstück auszubeineln. Das ist etwas vom Heikelsten, ein Rindsnierstück sauber auszubeineln, ohne Fehlschnitt, da braucht man etwa eine halbe Stunde. Es konnten auch vierzig Minuten sein, so viel Spatzig baute man ein. Diese Richtwerte waren auch für die Meister nützlich. Wenn einer für ein Rindsnierstück eine Stunde brauchte, dann wusste der Meister sofort, das ist jetzt eine Niete.

Dank dieser Zeitangaben konnten wir dann gerechtere Löhne fordern. Sicher, darauf bin ich ein bisschen stolz. Ich darf sagen, ich war der erste, der einen freien halben Tag für das Metzgereipersonal einführte. In Solothurn waren nach dem Krieg die Metzgereien am Mittwoch nachmittag geschlossen, und zwar strikt. Das kontrollierte ich strengstens. Dem Fink und dem Suri war das natürlich ein Riesendorn im Auge, aber die hatten keine Handhabe mehr gegen mich.

Die ganze Verbandsarbeit war natürlich ehrenamtlich, das ist klar. Verdient hätte ich nichts damit. Ich hatte sicher nie sozialdemokratische Gedanken, nie. Aber soziale Gedanken, die hatte ich. Ich weiss nicht genau, woher die kamen. Bei mir war es nicht der Glaube, denk auch, kein strafender Gott oder Höllengebrutzel weit und breit bei mir. Und eigentlich war es auch nicht die Erziehung, erzogen wurden wir vom Vatter nicht. Ich weiss nicht, woher dieser Drang kommt, nicht nur für sich selber zu schauen, sondern auch für die Allgemeinheit etwas zu tun. Die einen haben das und die andern nicht. Vielleicht hängt es am Gerechtigkeitssinn. Der war bei mir eine Leidenschaft. Das war wie ein Naturgesetz in mir drin. Das meldet sich bei mir von alleine, dazu musste ich nicht studieren. Etwas war recht oder nicht recht, ganz grundsätzlich, egal, ob es mit mir zu tun hatte. Und wenn es nicht recht war, dann liess es mir keine Ruhe. Dann war das wie ein Quietschen auf der Wandtafel, man muss einfach schauen, dass es aufhört.

Während dem Krieg konnte man wenig machen, man konnte sich nicht wehren, du warst diesem Strudel ausgeliefert, gäll. Aber nachher schon, da war alles aufgestaut. Und man war sehr empfindlich, sensibilisert für Rechtes und Unrechtes, würde ich sagen. Genau kann ich es nicht erklären. Vielleicht hat es aber auch mit dem alten Leben zu tun, dem naturverbundenen Leben, so wie der Vatter das noch pflegte. Wenn da einer nur für sich und seinen Vorteil schaute, starb er. Vielleicht kam es ursprünglich von da, das steckte noch in vielen von uns drin. Jetzt ist es am Verschwinden, gäll. Ich weiss nicht, was das für die Menschen bedeutet, ich befürchte, nichts Gutes. Es ist ein schönes Gefühl, etwas im Leben bewegen zu können, das auch anderen zugute kommt.

Der Gesamtarbeitsvertrag für das Personal wurde 1946 eingeführt. Nach harten Kämpfen mit den Meistern, das darf ich sagen. Es brauchte etwas, denen beizubringen, dass sie ebenfalls davon profitieren, wenn das Personal anständig behandelt wird. Dass der Arbeitseinsatz und die Qualität besser werden. Wir mussten das den Meistern versprechen. Und wir hielten, was wir versprachen, wohlverstanden.

Diese Personalarbeit und der Erfolg, den wir hatten, machten mich ein bisschen bekannt in meinen Kreisen. Jedenfalls änderte sich in sehr kurzer Zeit mein Leben völlig, das ging Schlag auf Schlag. Siehst du, es lohnt sich immer, dem nachzuleben, von dem man überzeugt ist, dass es richtig ist. Auch wenn man im Moment nicht sicher ist, ob es funktioniert oder ob man auf die Nase fällt. Damit muss man rechnen, aber man darf es nicht zu wichtig nehmen.

Eines Tages kam einer vom Zentralsekretariat und fragte mich, ob ich Lust hätte, Prüfungsexperte für die Meisterprüfung zu werden. Stell dir vor, ich hatte ja selber noch nicht einmal das Diplom für die Meisterprüfung ausgehändigt bekommen, da fragten die mich schon an. Ich sah darin vor allem die Chance, mich weiterzubilden, vor allem das. Den Fink fragte ich nicht, der wäre sowieso dagegen gewesen. Ein paar Tage später kam dann die schriftliche Bestätigung und das Aufgebot für die Kurse vom Biga, dem Bundesamt für Industrie und Gewerbe. Ich sei offiziell als Prüfungsexperte für die Meisterprüfung gewählt worden und eingeladen, diese Kurse zu besuchen. Das beeindruckte mich, denk auch.

Diese Vorbereitungskurse waren immer am Mittwoch in Olten. Zweiunddreissig Chefen und zwei Arbeiter, der Christian Thöny aus Chur und ich. Die dachten am Anfang, da kommen jetzt zwei Knechtlein. Aber bald hatten wir ein sehr schönes Klima, man hätte nicht gemerkt, wer Meister war und wer Personal. Da war ich also am Mittwoch den ganzen Tag nicht im Geschäft. Nach dem ersten Mal kam der Fink und meckerte: «Hans, ihr werdet das begreifen, ich muss euch diese Zeit vom Lohn abziehen.»

«Sicher, Herr Fink, da habe ich absolut Verständnis. Aber Sie werden auch begreifen, dass ich ab sofort meine Überstunden aufschreiben muss.» Ich hatte nämlich immer, wenn keine Kurse oder Prüfungen waren, am Mittwoch den ganzen Tag gearbeitet, ohne das an die grosse Glocke zu hängen, zur Kompensation. Der Fink wusste das haargenau. Er hielt dann den Latz. Aber es gärte, das war klar. Der Dorn im Aug wurde immer grösser.

Heute denke ich, ich riskierte sicher zuviel, gäll, mit der Familie. Ich riskierte alles. Wenn es dumm gelaufen wäre, dann wäre es schlimm gewesen. Ich hätte überall in der ganzen Region keine Arbeit mehr gefunden. Denk auch, die kannten mich doch. Ich war bei den Metzgerpatrons verschrien als Aufrührer. Da hätte mich keiner mehr angestellt. Der Suri und der Fink hatten mich ja gewarnt. Säbi Zit war das sehr waghalsig. Und manchmal habe ich jetzt das Gefühl, dass ich meiner Familie gegenüber ein rechter Glünggi war. Nicht gerade der ideale Vater. Funktioniert hat es nur, weil ich bluffen konnte vor diesen Herren. Und bluffen konnte ich nur, weil ich selber ganz sicher war, dass es sein musste und dass ich den Karren schon irgendwie wieder aus dem Dreck bekommen würde. Diese Sicherheit hatte ich immer. Und irgendwie war ich auch überzeugt: die Zeit wird dir helfen. Die Zeit ist auf deiner Seite. Die Änderungen, der allgemeine Aufbruch mussten einfach kommen.

Dann überstürzten sich die Ereignisse. Ich wurde vom Zentralverband aus heiterem Himmel angefragt, ob ich zweiter Sekretär werden wolle. Ich, Sekretär, nur mit Primarschule? Ich sagte denen, das gehe doch nicht, ich sei zwar ein währschafter

Metzger, aber ohne Bildung. Und Schreibmaschineschreiben könne ich auch nicht.

Da sagten sie: «Kein Problem, Hans, deine Briefe kennen wir zur Genüge. Die versteht einer wenigstens.» Ich hatte es nie mit dem Geschwollenen. Das war übrigens auch mit den Büchern so. Ich las viel, ich las ja fast süchtig. Aber lieber Sachen, die geradeaus geschrieben sind, nicht geschraubtes Zeugs. Simmel zum Beispiel und den Gotthelf, obwohl der ja ein Prediger war. Oder auch John Kling. Und natürlich Naturkundebücher, wenn ich irgendwo so etwas in die Hände bekam. Oder Bücher über ferne Länder.

Item, der erste Sekretär, der Kieser Fritz, kam also an einem Mittwoch nachmittag nach Solothurn und unterbreitete mir das ganze. Und nachher wurde ich einstimmig gewählt. Das war eine riesige Ehre, denk auch. Es bedeutete aber vor allem viel mehr Lohn, sechshundertfünfzig Franken im Monat plus eine moderne Vierzimmerwohnung. Und erst noch kürzere Arbeitszeiten. Und Ferien. Eine Traumstelle, absolut. Aber sie hatte zwei grosse Haken. Es war Büroarbeit. Und das Büro war in Zürich.

Zürich war wie Ausland. Mich reizte das, sicher, auch der gute Lohn. Vor allem aber wusste ich, dass es für mich die einzige Möglichkeit war, endlich vom Fink wegzukommen, weiterzukommen. Eine andere Möglichkeit gab es für mich nirgends. Und ich wollte weiterkommen, nicht zuletzt auch wegen der Kinder, es war höchste Eisenbahn. Ich wollte, dass sie sich einmal ausbilden konnten und nicht wie ich mit der Primarschule sitzenblieben. Als Metzgerknecht in Solothurn hätte ich meinen Kindern nie etwas bieten können. Zürich war diese Chance, trotz aller Wenn und Aber. Und ein Umzug machte mir nichts aus. Mich kannst du morgen nach Afrika schicken. Heute ja nicht mehr, gäll.

Das Hildi war da ganz anders. Sie war nicht begeistert. Sie kannte keine Menschenseele in Zürich. Und ihre Familie war ihr wichtig. Aber sie war dann einverstanden. Wahrscheinlich wusste sie auch, dass es langfristig für mich unmöglich geworden wäre, beim Fink zu bleiben. Und etwas anderes hätte ich in Solothurn nicht mehr gefunden. Der Wechsel löste dieses Problem und unsere Geldsorgen auf einen Schlag. Die Kinder fragte ich nicht. Ich sagte einfach: «So, jetzt gehen wir nach Zürich.» Die wollten natürlich nicht, das ist klar. Die haben das lange nicht verstanden. Vor allem der Karl, der war total dagegen, der lehnte sich richtig auf. Ich sagte dem Verband aber zu und kündigte beim Fink. Das hingegen fiel mir gar nicht schwer.

Im nachhinein würde ich sagen, es war eine Tragik, dass wir nach Zürich kamen, wirklich eine Tragik. Es war ein Gewaltsakt, für das Hildi, für die Kinder und für mich ja eigentlich auch, sicher. Und es wäre gar nicht nötig gewesen. Nach der Abschlussfeier der Meisterprüfung kam nämlich der Fink wieder angeschleimt. Ich hatte gut abgeschnitten, der Fink am schlechtesten. Der hätte um ein Haar gar nicht bestanden. Der konnte mir wirklich die Wurst nicht mehr binden. Aber er hakte sich bei mir unter, nahm mich zur Seite und raunte: «Hans, ich muss mit Euch reden. Hört gut zu. Ich hätte Euch ein Angebot zu machen.» Ich musste den richtig abschütteln, derart klebte er mir am Ohr. «Hans, jetzt hört doch, es ist interessant für Euch. Ich will Euch ein Angebot machen. Ich zahle Euch gleich viel wie der Verband, wenn Ihr bei mir bleibt. Gleich viel, Hans, gleich viel wie die Zürcher. Das ist doch ein Angebot.»

Ich raunte zurück: «Herr Fink, wissen Sie, was ich jetzt am liebsten machen würde?»

«Nein Hans, sagt es mir.»

«Am liebsten würde ich Ihnen eine in die Fresse hauen, Herr Fink. Ihnen eine Fadengrade in die Fresse geben, das würde ich am liebsten.»

Dann liess ich den stehen, gäll, wir haben nie mehr miteinander geredet. Denk auch, nach dreizehn Jahren Krampfen in seinem Geschäft. *Aber stell dir vor, wie mich das fertig machte. Diese Entscheidung, nach Zürich auszuwandern und auf ein Büro zu hocken, war mir elend schwer gefallen. Wenn mir der Fink nur hundert Fränkli mehr gegeben hätte, hätte ich das doch nicht gemacht. Aber der verweigerte das.* Und dann kommt der Schafseckel daher und bietet mir den gleichen Lohn, nachdem ich den Vertrag bereits unterschrieben habe. Ich wusste, ich hatte mir das selber eingebrockt. Jetzt hiess es halt durchbeissen.

Der Fink verlumpte schon zwei Jahre später. Trotz dem Laden an bester Lage im Zentrum von Solothurn und dem allgemeinen Wirtschaftsaufschwung. Wo die Metzgerei war, sind nur noch Schaufenster, es wird dort nichts mehr verkauft. Da musste einer wirklich saublöd tun.

Wie gesagt, dieser Umzug nach Zürich war krass. Von einem Tag auf den andern mit den vier Kindern vom Kaff mitten in die grosse Stadt und ich gewöhnlicher Metzger aufs Büro. Vorher konnte ich manuell arbeiten, das Geistige war mehr Hobby. Und jetzt nur noch Schreibtisch, immer an dieser Schreibmaschine. Mit zwei Fingern habe ich darauf herumfiguretelt. Aber ich kam mir verloren vor, das kann ich dir jetzt sagen. Wenn ich ehrlich bin, ich war total überfordert.

Ich würde sagen, diese acht Jahre Büro waren wie fünfzehn Jahre, von der inneren Anstrengung her. Und immer allein, gäll, bei dieser Bürolistenarbeit hockt man immer allein, das war ich nicht gewöhnt. Es half mir, dass ich früh gelernt hatte, dicke Striche zu ziehen. Verstehst, Strich darunter, neu anfangen, nach vorn schauen. Ich schaute nie zurück, immer vorwärts. Ich sagte mir, jetzt ist das neue Terrain wichtig, da musst du jetzt zurechtkommen. Dann ging es besser.

Wir bekamen eine schöne Wohnung an der Berninastrasse in Oerlikon. Das Haus gehörte dem Personalverband, wir bewohnten den ganzen obersten Stock. Drei Balkone hatte es. Darunter wohnte noch der Kieser, der erste Sekretär, der

Rest waren Büros. Aber das Gefühl, dass das alles eigentlich gar nicht nötig gewesen wäre, plagte mich. Ich wäre doch viel lieber Metzger geblieben.

In den acht Jahren Sekretariatsarbeit konnte ich aber meine Bildung nachholen. Ich besuchte Kurse an der Universität, an der Volkshochschule, das machte mir enorm Freude. Geschichte und Rechtskunde. Wenn ich in Solothurn geblieben wäre, wer weiss, vielleicht hätte ich es irgendwann geschafft, ein eigenes Geschäft aufzutun. Wie ich sonst herausgekommen wäre, weiss ich nicht. Und fürs Hildi – jedenfalls musste sie nicht mehr in die Fabrik. Zürich gefiel ihr nicht, sie fühlte sich verloren in dieser grossen Stadt. Die vielen fremden Leute und die hohen Häuser, denk auch. Sie kannte auch niemanden, gäll. Sie aus ihrer Familie herauszureissen war vielleicht nicht richtig, das kann sein. Säbi Zit war ich sicher, dass es richtig war. Ich hatte keine Wahl. Und deine Mutter und später auch die drei anderen kamen in die Sekundarschule in Zürich. Da war ich stolz, denk auch.

Der erste Sekretär, der Kieser, schickte mich am zweiten Tag bereits an die Betriebsversammlung der Schlageter AG, das war ein Grossbetrieb am Kreuzplatz. In Zürich kamen säbi Zit immer mehr diese Grossbetriebe auf, Fleischverarbeitungsfabriken. Wir vom Verband hatten das Gefühl, dass die nicht unter den Metzger-GAV gehörten, dass man die sorgfältiger umschreiben musste, damit sie nicht durch das Netz schlüpften. Unters Fabrikgesetz fielen sie nämlich auch nicht, weil die es so deichselten, dass sie offiziell nie mehr als zwanzig Vollbeschäftigte hatten, der Rest wurde als Hilfsstellen deklariert. Die Schlageter-Firma, das war eine wilde Bande. Mit allen Wassern gewaschen, sicher. Nur vom brav Würstebinden wird einer nicht so reich.

Der Kieser drückte mir am Nachmittag ein paar Akten in die Hand und sagte: «Jetzt studierst du die ein bisschen, Hans, und dann leitest du am Abend diese Versammlung.» Der wollte mich voll auf Glatteis legen. Der dachte doch, ich würde es kurz überfliegen und zu allem ja und amen sagen. Aber ich liess mich nicht übertölpeln. Ich schaute mir das ganz genau an und liess mir Zeit. Am Abend kam ich mit denen gut zurande. Der alte Schlageter war ein abgeschlagener Hund, aber der sagte nachher, endlich sei einer da, mit dem man vernünftig verhandeln könne. Einer, der etwas verstehe vom Handwerk.

In Zürich ging es vor allem um die Fremdarbeiter. Vor allem deutsche und österreichische Metzger wollten in der Schweiz arbeiten, weil sie hier mehr verdienten. Mit denen konnten die Grossbetriebe machen, was sie wollten. Sie hielten die Lohnvereinbarungen nicht ein und auch nicht die Arbeitszeiten. Da mussten wir eingreifen. Die Stellenvermittlung lief über mich, die Gesuche von den Ausländern kamen alle bei mir aufs Pult. Da hatte ich eine gewisse Macht. Wenn die Grossen sich nicht an die Vorschriften hielten, bekamen sie keine Ausländer mehr, so einfach war das. Natürlich musste ich es denen nachweisen, dass sie Dreck am Stecken hatten. Dafür brauchte man gute Kontakte mit den Arbeitern. Die merkten bald, dass es mir um die Gerechtigkeit ging.

In Zürich war die Geschäftsmentalität ganz anders als in Solothurn. Härter, würde ich sagen. Aber mich beeindruckten die Zürcher nie. Ich verhehlte nie vor denen, dass ich innen und aussen Berner bin. Und dass bezüglich Qualität die Berner vor den Zürchern kommen, ganz klar. Das ist eben der Berner Grossschnauz. Aber ich kam mit den Zürchern gut zurande. Es gab viele Emmentaler Metzger in Zürich. Und Appenzeller. Vor allem Berner und Appenzeller, warum, weiss ich nicht. Vielleicht wegen der ungerechten Erberei auf dem Land.

Die Städte wuchsen wahnsinnig. Und es gab einen Mangel an guten Metzgern. Darum konnte das Personal allmählich Forderungen stellen. Und darum verlangten dann solche, wie zum Beispiel der Sulz in Olten, nur noch Ausländer, weil die alles mit sich geschehen liessen. Da handelte ich mit den kantonalen Arbeitsämtern aus, dass sie es mir melden müssen, wenn einer Ausländer bestellte. Und wenn bei mir eine Meldung vorlag, dass einer sich nicht an den GAV hielt, dann war nix mit Ausländern. Das passte den Ämtern natürlich gar nicht, dass die nicht selber kutschieren konnten. Vor allem die Berner maulten immer. Ich besichtigte alle Betriebe in der deutschen Schweiz, immer wieder, und redete mit den Leuten. Und wenn mir von einem etwas zu Ohren kam und ich den sowieso schon als Querulant kannte, dann meldete ich das der Polizeidirektion, da gab es nichts. Nur so gewöhnten sich diese Herren daran, dass es auch beim Personal seine Ordnung haben musste.

Einen Zürcher gab es, vor dem hatte ich Respekt. Mit dem arbeitete ich von Anfang an gut zusammen. Das war der Walter Reif, der Präsident der Metzgermeister. Die Stellenvermittlung der Meister lief über den Personalverband, also über mich. Mit ihm handelte ich eine wichtige Änderung aus. Ich sagte ihm: «Walter, du weisst, dass ich dich schätze als Kollege und als Mensch. Aber etwas geht einfach nicht mehr so wie bisher. Ich vermittle dir jedesmal die besten Leute, alles währschafte Metzger vom Land, die ich persönlich kenne und von denen ich weiss, dass sie den Lohn wert sind. Aber wir vom Personalverband haben nichts davon, gar nichts. Das muss sich ändern.» Der Walter sah das ein, und so erhielten wir bei den Vertragsverhandlungen ein Mitsprache- und Unterzeichnungsrecht. Das heisst, jeder Vertrag musste über mein Pult. Das war eine grosse Errungenschaft, das darf ich sagen.

Die grösste Ernüchterung während der Verbandsarbeit war für mich, dass man sich ständig gegen Bestechungsversuche wehren musste. Diese Grossmetzger verdienten alle Geld wie Heu und versuchten, einen mit Aufmerksamkeiten weich zu klopfen. Da musste man aufpassen wie ein Häftlimacher. Das ging mir kolossal auf die Nerven. Und dass die Korruption sogar im eigenen Verband vorkam, an allerhöchster Stelle, das enttäuschte mich derart, dass ich die Stelle später aufgab.

Einer der ganz wilden Geschäftemacher war der Moser an der Rosengartenstrasse. Grossmetzgerei Moser, das ist noch heute die grösste Metzgerei in Zürich. Der alte Moser liess die Leute bis zum Umfallen schuften, Tag und Nacht, der hielt sich an gar keine Vorschriften. Er verstand es, die Leute so einzuschüchtern und rumzuschieben in den verschiedenen Betrieben, dass wir nie genau wussten, wie viele es wirklich waren. Er deklarierte die Arbeiter als Aushilfen und nicht als Festangestellte. Mit diesem Trick umging der das Fabrikgesetz.

Item, wir hatten also eine Betriebsversammlung mit dem Moser im Hinteren Sternen beim Bellevue. Der Kieser kam auch mit, weil das eine sehr wichtige Verhandlung war, aber ich leitete sie. Ich hatte Beweise gegen den Moser, dass der sich nicht an die Arbeitsvorschriften hielt. Ich hatte zwei Metzger vom Moser überzeugen können, endlich gegen diesen Spitzbuben auszusagen. Es wurden dem Moser überlange Arbeitszeiten vorgeworfen. Schon nach kurzer Zeit hatte ich die Verhandlung eigentlich im Sack, es sah sehr gut aus für das Personal. Da fing der Kieser plötzlich an, gegen mich zu reden. Stell dir vor, der erste Sekretär war plötzlich gegen mich an dieser Versammlung und verteidigte den Moser. Da packte ich meine Papiere zusammen und sagte: «Danke, meine Herren, in so einem Verein habe ich nichts verloren», und ging. Ziemlich lange stand ich am Bellevue an der Tramhaltestelle und war wie gelähmt. Du kannst dir nicht vorstellen, wie enttäuscht ich war über diesen Verrat. Unsäglich enttäuscht war ich. Da hatten wir diese Bande endlich soweit und konnten die Eiterbeule anstechen. Und da verrät der eigene erste Sekretär alles wegen ein paar lächerlichen Privatvorteilen. Für mich war das ein weit schlimmeres Vergehen als das vom Moser. Es war der absolute Nullpunkt. Ich stand da am Bellevue in diesem Zürich und dachte: Gehst du jetzt aufs Tram oder in den See?

Am anderen Tag stellte ich den Kieser zur Rede. Ich wusste genau, dass der vom Moser geschmiert worden war. Dass ich den Kieser bei der Verbandsleitung nicht denunzierte, lag einzig daran, dass ich auf keinen Fall erster Sekretär werden wollte. Das hätte mir in diesem Fall mit Sicherheit geblüht und hätte noch mehr Bürohocken bedeutet. Aber von dem Moment an hatte ich den Kieser dafür in der Hand.

Der Heiri Moser probierte es auch bei mir, das war klar. Es hatte ja bisher immer funktioniert. Zum Neujahr zum Beispiel kam diese Kiste Cigarren. Gegen einen Wein oder einen kleinen Kirsch hatte ich ja nichts einzuwenden. Aber eine grosse, wunderschöne Kiste Cigarren war etwas anderes. Havannas waren das, die kosteten sicher hundert Franken. Stell dir vor, das war viel. Säbi Zit rauchte ich ja noch, und wie, ich hätte die also sehr geschätzt. Das wusste der. Ich rief die Frau Moser an, mit ihr kam ich sehr gut aus, und sagte, ich lasse recht herzlich danken für das Präsent. Ich könne es aber nicht annehmen. Diese Stumpen würde ich niemals rauchen, an denen würde ich ersticken. «Jetzt kommen Sie die Schachtel sofort wieder abholen, Frau Moser. Sonst muss ich sie dem Abfuhrwesen übergeben, das wäre doch schade.» Der Chauffeur holte die Schachtel dann ab.

Der Moser liess trotzdem nicht locker. Eines Tages kam der Heiri selber zu mir ins Büro und wedelte mit einem Couvert vor meiner Nase. «Herr Meister, das ist eine Einladung. In Stuttgart ist im nächsten Monat die grosse internationale Fleischereiausstellung. Da sollten Sie unbedingt dabeisein. Sie brauchen mich nur wissen zu lassen, wann es Ihnen und Ihrer werten Gattin passt. Eintritt, Kost und Logis, alles inbegriffen.» Kannst dir vorstellen, wie der mir damit den Speck durchs Maul zog. Grosse Sprünge konnten wir uns noch längst nicht leisten, obwohl ich jetzt besser verdiente. Für Reisen reichte das nicht. Aber ich blieb hart. Der Moser verstand die Welt nicht mehr. Dass einer plötzlich so viel Federlesens machte.

Ich glaube, das wurde für den Moser richtig zum Sport, mich rumzukriegen. Heute ist der Moser ja die grösste Fabrikmetzgerei in Zürich. Der Alte, der Heiri, lebt nicht mehr und konnte doch nichts mitnehmen, gäll. Auch sein Sohn lebt nicht mehr. Der Junior, der den Laden jetzt führt, das ist ein tipptopper Unternehmer, gäll. Auf den lasse ich nichts kommen.

Der ist die Grossmutter. Und der andere Sohn hiess auch Heiri, der war wie der Alte. Beide Heiris waren Vaganten. Säbi Zit gehörte das eben dazu. Wenn es einer zu etwas bringen wollte, durfte er es nicht so genau nehmen mit dem Dreck am Stecken. Dass auch die mit den dreckigen Schürzen Rechte haben, daran mussten sich die Herren zuerst gewöhnen.

Der Heiri Moser schaffte es eines Tages dann doch, mich reinzulegen. Er haute mich richtiggehend übers Ohr, kann man sagen. Ein Kollege aus Winterthur lud mich ein zum Skifahren nach Davos. Er habe eine Wette gewonnen und dürfe jemanden mitnehmen. Skifahren, da musste man mich nicht zweimal fragen. Es dünkte mich zwar schon sehr grosszügig, dass uns ein Chauffeur nach Davos brachte, aber ich studierte nicht weiter drüber nach. In Davos hockten wir zuerst gemütlich auf der Terrasse vom Steinbock und nahmen ein Znüni und ein Gläschen Weissen. Dann gondelten wir aufs Weissfluhjoch. Oben auf dem Gipfel gab mir der Kolleg den Rucksack. Der war sehr schwer. «Da Hans, nimm du den, du kannst besser Skifahren. Und pass auf, dass du nicht auf den Sack fällst, das wäre schad.» Wir rutschten runter vom Weissfluhjoch, durch den Tiefschnee. Es war höllisch steil, du kennst es sicher. Ein paarmal überschlug es uns, aber passiert ist nichts. Nach dem schlimmsten Hang fuhren wir in eine Mulde, wo es schön windstill und sonnig war und machten es uns auf den Brettern bequem. Ich öffnete den Rucksack: Beinschinken, Streichleberwurst, Pastete, Salami, alles wunderbar, absolut. Und zwei Flaschen Wein. Und ein Kärtchen «Mit bester Empfehlung von der Metzgerei Moser». Der Saukerl hatte es also geschafft.

Das war aber das einzige Mal, dass ich mir eine solche Unregelmässigkeit erlaubte und profitierte. Ich muss zugeben, ich genoss diesen Ausflug sehr. Auch der Wein war nicht zu verachten. Und irgendwie, ich muss auch das zugeben, gefiel es mir, wie der Moser sich etwas einfallen liess. Das war originell. Meine Wachsamkeit dem Moser gegenüber beeinflusste das aber nicht, würde ich sagen. Aber ich hatte Respekt vor seiner Hartnäckigkeit. Wir kamen ziemlich fröhlich zu Tal, ziemlich nass auch, weil wir nach den beiden Flaschen mehr im Schnee lagen als fuhren. Im Tal verdrückten wir noch den Beinschinken und dann kutschierte uns der Chauffeur mit der Limousine nach Zürich. Ich schlief die ganze Fahrt.

Schwierig an dieser Art von Leben war für mich das Werken ohne Hände, ich meine, nur mit dem Kopf. Und das Alleinsein in diesem Büro. Man gehört nirgends mehr dazu. Beziehungsweise, ich gehörte natürlich zu den Metzgern, nicht zu den Bürolisten. Aber als Verbandssekretär war es nicht mehr das gleiche. Verstehst du, die Kollegen waren für mich immer sehr wichtig. Ich brauche das, gute Kollegen, mit denen man es lustig hat. Einen Jass und Sprüche klopfen. Unsere Generation pflegte das, das Zusammenhocken und Lustigsein. Vielleicht, weil wir im allgemeinen nicht so viel zu lachen hatten. Lustigsein tut gut, das ist wie Medizin, sogar besser, da wäre ich fast sicher. Auch hier im Heim hatte ich sofort Freundschaften. Aber nicht mit Frauen, gäll, da halte ich mich sehr zurück. Obwohl es ja manche gäbe, die das interessiert. Das würde man nicht denken, wie aufdringlich diese alten Weiber sein können. Manchmal muss ich mich richtiggehend wehren, mit meinen gut neunzig. Aber ich brauche die Frauen nicht. Meine Wäsche wasche ich selber, und auch meine Hemden bügle ich selber. Ich komme bestens zurecht. Wahrscheinlich gefällt das den Frauen. Ich habe mich nie gehen lassen, gäll. Ich habe immer für mich selber geschaut, nach Hildis Tod sowieso. Nur essen tu ich mit den andern. Kochen und essen für einen allein, das macht keine Freude. Ich koche nur einmal im Monat für unsere Fressrunde, aber ich bin der einzige, der währschaft kocht. Siedfleisch, Fleischvögel, Braten und solche Sachen. Die anderen mögen lieber Pizza. Mit Pizza kannst du mich jagen.

Solche Freunde hatte ich immer, mit denen man etwas unternehmen kann. Das ist etwas vom Wichtigsten im Leben.

Kollegen, die zueinander schauen und mit dir lachen. Der Schälli hier, der fährt mich immer im Auto, weil ich ja am neunzigsten Geburtstag freiwillig auf das Auto verzichtete. Der Schälli ist noch jung, der wird erst achtzig. Ich höre ja sehr schlecht. Und so ein alter Chnulleri sollte aufhören, bevor er das erste Mal verkehrt in die Autobahn einbiegt.

Das Metzgen vermisste ich. Der Geruch von Papier ist fad. Und Schreibmaschinentasten sind tot. Nicht zu vergleichen ist das mit Fleisch, gäll. Dieses Gefühl, wenn man eine schöne Huft unter den Fingern hat. Oder die Freude, wenn man mit einem guten Messer Schnitzel tranchiert. Und die Znüni, die Cervelat, die man noch warm aus dem Siedetopf isst. Das kannst du dir nicht vorstellen. Der Hopf von der Telegrafenkompanie war in dieser Hinsicht meine Rettung, das kann man sagen. Ich war auch seine, gäll. Der Hopf hatte wie gesagt ein kleines Geschäft an der Hofwiesenstrasse in Oerlikon, beim Allenmoosbad. Es hat dort keine Metzgerei mehr, es ist jetzt ein Reitladen drin. Dem ging ich früh am Morgen um halb sechs bis um acht Uhr aushelfen, bevor ich ins Büro musste. Es war nicht weit von der Berninastrasse. Ich machte dem den Wurster, gratis, aus Freude. Und aus Kameradschaft. Ich wusste, dass es um den Hopf nicht zum besten stand. Als ich ihn einmal am Morgen mit einer Papiertüte erwischte, wusste ich, was es geschlagen hatte. Er liess sie zwar sofort verschwinden, aber ich wusste jetzt, er soff. Ich half ihm, so gut es ging, aber viel Zeit hatte ich ja nicht. Der Hopf war einer der ersten Kleinen, der den Laden zumachte.

Insgesamt führten wir ein ruhiges Leben. Die Kinder gewöhnten sich an Zürich. Beim Hildi bin ich mir, wenn ich es jetzt überlege, nicht sicher. Alle Kinder waren gute Schüler, eine grosse Freude.

Damit das mit der Weiterbildung des Personals voranging, schrieb ich nebenher zwei Bücher. Das Personal zu motivieren und zu bilden, das war doch enorm wichtig in diesen Zeiten des Umbruchs. Die Konkurrenz für uns Kleine wurde immer härter. Ich arbeitete mit je einem Metzger vom Bell, vom Schlageter und vom Niedermann zusammen. Die brachten Rezepte an die Sitzungen mit, die haben wir dann ausprobiert. Dann habe ich alles aufgeschrieben und fotografieren lassen. Diese Arbeit machte mir Freude, denk auch. Ohne das hätte ich es auf diesem Büro nicht so lange ausgehalten.

Das erste Buch hiess «Handbuch für die Wursterei», das andere «Der Fleischverkauf». Ich habe ja nur noch den «Fleischverkauf», das andere wurde mir gestohlen. Schau nur, was ich da im Vorwort schrieb: «Die berufliche Leistung ist der Garant für die Erhaltung unseres Handwerks. Es ist sinnlos, über die Grosskonkurrenz zu schimpfen und nach behördlichen Erlassen zu schreien. Nur die eigene Anstrengung zählt! Ein Metzger darf nicht nur Blätzliabschneider sein oder Spezialist für Hundefutter.» Janu, gäll.

Erstaunlicherweise blieben die ganzen acht Jahre auf dem Büro eine Episode in meinem Leben. Es blieb aus dieser Zeit nichts wirklich hängen, im Herz, das meine ich. Das wichtigste und schönste Erlebnis war die Ferienkinderaktion, die ich organisierte. Das war 1951. Ich hatte immer einen guten Kontakt behalten mit Deutschland, weil ich einen guten Freund hatte in Frankfurt, einen Fleischer. Der war im Krieg in Frankreich interniert gewesen. Was der mir von den Franzosen erzählte, da stehen dir die Haare zu Berge. Die waren keinen Dreck besser als die Deutschen. Es ist leider so, wenn das Raubtier im Mann keine Zügel mehr hat, dann geht es der Welt schlecht. Wobei zu sagen ist, dass Raubtiere sich niemals so grauenhaft verhalten können wie der Mensch. Schon gar nicht gegen die eigene Art.

Ich unterstützte also die Deutschen, als sie daran gingen, ihren Fleischergesellenverband neu zu organisieren. Von dem war unter dem Hitler nichts mehr übriggeblieben. An der Gründungsversammlung musste ich ein Laferat halten. Dort lernte ich einen Berliner kennen, den Hans Kern, der war Präsident der Berliner Metzgergesellen. Der fragte mich: «Hans, wäre das möglich, dass wir Kinder zu euch hinunter schicken, damit ihr sie ein bisschen auffuttert?»

Du weisst sicher, Berlin blieb bis weit in die fünfziger Jahre eine Geisterstadt. Die Russen hatten ganz Berlin zusammengeschossen, befreit, heisst das. Alles Schutt und Asche. Das blieb dann noch jahrelang so. Es durfte kein Stein auf den andern gesetzt werden. Berlin geriet in das Gezerre der Ost- und Westmächte, es war isoliert von allen Seiten. Zeitweise waren die Berliner von allem abgeschnitten und hatten auch nach dem Krieg fast nichts zu essen. Die Aliierten hatten den Krieg gewonnen und bestimmten jetzt, was die Deutschen durften und was nicht, gäll. Die sagten: «Die haben den Krieg angezettelt, jetzt sollen sie spüren, wie das ein Wohnen ist in diesen Trümmern. Jetzt kochen wir die mal, diese Berliner.»

Man kann sich schon fragen, was die Leute, die Kinder und Alten in Berlin, was die dafür konnten. Gerecht war das überhaupt nicht. Und gelitten hatten die Menschen sowieso schon genug während dem Krieg. Ich versprach, ich werde schauen, was sich machen liesse. In Zürich ging ich zum Roten Kreuz und unterbreitete denen den Sachverhalt. Sie waren einverstanden, eine solche Ferienkinderaktion zu unterstützen. Das Rote Kreuz kümmerte sich um die Bewilligungen und die Reise. Für die Plätze war ich zuständig. Im ersten Schub kamen zweiunddreissig Buben und Mädchen, alle im Pubertätsalter. *Und so ernst. Und mager wie Vögelchen. Kannst dir nicht vorstellen, was das für ein trauriger Anblick war, diese verschüchterten jungen Leute.* Ich fand für alle ein Plätzchen für drei Wochen, überall in der Schweiz. Vor allem auf dem Land, weil es dort gesünder ist. Die kamen in Metzgersfamilien, aber nicht zu den Patrons, nur zum Personal. Die kümmern sich besser um solche Huschelis. Wir nahmen auch ein Kind auf, den Sohn vom Kern, den Klaus. Der blieb viel länger als drei Wochen, der gehörte mit der Zeit fast zur Familie. Kannst deine Mutter fragen, sie war damals ungefähr siebzehn. Da pirschte aber schon dein Vater ums Haus, der Albert von der Bande an der Hörnlistrasse weiter oben. Der hatte von Anfang an, schon in der Sekundarschule, immer gepfiffen, wenn er am Haus vorbeiging. Und das Sophie spritzte auf den Balkon. Wenn er das nicht gemacht hätte, dann wäre deine Mutter jetzt vielleicht in Deutschland, gäll.

9 Pizzafresser

Dietikon ist nicht weit von Zürich, und man vermisste die Familie. Also fuhren wir am Sonntag oft nach Dietikon, zur Tante Höhlein. Die Tante wohnte in einer Fabrikantenvilla in Dietikon. Sie war die Schwester von der Mutter, die einzige Büdel, mit der wir immer Kontakt hatten. Sie nahm nie ein Blatt vor den Mund, die Rosa Höhlein. «Willst du eigentlich versauern auf diesem Büro, Hans?», keifte sie mich an, als wir einmal bei Kaffee und Kuchen sassen. «Jetzt bist du über vierzig und spielst immer noch Bürogummi. Das ist doch nichts für dich, das kannst du mir nicht erzählen. Du brauchst etwas Eigenes.»

Die Tante hatte natürlich recht, aber sie hatte auch gut reden. «Kannst du mir vielleicht verraten, wie ich das anfangen soll? Vielleicht eine Bank überfallen? Ich habe zwar eine grosse Familie, dafür keinen Rappen Geld übrig. Wir brauchen das Geld restlos auf, was denkst du. Und von nichts kommt bekanntlich nichts, gäll.»

Da wetterte die Tante: «Du tönst ja wie ein Hosenscheisser. Hast du mich vielleicht einmal gefragt? Wenn's nur am Geld liegt, dann brauchst dir nicht den Grind zerbrechen. Da findet sich eine Lösung.» So redete die Tante mit mir.

«Ist dir das wirklich Ernst, Tante? Kann ich dich darauf behaften?»

Aber sie gabelte nur wortlos ihren Kuchen fertig vom Teller. Sie hatte eine überzeugende Art. Und als einzige Büdel hatte sie immer zu uns gehalten. Sie hatte dem Vatter regelmässig etwas zugesteckt, da bin ich mir sicher.

Im Leben ist der Zufall so wichtig wie der Plan, gäll, ohne Glück geht gar nichts. Jeder hat Glück ab und zu, aber nicht alle merken das. Der Zufall wollte es, dass ich einige Monate später mit dem Walter Reif Meisterprüfungen abnahm. Das war 1954. Auf dem Nachhauseweg fragte der Walter: «Hans, willst du nicht endlich selber anfangen mit Geschäften? Es wäre doch an der Zeit.» Jetzt kam der also auch damit.

Ich gab zur Anwort: «Walter, das ist nicht so einfach. Ich bin ein bisschen anspruchsvoll. Ein ganz kleines Geschäft will ich nicht. Und ein grosses kann ich nicht übernehmen, weil ich das Geld nicht habe. Und drittens müsste es mir auch äusserlich gefallen.» Da fragte er, welches mir gefallen würde. «Es gibt ein Geschäft, das schaue ich mir jedesmal an, wenn ich mit dem Tram Nummer vierzehn daran vorbeifahre, es ist an der Krone Unterstrass. Und jedesmal denke ich, das wäre genau die Metzgerei, wie ich sie mir vorstelle. Nicht zu gross und nicht zu klein und erst noch hübsch.»

Ich weiss noch, wie der Walter mich angaffte und dann sagte: «Das gibt's doch nicht, Hans, genau für diese Metzgerei suche ich einen Pächter.» Der Walter Reif kannte die Frau Huber, er wohnte an der Hochstrasse, sie an der Gloriastrasse. Die Frau Huber war die Huber von Meier und Huber, denen gehörte dieses Jugendstilhaus, in dem die Metzg war. Die Krone war säbi Zit ein kleines Geschäftszentrum mit vielen Läden und vielen Familien. Die Frau Huber hatte den Reif beauftragt, auf den 1. Oktober 1955 einen neuen Pächter zu suchen. Mir war ganz weich in den Knien, aber ich sagte dem Walter, ich müsse es mir durch den Kopf gehen lassen. «In Ordnung, Hans, aber lass es dir nicht zu lange durch den Kopf gehen, es muss rasch sein. Ich werde auf alle Fälle schon eine Zusammenkunft zwischen dir und der Frau Huber vereinbaren. Entscheiden kannst du dich dann immer noch.»

Ich ging mit dem Hildi an die Gloriastrasse und die Frau Huber erklärte mir, wie die Sache lag. Der Jules Meier habe die Metzgerei vorher gepachtet gehabt, und er habe auch schon einen Nachfolger. Aber entscheiden werde sie. Und von ihr aus sei ich ihr Mann, der Reif vom Meisterverband habe mich empfohlen. Alles andere solle ich mit dem Jules Meier regeln. Ich unterschrieb dann ein Papier, einen Vorvertrag. Mit dem Meier gab es noch Tänze, weil der hundertzwanzigtausend Franken wollte fürs Inventar und den Goodwill. Dieser Goodwill waren die Kunden, ich sollte für die etwas bezahlen. Aber das sah ich gar nicht ein und er hatte keinen Stich. Das Verhandeln hatte ich intus. Wir vereinbarten, dass jeder einen Schätzer bestimme, und einigten uns dann bei zweiundvierzigtausend Franken.

Dann teilte ich das allen zu Hause mit. Für mich war es bereits entschieden, das stimmt. Das Sophie war ja inzwischen fertig mit der Lehre, sie hatte Metzgereiverkäuferin gelernt, das konnten wir jetzt brauchen. Und das Teres war noch in der kaufmännischen Schule, das Kaufmännische war auch wichtig für uns. Mit den Buben rechnete ich nicht, die sollten sich weiterbilden. Der Karl durfte aspirieren, im Militär. Der Werni wollte studieren am Technikum. Säbi Zit war die höhere Bildung noch vor allem für die Buben gedacht. Das Sophie ging ins Welsche fürs Französisch, das Teres nach England, weil man im Kaufmännischen eher Englisch braucht. Mehr Ausbildung wünschten die Mädchen gar nicht, gäll, jedenfalls nicht, dass ich wüsste. Sie heirateten ja sowieso. Da müsstest sie selber fragen, wenn du da anderer Meinung bist.

Die weibliche Dominanz war säbi Zit generell nicht so geschätzt, würde ich sagen. Obwohl ich das gar nicht schlecht finde inzwischen. Ich freue mich an Frauen, die stark sind. Nur gerecht muss die Frau bleiben. Dort besteht die Gefahr. Eine Frau empfindet gewisse Dinge völlig anders als ein Mann. Das ist sehr gut, das braucht es. Aber wenn die Frauen die Hosen anhaben, dann sehe ich schwarz. Ich verstehe das überhaupt nicht, wenn Frauen Männer sein wollen. Wenn sie ihre Weiblichkeit verlieren. Frauen sind weicher, sie sind impulsiver und intuitiver. Das ist nichts fürs Regieren. Das gefällt dir jetzt sicher nicht, das weiss ich. Die Dominanz des Mannes allein ist auch nicht gut, die überbordet, das hat man in den Kriegen gesehen. Am besten ist es, das sehe ich jetzt als alter Mann, wenn beide an ihrem Platz wären und sich respektieren.

Item, die Mädchen hatten auch schon Schätze. Auch die Buben waren mit dem Schätzeln früh dran, für meinen Geschmack, aber ich redete ihnen nicht drein. Ich fand, dass sie gut gewählt hatten. Bis die Mädchen eigene Haushalte gründeten, hätte sich das Hildi ins Geschäft eingearbeitet, dann würde das auch ohne die Töchter gehen. So stellte ich mir das vor. Jetzt war der Familienzusammenhalt wichtig. Das Teres kam dann früher von England nach Hause, um das Hildi zu unterstützen.

Das Sophie begann grad zu heulen, als ich von dem Vorhaben erzählte. Ich könnte nicht sagen, ob vor Freude. Jedenfalls musste sie sofort ihre Stelle kündigen und dann im Familienbetrieb anfangen und das Hildi anlernen. Ich sagte ihr, dass sie das machen müsse, dass ich das nicht könne. Weil ich viel zu wenig Geduld hatte und auch sonst viel zu stark eingespannt war. Sie machte das gut, gäll.

Und wie das für das Hildi war? Sie sagte nie viel. Sie liess mich immer machen und unterstützte mich, so gut sie konnte. Sie sagte wahrscheinlich, es wird schon recht sein, Papi. Wir haben uns meistens Mami und Papi genannt. Vielleicht ganz am Anfang nicht, aber wir waren ja nur kurz ohne Kinder. Gäll, im nachhinein denke ich, für das Hildi war das nicht unbedingt das Richtige. Gar nicht das Richtige.

Obwohl, den sozialen Aufstieg genoss sie auch. Wir gehörten jetzt zu den Meistern. Ich würde es aber niemandem empfehlen, mit zweiundvierzig noch ein eigenes Geschäft anzufangen. Das Hildi ging schon gegen die fünfzig. Es braucht sehr viel Kraft und auch Mut. Das hat man eher, wenn man jünger ist. Auf der anderen Seite, wenn ich bereits mit sechsundzwanzig angefangen hätte mit dem eigenen Geschäft, dann würde ich heute nicht mehr leben, sicher nicht. Ich hätte mich aufgerieben, da bin ich mir sicher.

Es ging überhaupt nicht von Anfang an gut. Als die Verhandlungen soweit gediehen waren und alles eingefädelt war, fuhr ich mit dem Zug zur Tante Höhlein nach Dietikon und unterbreitete ihr die Geschichte. «Tante, du sagtest doch, ich solle selber anfangen. Jetzt ist es soweit. Ich bräuchte fünfzigtausend Franken. Zweiundvierzigtausend für die Übernahme des Geschäfts an der Krone und achttausend als Startkapital.»

Da jammerte sie: «Hans, ums Gottswillen, fünfzigtausend Franken! Das ist jetzt wirklich der allerdümmste Moment! Gerade letzten Monat haben wir ein Chalet gekauft in der Lenzerheide, da oben gibt es jetzt ein Ferienparadies. Wir sind leider gar nicht liquid. Aber ich will mit den Töchtern reden.»

Von den Töchtern, der Meret und der Lena, wollte ich aber nicht abhängen, die waren im gleichen Alter wie ich. Büdel, gäll. Das kam nicht in Frage. Die hätten mich in den Fingern gehabt, sicher Auflagen gemacht. Ich war wahnsinnig enttäuscht von der Tante. Ich schlug die Tür zu und stürmte davon.

Völlig aus dem Häuschen war ich. Zuerst lief ich einfach eine Stunde kreuz und quer durch Dietikon. Dann fuhr ich mit dem Zug nach Wohlen. Die Rös, meine Schwester, war für mich immer ein bisschen wie eine Mutter gewesen. Sie war der einzige Mensch, der mich jetzt beruhigen konnte. Ich erzählte ihr den ganzen Schlamassel. «Hueregopferdamisiech Rös, jetzt hock ich wirklich im Dreck. Jetzt weiss ich nicht mehr was machen. Aufs Sekretariat zurück kann ich doch nicht mehr. Ich habe gekündigt und kann doch jetzt nicht wieder angekrochen kommen. Es hat alles keinen Sinn mehr. Am besten gehe ich in den See.»

Die Rös und der Otti führten in Wohlen eine eigene Metzgerei. Es ging ihnen recht, aber Geld wie Heu hatten die sicher nicht. Der Fritz hatte selber nichts flüssig, die Migge seit dem Tod vom Schurter auch nicht, die lebte bei der Friede. Die Hanne verdiente mit ihren Putzmitteln recht, aber nicht so viel, dass sie es mir hätte nachwerfen können. Da rief die Rös in die Küche hinüber: «Du Otti? Könnten wir dem Hans unter die Arme greifen? Er möchte selber anfangen in Zürich drüben. Er braucht fünfzigtausend Franken.»

Der Otti kam herein und sagte: «Das ist viel. Da muss ich erst schauen. Musst einen Moment warten.» Er ging hinaus und nach einer Weile kam er zurück und sagte: «Hans, das ist in Ordnung. Kannst anfangen.»

Es war ein grosser Traum, der für mich in Erfüllung ging, absolut. Aber wie so oft, dieser Traum war überhaupt nicht das Paradies. Wir mussten sehr schmal durch, jedenfalls am Anfang. Die Zinsen für die Frau Huber frassen fast alles auf. Und krampfen hiess es, Tag und Nacht fast, meistens auch am Sonntag. Ich belieferte viele Firmenkantinen in der Stadt und Hotels und Restaurants. Riesige Mengen mussten vorbereitet werden, das machte ich am Sonntag. Da hatte ich Zeit, da stand ich hinter den heruntergelassenen Rolläden und schnitt zum Beispiel tausendzweihundert Schnitzel für die Standard-Telefon in der Au. Ich sage manchmal hier im Heim zum Schälli oder zum Stutz Päuli, wenn wir am Witzeln sind: «Losid, ich kann noch nicht abtreten. Ich bin noch am Überstunden einziehen.»

Wir wursteten auch selber an der Krone und machten Fertigmenüs, von Anfang an. Man sah bald, dass das ein gutes Geschäft würde, die Fertigmenüs. Fastfood, gäll. Am Anfang machten die den Braten noch nicht heiss, es gab viele Haushalte in der Umgebung und die Hausfrauen kauften das Fleisch bei mir. Die Leute kauften säbi Zit immer mehr Fleisch und Wurst, die assen das jetzt jeden Tag. Vorher war es ja die Ausnahme, und während dem Krieg sowieso. Aber jetzt kam jeden Tag Fleisch auf den Tisch und am Wochenende Braten. An der Krone waren rundherum Läden, es gab Bäckereien, Lebensmittelhändler, einen Haushaltwarenladen, ein Blumengeschäft, eine Drogerie, ein Kleidergeschäft, einen Uhrenmacher. Das war wie ein kleines Dorf. Die Fertigmenüs machte ich für die Fabrikarbeiter. Die Firma Angst & Pfister zum Beispiel war gerade um die Ecke an der Beckenhofstrasse. Die expandierte und hatte eine kleine Fabrik unten an der St.-Niklaus-Strasse. Das waren fünfzig Leute und die fragten mich an, ob ich für sie koche. Vom Militär wusste ich ungefähr, was man machen könnte. Ein paar Jahre später verschwand diese Fabrik wieder, wegen dem Tunnel der Stadtumfahrung, der genau dort anfängt.

Das Hildi musste die Küche übernehmen. Sie war im Verkauf und in der Küche. Sie machte jeden Tag zwölf verschiedene Salate, Ochsenmaulsalat, Fleisch- und Wurstsalat und natürlich Kartoffelsalat, russischen Salat, Eiersalat. Und dann noch das Lumpenzeug, grüner Salat, Kabissalat, Mais- und Randensalat und all das. Dazu panierte Schnitzel, Cordon bleu, Braten und Kartoffel- oder Teigwarengratin. Etwa so. Das machten wir jeden Tag frisch, das heisst, das Hildi machte das. Wir bekamen eine Liste von den Firmen und machten die Sachen bereit. Für die Salate hatten wir Plastikgeschirr, für das restliche Geschirr schauten sie selber. Das lief prächtig säbi Zit, das darf ich sagen.

Ich konnte mir das erste Auto leisten, im Sechsundfünfzig war das, einen De Soto, einen Gebrauchtwagen. Der war schon ziemlich schön. Aber ein paar Jahre später kam dann der Höhepunkt, automässig. Das war der Plymouth. Graublau war der, ein absolutes Prachtswägeli. In Unterstrass war das sicher das schönste Auto, obwohl dort schon viele ein Auto hatten. Dieser Plymouth besass eine schön langgezogene Linie auf der Flanke, gäll, Chromstahl. Fünfplätzer, Dreilitermotor und ein Hinterteil, dass es eine Freude war. Mit solchen Flügeln. Aber nicht die hochgestellten wie bei den Amerikanern, nicht so stutzermässig. Das Wägeli hatte die Flügel schön gerade und elegant nach hinten, wunderschön. Es war zwar nicht neu, das konnte ich mir noch lange nicht leisten, aber wir hatten es jahrelang. Ich trug ihm Sorge. Es gab nichts Schöneres als Ausflüge an einem Sonntag, das kann man sich nicht mehr vorstellen. Wir machten immer Picknicks, wenn wir Zeit hatten.

Mit dem De Soto fuhren wir das erste Mal in unserem Leben ins Ausland, nach Rimini. Cabicce Mare hiess das Dorf, am Rand von Rimini. Nur der Werni kam mit und ein Freund von ihm. In Lugano frühstückten wir und in Parma assen wir zu Mittag. Stell dir vor, keinen Meter Autobahn, da sah man etwas von der Welt. Die Autobahn war erst im Bau. Über den Po hatte es erst eine Pontonbrücke, die schwamm auf Fässern. Wir fuhren morgens um vier los und am Nachmitag um Viertel nach fünf sprang ich das erste Mal ins Meer. Richtige Badeferien waren das, mit allem Drum und Dran. Ich schwamm sehr gerne. Das Hildi plantschte am Rand herum, sie konnte nicht schwimmen.

Italien gefiel mir, die Leute waren lustig. Aber mehr als Ferien hätte ich dort nicht machen wollen. Es war mir viel zu dreckig und zu wenig zuverlässig. Das Wasser konnte man nicht trinken, es wäre auch viel zu warm gewesen für meinen Geschmack. Salat ass man besser auch nicht, der gab Dünnpfiff. Für Ferien ging das ja. Italien war sehr arm, ein Entwicklungsland. Das ist jetzt anders. Die Länder haben sich einander angenähert in Europa, die Unterschiede sind nicht mehr gross. Es gibt jetzt auch andere Länder ausser der Schweiz, die gut funktionieren. Es gibt sogar solche, die besser funktionieren als die Schweiz, absolut. Das war nicht immer so.

In Cabicce Mare fing das an mit dem Strandleben. Die Leute leisteten sich etwas, Sonnenbrillen, Aperitifs. Die Italiener sangen den Schweizern und Deutschen und Engländern in den Liegestühlen vor, die können das. Jetzt singt ja niemand mehr, das ist schade. Das ist ein grosser Verlust für die Menschen, dass sie nicht mehr singen. Es macht sich einer ja lächerlich, wenn er singt. Dabei tut das der Seele wohl. Diese Italiener sangen den lieben langen Tag, überall. Es gab haufenweise Verkaufsstände und fliegende Händler, die einem irgendeinen Mist andrehen wollten. Man musste die richtig abwimmeln. Richtig grob werden musste ich, sonst hockten sie einem auf den Tellerrand. Reden mit denen konnte man nicht, aber sie verstanden einen. Die wenigsten Schweizer konnten Sprachen säbi Zit, schon gar nicht Italienisch. Englisch auch nicht, das brauchte kein Mensch. Wenn überhaupt etwas, dann konnte man ein bisschen Französisch.

Das Hotel Miramare war nigelnagelneu und wir die einzigen Schweizer. Schweizer waren gern gesehene Gäste nach dem Krieg. Wahrscheinlich weil sie keine Schweinereien machten am Strand und im Hotel. Einmal jagte es mir den Zapfen ab im Hotel Miramare, wegen so einem verwöhnten Gof. Die Italiener verwöhnen die Kinder viel zu sehr, ein riesiges Geschiss machen die, solange sie klein sind. Am Tisch nebenan war eine grosse Familie und die assen diese weissen Brötchen zu den Spaghetti. Die Italiener essen zu allem Weissbrot. Nur Weissbrot, kein Ruchbrot. Item, das Söhnchen klaubte das Weiche aus dem Brötchen, machte eine Kugel und schnippte sie genau auf meinen Teller. Da stand ich auf und ging an den Tisch von denen und sagte dem Bürschchen im besten Berndeutsch: «Du Schnudercheib, wenn du das nocheinmal machst, dann haue ich dir eine runter, dass du unter den Tisch fliegst. Merk dir das.» Die verstanden natürlich kein Wort, aber gemerkt haben sie, was gemeint ist, auch der Kellner. Am nächsten Tag wurden sie mit ihren Saugofen an einen anderen Tisch gesetzt.

In Cabicce trug ich das erste Mal im Leben diese Touristenshorts und ich ass die erste Pizza meines Lebens. Die erste und die letzte, gäll. Das war in Cabicce Monte. Es hiess, dort oben gebe es eine fantastische italienische Spezialität, eben diese Pizza. Alle pilgerten nach Cabicce Monte zum Pizzafressen. Da fuhren wir auch einmal hinauf und probierten das. Aber ich muss sagen, ich war sehr enttäuscht. Wegen dem Teig, gäll. Das kam mir vor wie ein Kuchen mit hartem Teig und nichts drauf. Der Schweizer Kuchen, die Wähe, das war eines meiner Lieblingsessen, aber diese Pizza konnte mir gestohlen bleiben. Das ist so ein zusammengedrückter Brotteig, kein Mürbeteig. Und zuoberst noch dieser Kaugummikäse, der zieht solche Fäden. Nein, ich habe lieber Siedfleisch. In unserer Kochgruppe hier fabrizieren sie manchmal Pizza. Das essen ja jetzt alle. Aber ich leistete damals einen Schwur, dass ich das nie wieder essen werde. Ich mache mir lieber ein schön feisses Siedfleisch, wenn die anderen Pizza fressen.

Das Italienische kannte ich auch von einem meiner Angestellten, der hiess Amadeo. Ich hatte inzwischen sechs Angestellte und den Amadeo, das war der Ausläufer, ein Sizilianer. Der wohnte bei uns im Dach, hatte ein Mansardenzimmer. Das war ein sehr guter Mann, zuverlässig und immer freundlich. Er blieb bei uns an der Krone, bis wir aufhörten. Auch seine Frau und sein Kind wohnten im Dach, also in der Mansarde. Teilweise benutzten sie auch den Estrich als Wohnung. Ich schenkte ihm unser Schlafzimmer, weil wir uns jetzt ein modernes leisten konnten, Kombimöbel. Duschen konnten sie in der Waschküche, die war auch dort oben, mit Warmwasser. Wahrscheinlich war das schon ein wenig eng für den Amadeo mit der Frau und dem Kind, aber der wollte das so. Damit er möglichst viel Bares nach Sizilien mitnehmen konnte. Ich weiss nicht, ob seine Frau und das Kind legal da waren oder nicht. Das war dem seine Sache.

Es ging ganz langsam aufwärts in den sechziger Jahren, das darf ich sagen. Wir konnten uns etwas leisten, gäll. Das Sparen stand uns säbi Zit nicht zuvorderst. Wir hatten richtigen Nachholbedarf. Nach den vielen Entbehrungen und dem Krampfen wollte man auch einmal etwas davon haben. Ich konnte dem Hildi einen Pelzmantel kaufen und mir habe ich ab und zu gute Cigarren gegönnt. Bis ich dann ganz aufhörte mit der Raucherei. Weil ich merkte, dass ich gesundheitlich aufpassen muss. Ich hatte jetzt auch Übergewicht, fertig mit dem Sprenzel.

Einmal musste ich ins Spital, der Blinddarm wäre mir fast geplatzt. Später dann noch einmal wegen der Prostata, da wäre mir fast die Blase geplatzt, weil ich so lange wartete. Sonst hatte ich nie etwas, ausser einmal Hämorrhoiden, aber die kurierte ich mit den Solbädern in Rheinfelden, die kamen nie mehr. Krank war ich nie. Item, beim Blinddarm hatte ich irgendwann solches Ranzenweh, dass ich es nicht mehr aushielt. Da telefonierte das Hildi dem Doktor Angst. Der kam und hinterher kamen sie mit dem blinkenden Krankenwagen. Das ging alles tipptopp.

Ich wachte in einem Sechserschlag auf, es war ein paar Stunden später. Weitaus der Jüngste war ich, alle anderen schon ältere Semester, mit Prostata und solchen Sachen. Diese Kadetten in ihren hinten geschlitzten Nachthemden waren alle ein wenig eingeschüchtert und getrauten sich nicht, ein bisschen fröhlich zu sein. Es gefiel mir überhaupt nicht in diesem Krankenzimmer. Gottseidank hatte ich viel Besuch. Und Metzger kommen natürlich nie mit leeren Händen, kannst denken. Die kamen alle mit einem Fläschchen Wein und einem Znüni anmarschiert.

Da fragte ich das Doktörchen, ob ich mir einen Schluck Wein genehmigen dürfe. Er verbot es mir nicht. Wir warteten schön, bis der im weissen Kittel wieder abgerauscht war. Dann veranstaltete ich ein kleines Picknick, zur Hebung der allgemeinen Moral, alle in den Nachthemden. Im Bett neben meinem lag ein Weinbauer, der Girsberger aus Ossingen. Er war nur noch Haut und Knochen, ein trauriges Gerippe. Aber er wollte auch dabeisein und etwas von dem Wein haben. Da hievte ich ihn vorsichtig aus dem Spitalnest und trug ihn sorgfältig zu unserem Picknick. Wir stiessen alle auf unsere Gesundheit an, die Stimmung war prächtig. Da kam das Doktörchen zurück. Und bekam fast ein Kind, kannst dir vorstellen. Sah uns mit dem Girsberger beim Wein höckeln. «Ums Himmelswillen, was machen Sie denn. Der Herr Girsberger ist doch frisch operiert!»

Ich besänftigte ihn: «Nur keine Aufregung, Herr Doktor, es geht ihm bestens. Wenn Sie das gut genäht haben, dann hält das auch.»

Wir mussten sofort Fieber messen. Alle Mannli hatten Fieber. Nur ich nicht, gäll, ich war ja der Jüngste.

Anfang der sechziger Jahre kam mir auch zu Ohren, dass die Frau Huber, die Verpächterin der Metzgerei, an der Hirschwiese bei der Wirtschaft Felsenegg drei Wohnhäuser verkauft hatte. Die Winterthur Versicherung kaufte ihr die ab, um eine grosse Blocksiedlung hinzustellen. Die Versicherungen und die Banken und Genossenschaften bauten überall am Stadtrand diese grossen Wohnsiedlungen. Diese neuen Blocküberbauungen waren Goldgruben. Ich hörte, dass die Frau Huber über drei Millionen für die Grundstücke kassiert hatte. Da besuchte ich sie und sagte: «Frau Huber, bitte seid mir nicht böse, aber ich weiss, dass Ihr drei Millionen für Häuser bekommen habt, die Ihr an der Hirschwiese verkaufen konntet. Das heisst doch sicher, dass Ihr jetzt liquid wärt, Frau Huber?»

«Soso», sagte die Frau Huber. «Wer hat Ihnen denn das erzählt?»

«Da muss man gar nicht herumfragen, Frau Huber, das weiss die ganze Stadt. Es wäre jetzt höchste Eisenbahn, dass der Laden an der Krone umgebaut wird. Man muss den endlich modernisieren, Frau Huber.»

Die Frau Huber war einverstanden. «Da haben Sie gar nicht unrecht, gar nicht unrecht.»

Ich plante also mit einem Ladenbauer eine schöne moderne Metzgerei. Ich hatte das schon lange im Kopf gehabt, eigentlich seit der Saffa im Achtundfünfzig. Das war im Prinzip eine grosse Frauenausstellung, die machten das wegen der Abstimmung über das Frauenstimmrecht. Es hat dann ja nichts genützt, gäll. Wir Metzger stellten dort auch aus. Sehr modern gemacht war diese Ausstellung. Dort sah ich diese neuen Verkaufsflächen.

Als nach ein paar Monaten der Umbau fertig wurde, sagte Frau Huber: «Herr Meister, Sie werden begreifen, dass ich jetzt mehr Zins brauche.»

«Aber sicher, Frau Huber, das ist in Ordnung, absolut. Aber ich möchte eine Sicherheit. Der neue Zins soll ins Grundbuch eingetragen werden.»

Wir machten das, der Zins wurde für zehn Jahre festgelegt und eingetragen. Das gab dann später Probleme, weil ihr Schwiegersohn ein Vagant war. Der trug das Geld, das ich der Frau Huber bezahlte, auf direktem Weg nach Konstanz und Baden-Baden. Und brachte keinen Franken mehr zurück, gäll. Der war ein Spieler und versuchte, über die Frau Huber mehr aus der Metzgerei herauszuquetschen. Aber mit dem Grundbucheintrag wurde dem ein Riegel geschoben.

Nur einmal gerieten wir noch aneinander. Im Hinterhof war ein kleiner Garten. Eines Tages verschwand dieses Gärtchen plötzlich, es wurde geteert und zu einem Parkplatz gemacht. Man brauchte jetzt allgemein Parkplätze, keine Pflanzblätze mehr. Wer hätte denn noch Gemüse anbauen wollen. Der Garten war gratis gewesen, aber für den Parkplatz verlangte die Frau Huber einen Aufschlag. Damit war ich einverstanden, aber nicht mit dem Zinsaufschlag, den sie grad noch darin versteckte. Ich musste reklamieren: «Frau Huber, Sie werden das verstehen, ich kann Ihnen nicht mehr als fünfzig Franken für einen Parkplatz bezahlen. Alles andere kommt nicht in Frage, da können Sie im Grundbuch nachschauen. Und sowieso versenkt das Ihr Herr Schwiegersohn in der Spielhöll.»

«Woher wisst Ihr das, Herr Meister?»

«Aber Frau Huber, nicht ich weiss das, die ganze Stadt weiss das.» Sie drohte mir, ich würde das eines Tages bereuen. Spätestens 1972, dann laufe ja der Vertrag aus. Da gab ich ihr zur Antwort: «Frau Huber, dann machen wir doch grad sauberen Tisch. Wenn das so ist, dann kündige ich Ihnen hiermit auf den 1. Oktober 1972. Ich lasse mich von Ihnen und Ihrem Schwiegersöhnchen nicht erpressen.» Gäll, damals bluffte ich wieder, es waren ja noch viele Jahre. Die Wirtschaft boomte kolossal. Wie sich das dann für uns Kleine auswirkte, das hätte niemand voraussehen können.

In der Zwischenzeit waren alle Kinder unter der Haube. Der Werni machte eine Chemikerlehre und ging dann ans Technikum. Später erfand er in Basel neue Medikamente. Er wollte ja ursprünglich Metzger werden wie ich, aber das redete ich ihm aus. Das war doch nichts für den. Der Werni war kein Metzgertyp, viel zu zart, innen und aussen, mehr wie das Hildi. Er wäre ja beinahe an einer Hirnhautentzündung gestorben, das hing an einem Faden. Aber inzwischen kannten sie Medikamente, nicht wie bei der Mutter. Dank denen hat der Werni überlebt. Vielleicht ist er deshalb in die Chemie eingestiegen.

Der Karl wäre eher der Metzgertyp gewesen, der war gross und robust. Er wollte auch ans Technikum, aber da konnten wir uns das noch nicht leisten. Er machte eine Mechanikerlehre und fand eine gute Stelle bei der Contraves, das sind die mit den Waffen. Er studierte später am Abendtechnikum und im Militär brachte er es bis zum Major, denk auch. Die Contraves arbeitete übrigens nicht nur für die Schweizer Armee. Der Karl konnte als Vertreter der Contraves sogar den Italienern neue Waffensysteme vorstellen. Auch die Schweizer Armee wollte eines dieser neuen Raketensysteme einführen. Diese kleinen Raketen, mit denen man das Ziel direkt anpeilen kann, ich erinnere mich nicht mehr, wie sie heissen. Die Contraves hatte so etwas entwickelt, aber gleichzeitig hatten das die Schweden auch herausgefunden. Und jetzt kaufte die eigene Schweizer Armee mit den eigenen Steuergeldern das ausländische System! Das ist typisch Militär, gäll. Die denken nur von hier bis dort, wo es klöpft. Die Contraves verkaufte ihr System dann den Italienern.

Die Mädchen halfen der Mutter in der Metzgerei, bis das wegen den eigenen Familien nicht mehr ging. Ohne das Teres und ohne das Sophie hätten wir das mit dem eigenen Geschäft nie geschafft. Die Mädchen arbeiteten eigentlich ohne Lohn, sie bekamen dafür das Fleisch gratis. Vielleicht ist das ja aus heutiger Sicht nicht richtig. Säbi Zit war das gar nichts Anstössiges.

Ich hatte mir schon in Oerlikon einen Hund gekauft, einen Boxer, den Walo. Der wurde ein wichtiges Familienmitglied. Er schlief bei mir im Bett und schnarchte lauter als ich. Ich hatte von dem Moment an, wo wir nach Zürich kamen, immer einen Hund, gäll. Er wartete in der Wohnung, bis ich mit ihm spazierenging. Später war es dann der Pascha, auch ein Boxer, ein Rüde. Bis vor kurzem hatte ich immer einen Hund. *Die Fiora war das letzte Tierlein, das ich hatte. Sie machten sogar eine Ausnahme hier im Heim, weil ich sagte, ohne meinen Hund komme ich nicht. Gäll, ohne meine Hunde hätte ich dieses Leben nicht überlebt. Es war von Anfang an so. Die Hunde sind ein Teil von mir. Es ist, als hätte ich kein Herz, wenn ich keine Tiere habe. Und ohne Herz kann einer nicht leben.*

Jetzt habe ich kein Tier mehr. Ich will einen Hund nicht allein hier zurücklassen, wenn ich abtrete. Das wäre nicht anständig. Und in meinem Alter weisst du etwas ganz sicher, nämlich dass du gehst und dich alles rundherum überleben wird. Also bindest du nichts mehr an dich. Aber es gibt ja noch die Entlein. Jetzt bin ich der Entenfütterer, das macht nichts.

Die Wirtschaft florierte zwar weiter, aber immer noch gar nicht überall. Uns Kleinen ging es nicht besser, im Gegenteil. Die Konkurrenz wurde härter. Die grossen Firmen drückten überall herein und machten uns das Leben schwer. Es veränderte sich etwas Grundlegendes, das spürte man. Die Qualität einer Arbeit stand plötzlich nicht mehr an erster Stelle, sondern der Profit, also der Preis. Je billiger etwas war, desto besser. Das war noch nie so. Heute ist das ja noch krasser. Und wo das endet, frage ich mich. Wahrscheinlich fressen die Menschen irgendwann auch Dreck, wenn man ihnen sagt, es sei doch das gleiche, nur schöner verpackt und billiger. Es ist nie das gleiche, sicher nicht. Am besten erkläre ich dir das am Cervelat.

Der Cervelat war der Stolz jedes guten Metzgers. Der Cervelat gehörte sogar zum Nationalstolz, würde ich sagen. Jeder Schweizer hatte gern Cervelat und ass auch viel Cervelat. Säbi Zit war das die Fressalie, die am häufigsten gegessen wurde vom einfachen Bürger. Die meisten assen mehrere am Tag, zum Znüni und auch später nochmal. Einer pro Tag war es sicher. Ich vermisse den Cervelat heute noch. Weil es den richtigen nicht mehr gibt, gäll. Cervelat ist hauptsächlich Rindfleisch, ein Drittel davon ist Fett, zehn Prozent Schwarte, der Rest ist Wasser beziehungsweise Eis. Das Geheimnis sind die Gewürze und das Fett. Fett ist ein Geschmacksträger. Wenn das mit Koriander, Muskatnuss, feinem Pfeffer und Mazis zusammenkommt, dann ist das eine Köstlichkeit. Und eine Kunst, absolut. Mazis heisst die Muskatblüte, das ist ein sehr schönes Gewürz, es hat viel Aroma, aber keine Schärfe. Dann noch Zwiebeln und Knoblauch, damit das ganze Rasse bekommt.

Und dann, das muss sein, ein bisschen Nitrit. Da geht es um die Farbe. Der Mensch isst auch mit den Augen. Graues Fleisch ist nichts Schönes. Und eine Prise Nitrit schadet keinem, das ist meine Meinung. Mir hat es jedenfalls nicht geschadet. Es darf natürlich nicht zuviel sein, darum wurde das Nitrit ja dem Salz beigegeben, damit niemand zuviel reinschüttet.

Für mich war das übrigens kolossal schwierig mit dem Nitrit, weil ich farbenblind bin. Ich konnte nicht sehen, ob die Wurstmasse rötlich ist oder nicht. Ich machte das mit dem Gefühl. Es gab eine Art, wie die Schönheit insgesamt war. Wenn es schön aussah, dann wusste ich, jetzt ist es richtig. Das war es auch. Heute wird alles übertrieben. Das Nitrit wird verteufelt und das Fett wird verteufelt. Dafür hat es jetzt in allem diese Ersatzstoffe drin. Das ist überhaupt nicht gesünder, wenn du mich fragst. Das ist doch Kabis. Ein bisschen Speck hat noch niemandem geschadet. Wenn etwas schadet, dann dieses Affentheater und das ganze abgepackte Industriezeug.

Item, in einem richtigen Cervelat muss man den Speck sehen. Auch die Schwarte muss man sehen, feine Stückchen müssen sichtbar sein. Aber wenn jetzt irgendwo Speck zu sehen ist, dann werden die Leute hysterisch. Drum wird alles püriert, damit man nichts sieht. Reinmischen kann man dann, was man will, gäll. Schön nach dem Massengeschmack muss es aussehen. Säbi Zit war es wichtig, dass der Cervelat dem Meister passte, das war sein Stolz. Ein währschafter Metzger machte mit guter Ware seine guten Würste. Darum waren sie hier ein bisschen anders als dort. Jetzt schmecken die Cervelat in Dubai gleich wie in Dübendorf. Gleich fad.

Item, es ging also um den Cervelatpreis. Als ich nach Zürich kam, kostete die Wurst fünfundzwanzig Rappen. Jetzt kostet sie einsfünfzig. Aber die Löhne sind zehn bis fünfzehnmal gestiegen. Dass ein Cervelat im Verhältnis heute fast nichts mehr kostet, das lag eben an den Grossbetrieben, die das industriemässig herstellten. Mit billigen Arbeitskräften aus dem Ausland, mit Maschinen und auch mit Hundware. Unsereiner hatte Leute, die ihr Handwerk verstanden, aber auch etwas kosteten. Es war übrigens nicht nur mit den Cervelat so, sondern mit allem.

Die Grossen konnten die Preise drücken mit ihren Aktionen, das kam säbi Zit auf, diese Schlager. Die Ware wurde unter dem Preis verkauft. Mit diesen Schlagern wurden die Leute in die grossen Läden gelockt. Die Grossen holten das problemlos woanders wieder rein, gäll. Wir Kleinen konnten das nicht. Der Moser, der Schlageter, der Bell, der Niedermann, das waren alles Grosse. Die drückten das Geschäft gewaltig. Die begannen auch, die Kundenwünsche zu erforschen, richtig wissenschaftlich. Darum kam dann dieser Fettfeldzug und alle machten schön das gleiche. Die Grossen nahmen uns auch die Grosskunden weg, weil sie viel billiger produzierten. Und irgendwann kamen die Riesen, die Ketten, Migros und Coop, und die Warenhäuser, die überall hereindrückten. Ob die Ware auch etwas wert war, war kein Kriterium mehr. Ich will damit nicht sagen, dass alle Grossen Hundware lieferten. Nur von den Warenhausmetzgereien halte ich heute noch nichts. Und schau, das ist doch bezeichnend, auch die meisten von den Grossen sind inzwischen gefressen worden. Heute gibt es ja praktisch nur noch die Riesen.

Es bestand säbi Zit, Ende der sechziger Jahre, ein Graben zwischen den Kleinmeistern und den Grossmeistern. Den hatte es zwar schon länger gegeben, aber jetzt wurde er grösser. Unüberbrückbar, könnte man sagen. Das wurde ein Graben zwischen Handwerkern und Fabrikherren, so sehe ich das. Diese Herren hatten keinen Berufsstolz mehr. Das war für die ein Fremdwort. Das waren Bürolisten. Jetzt sind es Manager. Die haben keine Beziehung mehr zu dem, was sie herstellen.

Wir waren im Verband etwa zweihundert Kleine und ein Dutzend Grosse. Aber wir Kleinen waren bald auf verlorenem Posten, absolut. Wir konnten denen ja nicht verbieten, Geschäfte zu machen. Und die Kundschaft lief ihnen scharenweise nach, was will man da. Auf den Versammlungen der

Metzgermeister kämpften wir Kleinbetriebe in der vordersten Reihe, vor allem der Anliker, der Leutert und ich. Auf den Gruppenfotos findest du mich sofort – der kleinste ist immer der Meister. Nur leider wehrten wir uns vergeblich, langfristig. Der Niedergang des Gewerbes begann, das war nicht mehr aufzuhalten, gäll. Das war übrigens nicht nur bei den Metzgern so, das war im ganzen Kleingewerbe so. Ins Geschäft vom Leutert an der Schützengasse kam dann eine russische Bank.

In der Zeit, als es für uns schwieriger zu werden begann, ging auch der Radau wieder los auf der Strasse. Seit dem Krieg war Ruhe gewesen, jetzt ging das wieder los. Diesmal waren es die Jungen, sie demonstrierten, es gab eine Revolte. Im Herbst war das, im Achtundsechzig. Es waren vor allem die Studenten, die Krawall machten. In der Stadt war der Teufel los. Für mich waren das nur Revoluzzer, gäll, ein grosses Maul und hinten kein Fleisch dran.

Das Hildi und ich sassen gerade im Restaurant Schaffhauserplatz und assen zu Mittag, als es losging. Da kam einer hereingestürmt, ganz aus dem Häuschen. «Jessesgott, es ist Krieg am Bahnhofsplatz unten. Ein Riesentumult, überall Polizei. Die verhauen sich die Grinde und schmeissen sich gegenseitig in die Limmat. Das langhaarige Saupack.» Ich sprang sofort auf und wollte mit dem Pascha in die Innenstadt. Da hätte ich doch gern mein Scherflein beigetragen zur Beruhigung, denk auch. Aber das Hildi und der Wirt, der Ritzi, die drückten mich auf den Stuhl und liessen mich nicht gehen. Zürich war in bezug aufs Revoluzzertum immer ein gefährliches Pflaster. Sicher wäre ich auch in die Limmat geflogen. Aber vorher hätte der Hund noch ein paar Hosenböden perforiert. Ich konnte ja gut schwimmen.

Für dich tönt das sicher sehr übertrieben, aber dieser Moment, als der hereinkam und von Krieg redete, ist für mich jetzt noch ein Horror. Es war der Globuskrawall, kein richtiger Krieg. Aber das ganze Gestürm machte mir grosse Angst, ich muss das sagen. Es war so plötzlich gekommen, für mich jedenfalls. Ich wollte auf gar keinen Fall, dass sich das ausbreitete. Dieser Aufruhr unter den Leuten musste sofort und rigoros gestoppt werden. Denk auch, ich hatte doch erlebt, wie sich solche Funken entzünden können. Das kannst du vielleicht nicht verstehen, aber ich befürchtete wirklich eine Revolution. Bürgerkrieg, Verletzte, Tote. Dieses ganze verflüemerete Chaos, das wir doch schon einmal hatten. Das lief alles sofort vor meinem inneren Auge ab. Das war in mein Hirn eingebrannt. Mir war das gar nicht gleich, dass die Jungen rumzeuselten und unsere schöne Ordnung durcheinanderbrachten. Die hatten wir uns hart verdienen müssen.

Aber gäll, wahrscheinlich brauchte die neue Generation das. Das ist schon möglich. Die Jungen wurden jedenfalls selbstbewusster als sie es vorher waren, sicher, und das ist gut. Sie getrauten sich, das Maul aufzutun, wie wir vom Personal nach dem Krieg. Aber so sieht man das erst am Schluss.

Sie haben auch etwas erreicht, das kann man sagen. In erster Linie politisch. Es gab wieder eine Polarisierung in der Politik. Die Intelligenz mischte jetzt mit in der Politik, natürlich links vom rechten Weg. Wohlgemerkt, ich hatte Studenten doch immer gern gehabt, ich schätzte die, absolut. Vor Intelligenz habe ich immer Respekt. Aber man muss besonders vorsichtig sein, wenn die Intelligenz sich in die Politik mischt. Die wollen dann nämlich etwas erreichen und wissen auch wie. Die finden Mittel und Wege. Wenn sich die Intelligenz einmischt, bleibt kein Stein auf dem anderen. Im Achtundsechzig wollten sie, dass die Roten mehr Aufmerksamkeit bekamen, und das erreichten sie. Die sozialistische Partei wurde viel moderner, würde ich sagen. Säbi Zit war sie moderner als jetzt, gäll. Und sie wurde vaterländischer, wenn sie das auch sicher bestreiten würden. Es ging den Roten nicht mehr nur um soziale Anliegen, sondern um nationale, gesamtstaatliche. Die setzten zum Beispiel mit viel Sturheit doch noch das Frauenstimmrecht durch, im Einundsiebzig. Denk auch, erst im Einundsiebzig, drei Abstimmungen brauchte das. Die Sozialisten wurden eine Arbeiterpartei mit einem intellektuellen Rahmdeckel, so sehe ich das. Diese jungen Revoluzzer waren natürlich alle rot, jedenfalls, solange sie jung waren. Aber so sind eben die Revoluzzer – irgendwann fällt das rote Mäntelchen ab, gäll. Und dann steigen sie die Leiterchen hoch.

Wieder einmal war alles im Umbruch. Auch die Krone veränderte sich total. Unsere besten Kunden, die grossen Firmen, zogen an den Stadtrand, wo sie mehr Platz hatten und weniger Steuern zahlen mussten. Angst & Pfister zog nach Embrach. In der Stadt breiteten sich Dienstleistungsbetriebe aus, Banken und Versicherungen und diese Sachen, die konnten die hohen Mieten bezahlen. Das Wohnen wurden überall teuer in der Stadt, die Familien zogen weg. Alle hatten jetzt ein Auto, also war das Pendeln kein Problem. Unsere Kunden waren in kürzester Zeit fast nur noch Bürolisten, und das sind schlechte Esser, gäll. Die essen Sandwich und Joghurt, keine Cordon bleu und Gratin. Sie kaufen auch keine Braten für den Sonntag beim Metzger. Die kaufen in der Agglomeration in einem Einkaufszentrum etwas Abgepacktes. Das Quartier veränderte sich total. Es verödete, kann man sagen. Ein Geschäft ums andere liess den Laden runter. Eigentlich ist das jetzt nur noch eine Tramhaltestelle.

Manchmal beneidete ich den Fritz. Er lebte auf dem Land mit den Tieren und hatte seinen Frieden. Der Vatter war nach dem Krieg gestorben, im Achtundvierzig. *Der Willi schon viel vorher, sie hatten ihn erschiessen müssen. Säbi Zit kannte man das Einschläfern noch nicht.* Der Vatter hat das aber sicher nicht selber gemacht.

Ab und zu kam der Fritz auf Besuch, sicher einmal im Jahr, wenn die Olma in St. Gallen war, die Ostschweizer Landwirtschaftsmesse. Dann machte er auf dem Rückweg am Nachmittag einen Zwischenhalt in Zürich und wir verbrachten den ganzen Abend zusammen, bis er auf den letzten Zug ging. Der Landwirtschaft ging es verhältnismässig gut säbi Zit, die bekamen viel Subventionen, Unterstützung vom Staat. Sie mussten krampfen, aber es ging einigermassen auf. Das freute mich immer wahnsinnig, wenn der Friedel kam, gäll.

Am Fritz konnte ich eines Tages feststellen, wieviel ich rauchte. Ich rauchte gleich viel wie er. An so einem Abend qualmten wir locker vier Päckchen Zigaretten und auch noch ein paar Stumpen weg. Das Rauchen hatten wir ja schon als Knirpse im Eichholz gelernt. Auf dem Nachhauseweg von der Wirtschaft bekam ich fast keine Luft mehr. Ich kam diesen blöden flachen Stadthang fast nicht mehr hinauf. Da schwante mir, was es geschlagen hatte. Von der Nacht an rauchte ich nie mehr einen Hauch, gäll, sonst wäre ich schon lange krepiert. Ich hatte ja immer noch Übergewicht, viel zuwenig Bewegung. Der Fritz war immer schlank geblieben, aber er rasselte wie eine alte Dampflock. Rauchte Stumpen, bis er starb. An was er gestorben ist, weiss man nicht. Es hiess, an einem Schwächeanfall.

Sie benachrichtigten mich aber erst, als er schon ganz tot war. Das war schlimm für mich. Ich hätte doch sofort alles stehen- und liegenlassen, wenn ich gewusst hätte, dass es ihm so schlecht geht. Er wurde nur dreiundsiebzig. Ich kam erst zu ihm, als er schon tot war. Zum Doktor wäre der nie gegangen.

Wahrscheinlich stand mir der Fritz von allen Menschen am nächsten.

Dem Hildi ging es nicht gut. Es war, weil sie zuviel arbeiten musste, das sah ich. Sie war immer müde. Säbi Zit verstand ich nicht, warum sie immer müde war. Sie wurde kränklich und war ja nicht mehr die Jüngste. Es wurde immer schwieriger, in der Stadt gutes Personal zu finden, wir hatten zuwenig gute Leute. Die guten Leute wurden von den grossen Banken und Versicherungen kolossal gesucht und umworben. Alle wollten in Büros arbeiten, wer hätte sich in diesen Zeiten noch die Hände schmutzig gemacht.

Mir war klar, dass es wieder an der Zeit war, etwas zu ändern. Dass wir wieder umbauen mussten, einen Schnellimbissteil ausbauen und den Fachmetzgerteil verkleinern, das war mein Gedankengang. Im Schnellimbiss lag die Zukunft, das war klar. Die Schweizer haben das total verschlafen. Die haben das erst gemerkt, als es bereits an jeder Ecke diese Pizza- und Kebabstände gab. Aber ich konnte dem Hildi unmöglich nochmal so einen Wechsel und einen Umbau zumuten. Meine Zeit war abgelaufen, so ist das. Die Zeit für währschafte Metzger war vorbei.

Auch der Vertrag lief aus, 1972. Ich wollte nicht rausgeworfen werden, damit in meiner Metzgerei irgendein Büro aufmachen konnte. So war es inzwischen vielen Kleinen ergangen. Aus den Metzgereien an bester Lage wurden Bankfilialen oder Versicherungen, die Schaufenster wurden zugehängt. Die Vorstellung, mit den Erben von Frau Huber einen neuen Vertrag auszustreiten, verlockte mich gar nicht. Die alte Dame hatte Stil gehabt und Charakter. Das konnte man von den Nachkommen nicht unbedingt behaupten.

Irgendwie hielt mich nichts mehr in Zürich. Ich bin dort nie ganz angewachsen, gäll, obwohl ich fast die Hälfte meines Lebens dort wohnte. Wenn man es genau nimmt, bin ich eigentlich nirgends mehr angewachsen, seit ich vom Eichholz weggegangen bin. So ein Landgrind ist zu hart, um wieder Wurzeln zu schlagen. Ich blieb immer auf dem Sprung. Darunter gelitten hätte ich nicht. Aber ich konnte mir nicht mehr vorstellen, länger als nötig in der Stadt zu bleiben. Immer mehr Büros, immer mehr Strassen, immer mehr Sandwich- und Pizzafresser. Ich vermisste das Land, die Natur. *Und die Tiere, gäll. Ich hätte das zuerst gar nicht gemerkt. Aber als ich eines Tages in der Zeitung ein Inserat sah, gab mir das einen Stich ins Herz*. Ich schaute ja sonst Inserate nie an. Aber zufällig sah ich dieses Bild. Und dann las ich es. Und dann ging ich dort vorbei.

10 Schwüre

Wegen dem Pferd, gäll, das war nur wegen dem Pferd, das auf dem Bild war. Ein Pferd mit einem Mann und einer schönen Landschaft war auf diesem Inserat. Etwa in meinem Alter war der Mann, gegen sechzig. Ich hatte schon eine Weile herumgeschnuppert in der Branche. Geschaut, wie der Wind ging, könnte man sagen. Der Wind ging gar nicht gut für unsereins, definitiv. Da kam mir die Idee, ein Hundeferienheim einzurichten. Am Rand von Buchs bei Zürich hatte ich eine Liegenschaft gesehen mit einem grossen Umschwung. Da wären wir in der gewohnten Umgebung geblieben und doch auf dem Land. Per Handschlag war mit dem Besitzer bereits alles abgemacht. Hundertzwanzigtausend Franken hätte es gekostet. Nur die Bankangelegenheiten musste ich noch regeln. Als ich den Besitzer anrief, um mit ihm einen Termin zu vereinbaren, war dann wieder nichts. Jemand war nach mir gekommen und hatte die hundertzwanzigtausend Franken gleich bar auf den Tisch geblättert. Das konnte ich halt nie.

Und dann dieses Inserat. Das war wie eine Offenbarung. Unter dem Bild stand ungefähr: «Würde Sie ein Berufswechsel interessieren, bei dem Sie ausreiten können?» Etwa so, gäll. «Das können Sie bei uns, rufen Sie uns gleich an.» Das Inserat war von einer Bank, von der Schweizerischen Bankgesellschaft. Ich konnte doch an einem so schönen Bild nicht vorbeilaufen. In einem Kästchen stand noch: «Oder schicken Sie uns diesen Talon ein.»

Den schickte ich ab und einen Tag später bekam ich schon einen Anruf, von einem Herr Schmidli. Das war der Personalchef der SBG. Bevor der überhaupt etwas erzählen konnte, sagte ich zu ihm: «Herr Schmidli, bevor Sie zu weit ausholen, will ich Ihnen geradeheraus sagen, wer ich bin. *Ich bin neunundfünfzig und ein Metzger und habe nur die Grundschule gemacht. Ich verstehe absolut nichts vom Bankgeschäft. Aber Euer Inserat hat mir gut gefallen. Das mit dem Pferd. Drum habe ich Ihnen den Talon geschickt.»*

Ich musste natürlich nicht grännen wie jetzt. Der Herr Schmidli sagte: «Das mit der Schule interessiert mich nicht. Ich will nur den Typ sehen. Kommen Sie sofort bei uns vorbei.» Und dann zeigte er mir die ganze Bank, diese riesige Bank da an der Bahnhofstrasse. Die ist jetzt noch da, heisst UBS, das ist das gleiche. Die Banken machten damals sehr viel fürs Personal, die machten Reitturniere und Sportveranstaltungen. Das war ganz etwas anderes, denk auch. Die SBG hatte auch einen Jassclub, einen Tennisclub, einen Vipclub und sonst noch solche Clubs. Der Herr Schmidli erklärte mir alles und sagte: «Tipptopp, Herr Meister, genau solche Leute wie Sie brauchen wir.»

Er wollte mich eigentlich als Kurier einstellen. Da musste ich abwinken: «Nein, Herr Schmidli, das können Sie vergessen. Mit einer Mappe spaziert der Meister nicht durch die Bahnhofstrasse. Stellen Sie sich vor, wenn mich jemand sähe. Wenn mich jemand mit dem Mäppchen sähe!» Er zeigte mir auch die Notenkontrolle, die ist unter dem Boden, im Keller der Bank. Dort unter dem Paradeplatz in Zürich ist alles hohl. Ich sah auf den ersten Blick, dass beim Notenzählen alles Laien waren und dachte, doch, das könnte mir gefallen.

Dann ging alles sehr schnell. Ich fand problemlos einen Nachfolger für die Metzgerei, 1972. Ich riet dem, den Schnellimbiss auszubauen. Aber er hat nicht auf mich gehört. Heute gibt es keine Metzgerei mehr an der Krone. Es ist jetzt ein Büro drin und alles ist zugehängt, die Schaufenster sind zugehängt.

Wir brauchten auch eine neue Wohnung. In der Agglomeration von Zürich entstanden moderne Wohnblöcke, mit schönen Spannteppichen und Einbauküchen und dem ganzen Komfort. Und doch war man sozusagen auf dem Land. Ich schaute in Rudolfstetten einen Rohbau an und der passte mir. Die Wohnungen gehörten einer Bank. Hildi habe ich nicht gefragt. Da gab es nichts zu fragen, da musste man nehmen, was es gab. Es war ja Wohnungsnot in der Stadt. Ich habe sie bei solchen Dingen nie gefragt. Das machte unsereiner nicht, die Frau fragen, das war normal. Jetzt ist das anders, sicher, das ist recht. Säbi Zit dachte der Mann, das ist allein seine Aufgabe.

Es stimmt, das Hildi wollte eigentlich nicht aus der Stadt weg. Wegen dem Sophie, würde ich sagen. Dabei ging es ihr in der Stadt gar nicht gut. Ich war mir sicher, es würde ihr besser gehen in der Natur und in der Ruhe. Am liebsten wäre ich ja zurückgegangen ins Tal, aber das konnte ich nicht wegen der Familie. Ende September im Zweiundsiebzig, an einem Samstag, war die Geschäftsübergabe. Am gleichen Tag zügelten wir auch noch. Und am Montag fing ich an der Bahnhofstrasse an. Das ging Ruckzuck. Vielleicht ein bisschen zu schnell, fürs Hildi.

Ich hätte auch andere Offerten gehabt, von Grossmetzgereien. Der Geiser wollte mich als Grosskundenberater, Restaurants und so. Also eine Art Vertreter für Fleisch- und Wurstwaren. Das war aber nichts für mich. Es wäre mir auch zu gefährlich geworden. Den ganzen Tag den Restaurants nachlaufen, da ist man am Abend blau, gäll. Der ist übrigens auch eingegangen, der Geiser. Der kam ursprünglich aus dem Tal.

Auch der Bär am Rennweg pickelte an mir herum. Aber den konnte ich nicht riechen. Ein Grossgekotzter, absolut. Der hatte doch in ein gemachtes Nest hocken können. Sein Grossvater hatte die Liegenschaft am Rennweg für zweiunddreissigtausend Franken gekauft, und als der Junior die Metzgerei übernahm, war das Haus schon über eine Million wert. Da kann einer schon hoch angeben, wenn er keine Zinsen aufbringen muss. Ich kannte den Bär vom Vorstand der Metzgermeister. Der Bär ist ja eine der wenigen Metzgereien, die in Zürich das Ladensterben überlebten. Ich sagte das dem Bär mehrmals: «Hör mal, Fritz, du brauchst nicht so hoch zu pfeifen mit deiner Gratisliegenschaft. Unsereiner muss auch noch die Zinsen aufbringen.»

Ich zog einen dicken Strich unter das Metzgen, Schluss. Ich wurde Notenzähler am Paradeplatz. Das war nicht mein Traumberuf. Aber wohlverstanden, es war eine Traumbeschäftigung. Ich kam in eine völlig andere Welt. Alles vornehme, gebildete Leute, denk auch. Am Paradeplatz in Zürich in diesem Notenzimmer zu arbeiten, das war für mich doch eine Ehre. Als Metzger, gäll. Ich staunte immer wieder, dass das möglich wurde, mit so schlechter Schulbildung. Sechs Jahre blieb ich da, bis zur Pensionierung mit fünfundsechzig. Diese Zeit haftet noch ganz stark in meinem Unterbewusstsein. Dabei ist das doch auch schon wieder eine Ewigkeit her.

Ich muss sagen, das war die schönste Zeit in meinem ganzen Erwerbsleben. Das war sozusagen der Höhepunkt. Stell dir vor, wir fingen morgens um acht Uhr an mit der Arbeit. Wenn sich einer ein Leben lang daran gewöhnt hat, allerspätestens um sechs anzufangen, dann ist das wie Ferien, gäll. Ich kannte doch nie fixe Arbeitszeiten, man krampfte einfach, bis es getan war, und das war es ja nie. Und hier spazierte ich morgens um halb acht die Bahnhofstrasse hinauf, mit dem Mäppchen unter dem Arm. Schön gemütlich wie ein Tourist. Schaust ein bisschen in die Schaufenster und gehst dann in das schöne Haus und fährst mit dem Lift an deinen modernen Arbeitsplatz. Und um Punkt fünf spazierst du wieder nach Hause. Obwohl ich ja im Keller arbeiten musste, das machte mir nichts aus. Es war für mich eine grosse Befriedigung, die Stelle bekommen zu haben. Denk auch, vom Bergbauernhof kam ich in die grösste Bank der Schweiz an die Bahnhofstrasse.

Man wurde sehr geschätzt von den Banken säbi Zit, die taten alles, um Leute zu bekommen. Wenn ich einen Sekundarschulabschluss gehabt hätte, wäre ich natürlich auf einen anderen Posten gekommen, nicht in den Keller, gäll. Wobei, nein – das wollte ich gar nicht mehr. Ich sagte mir, ich will es hier nicht mehr zu etwas bringen. Fertig jetzt mit dem. Ich will es noch ein wenig schön haben.

Ich fing mit Begeisterung an in der Bank und wurde aber sehr enttäuscht zuerst. Meine Aufgabe passte mir überhaupt nicht. Es gab viel zuwenig zu tun. Es war mir wahnsinnig langweilig, das war nicht zum Aushalten. Am Morgen kam ein wenig Arbeit rein. Da sagte der Chef, das war ein ehemaliger Coiffeur, da sagte der bereits: «Pass auf, Hans, mach nicht so schnell, es muss reichen bis um fünf.» So geht das doch nicht, gäll, das hält der Meister nicht aus. Nach einer Woche ging ich zum obersten Chef und sagte: «Herr Studer, geben Sie mir einen anderen Posten, sonst tut es mir leid. Zum Rumhocken bin ich nicht zu euch gekommen. Ich möchte mein Geld verdienen.» Der Studer thronte in einem schönen Büro und schaute überrascht. «Herr Meister, bis jetzt hat nie jemand reklamiert, er habe zuwenig zu tun. Sonst heisst es immer, man müsse zuviel krampfen. Machen Sie Vorschläge.» Das habe ich gemacht.

Wir waren Leute ganz unterschiedlicher Herkunft im Notenzimmer, die nahmen ja jeden. Einer war Gardist aus der Schweizer Garde beim Vatikan, der Notenzimmerchef war wie gesagt ein Coiffeurmeister, ein ehemaliger Bäckermeister war auch dabei. Und noch ein behindertes Mädchen. Um das kümmerte ich mich ein wenig, weil es geistig nicht ganz auf der höchsten Stufe war. Sie musste die Eingänge notieren, und das machte sie gut. Da war ja auch noch nichts los auf der Abteilung, das änderte sich dann. Nach sechs Wochen war ich Chef des Notenzimmers. Dabei wollte ich doch gar nicht Furore machen bei der Bank.

Am Morgen kam ein Handwagen, darauf stapelten sich die Säcke, Kartons und Kisten, alles Geld. Dann verteilte ich die Arbeit, das war meine Aufgabe als Chef. Ich hatte sofort mehr Zählmaschinen organisiert, ich wusste ja, die hatten Geld zum Versauen. Also hatten wir jetzt drei Zählmaschinen. Sonst hätten wir die Liren nicht durchgebracht. Säbi Zit kamen hauptsächlich italienische Liren. Das waren grosse Noten, richtige Nastücher. Hunderttausender waren die gebräuchlichsten Noten. Es gab aber auch Fünfhunderttausender und Zweihundertfünfzigtausender, die mussten wir von Hand zählen. Fünfhunderttausender, das war säbi Zit viel Geld, und da gab es eben auch falsche darunter.

Wir mussten sie zählen und anschauen. Ich habe immer selber gezählt, weil ich eine Nase hatte für die Falschen. Gesehen hätte ich es weniger, wegen der Farbenblindheit. Es gab Wettbewerbe, wer am meisten Falschgeld findet. Ich gewann einmal eine Kiste Bier und einmal einen Cognac. Am meisten Falsche gab es bei den Dollar. Ich fand die Blüten sogar bei den Afrikanern. Weil die niemand in die Finger nehmen wollte, die schaute keiner sorgfältig an. Das war Stinkpapier. Aber ich zählte die wie alle anderen auch.

Bei den Blüten fiel mir nicht die Farbe auf, es fiel mir einfach irgend etwas auf. Die Note gefiel mir nicht, so würde ich das sagen. Wie bei den Würsten, sie war schön oder nicht schön, und wenn sie nicht schön war, stimmte etwas nicht. Man wunderte sich allgemein, warum ich die immer finde, aber ich konnte es nicht erklären. Manchmal war es ja nicht schwierig, es kamen sogar Fotokopien, schwarzweiss und von Hand angemalt. Oder nur einseitig bedruckte Noten, auch das kam vor. Was für ein Esel so etwas annimmt, kann man sich schon fragen.

Lire war die Hauptwährung, wir liessen an einem Vormittag drei oder vier Milliarden Lire durch. Das hätte dort drüben auf meinem Bett den Platz von der Matratze bis zur Decke gefüllt. Diese Kisten und Säcke voller Geld mussten wir alle bündeln. Hunderterweise, und dann zehn Bünde zusammen und ein Band darum.

Die ganze Welt kam herein als Geld. Ich bekam Noten in die Finger, da wusste ich doch gar nicht, dass es das gibt. Es war wahnsinnig interessant, wir zählten etwa hundertvierzig Währungen. Das war für mich wie Geografie. Gereist wäre man ja nicht viel. Dieses Geld erzählte einem von der Welt, wenn es einen interessierte. Manchmal kamen viele Japaner, schubweise. Chinesen kamen wenig. Thailänder kamen auch. Laoten und

Vietnamesen nur spärlich. Lire und Dollar kamen am meisten, das waren die Hauptwährungen. Und die Afrikaner, ganze Wagenladungen Afrikaner. Das waren kleine Nötlein, Soucheibe. Weil die Afrikaner die Noten immer im Hosensack tragen, nicht in einem Portemonnaie wie wir. Die waren ganz zerknautscht und fettig. Wir mussten sie bügeln mit dem Bügeleisen und die kaputten mit Klebeband flicken.

Wenn das Geld nicht von den Menschen zum Stinken gebracht wird, stinkt es eigentlich nicht, gäll. Geld stinkt an und für sich nicht. Aber wenn wir die Afrikaner auspackten, das darf man nicht laut sagen, dann stank das wie in einem Kamelstall. Das stinkt eigentlich nicht so schlimm, aber der Geruch passt nicht in eine Bank, gäll. Mit den Afrikanern hat die SBG viel spekuliert säbi Zit. Die mussten wir jeden Tag als erstes erledigen, weil die so grosse Schwankungen hatten. Die mussten am gleichen Tag wieder raus. Diese Afrikaner kauften sie irgendwo günstig und verkauften sie gleich wieder teurer, in den Libanon zum Beispiel.

Die Rupien waren auch schlimm, die Inder. Die hatten diese Löcher, gingen also nicht durch die Zählmaschinen. Alle Rupien hatten Löcher, ausnahmslos. Weil die Inder die aufspiessen. Die haben so Klötze und einen Nagel drin mit dem Spitz nach oben und dort werden die Hunderter oder die Fünfziger aufgespiesst. Die Rupien kamen nicht regelmässig, da kamen grosse Schübe und dann wieder nichts.

Irgendwie lief der Welthandel säbi Zit an, gäll. Der Studer, der Direktor, der war vorher Bankdirektor im Libanon gewesen. Der gefiel mir gut, der war anständig und hatte Pfupf. Mit dem zogen wir den Notenhandel erst richtig auf. Die Banken begannen Geld zu verdienen damit. Die SBG verdiente sich einen goldenen Daumen an dem Theater, würde ich sagen. Vorher war der Notenhandel ein Stiefkind. Aber dann wurde das ein wichtiger Zweig. Es kamen wahnsinnige Beträge, stell dir vor, es kamen Milliarden. Wenn da der Kurs nur ein, zwei Rappen schwankt – denk auch, der Gewinn. Da gab es aber plötzlich diesen Skandal bei der SBG, es wurden etliche Leute entlassen. Bei uns in der Abteilung mussten auch zwei gehen. Weil sie unerlaubte Geschäfte machten mit diesen Kursschwankungen. Sie nahmen das Geld, das ihnen nicht gehörte, legten es irgendwo an und warteten, bis der Kurs anstieg. Dann versorgten sie das Geld wieder dort, wo es hingehörte und steckten den Kursgewinn ein. Dem sagt man Insidergeschäfte, die gibt es heute noch. Das kam säbi Zit auf, ungefähr im Dreiundsiebzig.

Ich bekam sehr bald Lohnerhöhung. Die erste schon nach einem Monat, weil sie feststellten, dass ich die Meisterprüfung hatte. Das gab mehr Lohn. Verlangt hätte ich das nicht. Aber ich bekam sogar eine Lohnerhöhung, als plötzlich ein allgemeiner Lohnstopp durchgegeben wurde. Das war etwa im Fünfundsiebzig. Da sah es nach Krise aus, weil die Araber den Ölhahn zudrehten. Mir wurde der Lohn trotzdem erhöht. Ich musste zum Studer und der sagte: «Herr Meister, Sie werden ja festgestellt haben, dass wir Ihnen den Lohn erhöht haben auf viertausend Franken.»

«Ja, das hat mich gefreut. Ich möchte mich bedanken.»

Da sagte der Chef: «Aber hängt das nicht an die grosse Glocke, sonst geht der Radau los.» Gäll, dann hätte das geheissen: «Dem gibt man jetzt mehr Lohn. Einem Ungeschulten von ausserhalb. Und wir eingeübten Angestellten bekommen nichts.»

Kurze Zeit, nachdem ich bei der Bank angefangen hatte, wurden die ersten Computer eingeführt in der Abteilung. Es hiess, das seien Wundermaschinen. Mit denen könne man die Personalknappheit überwinden. Die Banken und die Versicherungen und all diese Büros suchten ja Leute wie die Häftlimacher, die stellten sogar Metzger ein, so gross war der Personalmangel. Aber es war dann nichts mit Personal sparen. Weil diese Computer wahnsinnig viele Fehler machten. Sie brauchten ständig mehr Leute, um das ganze Chaos zu beheben, das die Maschinen anrichteten. Wenn du mich fragst, hat die Menschheit diese Rechnung noch nicht gemacht. Was das die Menschheit gekostet hat und immer noch kostet. Diese Computer brachten im ganzen viel mehr Aufwand als Segen, das ist meine Meinung. Immer gab es Pannen, mehrere jeden Tag. Und die Fehler zu finden war furchtbar für die Leute, das ist wie Stecknadeln suchen im Heuhaufen. Niemand durchschaute diese Kisten wirklich. Viele geübte Angestellte sind Tag und Nacht im Büro gehockt und haben versucht, Pannen zu beheben. Ich habe beobachtet, wie die Leute fast durchdrehten. Was das nur schon die SBG kostete. Ich weiss, dass die ersten Computer auf unserer Bank damals fünfzehn Millionen kosteten, allein für den Hauptsitz, nur für die Anschaffung. Und nach zwei Jahren stellte man fest, das war Mumpitz und alles wurde rausgerissen und weggeworfen. Stell dir das vor, fünfzehn Millionen. Aber das neue Zeug war auch nicht viel besser, nichts als Ärger.

Jetzt ist das anscheinend anders, und es braucht wirklich weniger Leute überall. Weniger, dafür Gescheitere. Solche wie mich würden sie nicht mehr nehmen, denk auch. Die nicht so Gescheiten, die nicht Studierten, die braucht es nirgends mehr, weil das jetzt die Maschinen machen. Für unsereinen gäbe es nichts mehr zu tun.

Für mich war das sowieso nichts mehr, gäll. Ich habe mich ganz vor den Computern verschlossen. Nicht, weil ich das nicht lernen könnte, auf die richtigen Knöpfe zu drücken. Sondern weil sie für den Menschen nicht gut sind. Viel zuviel wurde möglich mit diesen Kisten, so sehe ich das. Die Atombombe wurde doch nur möglich, weil es Computer gab, auch wenn das noch vorsintflutliche Modelle waren. Eine solche Wahnsinnsbombe braucht Berechnungen, die sonst Tage dauern würden. Das würde keiner freiwillig machen. Ohne Computer hätten die Menschen die Finger davon gelassen. Auch von den Atomkraftwerken und auch von dieser Gentechnik. Aber jetzt drücken sie ein paar Tasten und warten ein paar Sekunden und schauen dann in den Bildschirm und haben es.

Damit kann und will ich nichts mehr zu tun haben. Das ist nicht mehr für mich. Ich machte ja, nachdem wir nach Zürich gekommen waren, drei Schwüre und das war der letzte, der wegen den Computern. Der erste war «Ich werde nie Pizza fressen». Der zweite «Ich werde nie Jeans tragen». Und der dritte «Ich werde nie einen Computer haben, auch kein Handy», weil das ein Computer ist. Pizza mochte ich nicht, aber sie hielt überall Einzug. Sie macht unsere eigene kulinarische Kultur kaputt. Bei den Jeans war es genau das gleiche. Alle laufen in diesen Überhosen rum, alle gleich, aber der Meister kommt doch nicht in Überhosen. Die hatte er im Stall an und sonst nicht. Auch heute nicht. Einmal hatten wir Kameradentreffen der Aktivdienstsoldaten. Da kommt doch der Kummer, der Rüedu, kommt der alte Löl in Jeans daher. Ich fragte ihn: «Wie siehst du denn drein? Hast vergessen, die Überhosen auszuziehen?» Der lachte nur, er kannte mich ja. Ist auch schon tot. Jeans sind amerikanisch, und so nah sind mir diese Amerikaner nicht, dass ich denen ihre Überhosen tragen müsste.

Und die Handys gehören in eine andere Zeit. Oder nein, umgekehrt. Ich gehöre in eine andere Zeit. Einen Computer kann ich nie verstehen. Und auseinandernehmen kannst du so eine Kiste auch nicht. Man kann es schon, aber es hilft nichts. Da kann ich noch so lange üben und dran rumstudieren, so etwas begreift einer allein nicht. Diese Welt ist nur noch für die Experten. Ich bin nur ein Handwerker mit Primarschule.

Wenn du mich fragst, machen diese Computer, vor allem diese Krüppelapparätchen, die Handys, die Menschheit verrückt. Das ist meine Meinung. Überall wird man gestört, sogar beim Essen. Mir war schon das Telefon ein Gräuel. Praktisch ist es schon, aber ein Gräuel. Ich sehe das doch hier im Heim, das Personal ist an irgendeiner Arbeit, und plötzlich lassen sie alles fallen und greifen in die Tasche. Oder sie reden mit einem, und plötzlich zucken sie zusammen. Und dann kommt das Handy raus und sie reden mit jemand anderem. Diese Apparate lassen dich nie mehr in Frieden.

Mir langt das Telefon. Ich bin sogar froh, wenn ich sagen kann: «Hören Sie, ich verstehe Sie nicht, ich habe ein schlechtes Gehör, adieu.» Dann habe ich meine Ruhe, wenn ich sie will. Der Doktor begreift das nicht. Er schwatzt immer davon, dass ich mir endlich ein Handy anschaffen soll. Sicher nicht spaziert der Meister mit einem Handy durch den Wald. Der Doktor regt sich auf, weil er findet, es könnte doch auch einmal etwas passieren auf dem Spaziergang. Da habe ich nur eine Antwort. Das wäre wunderbar, wenn mir auf einem Marsch im Wald etwas passiert. Da will ich doch nicht, dass sofort so ein Doktor angerannt kommt. Lieber will ich da eine Weile liegen und dann sollen sie mit dem Sarg kommen, gäll. Bei mir geht es nicht krumm. Bei mir geht es geradeaus und fertig. Aber der Hörnligödu, der Hörner-Gottlieb, der will mich immer noch nicht. Ich habe mich schon zweimal hingelegt am Abend, schön still, und war überzeugt, jetzt ist es soweit. Jetzt wache ich nicht mehr auf. Jetzt möchte ich endlich wissen, wie das geht. Aber es war dann nichts. Es hat anscheinend immer noch keinen Platz frei auf dem Karren.

Der Mutter ging es im schönen Neubau in der Agglomeration auch nicht besser. Sie wurde düster, schwermütig. Depressionen heisst das. Schon ein paar Wochen nach unserem Umzug musste sie ins Spital mit Gallenkoliken. Sie wurde operiert. Und hatte danach grad noch eine Lungenentzündung. Es sah so aus, als würde sie es nicht mehr schaffen. Wenn du mich fragst, sie hatte alles aufgegeben. Dann ist fertig, gäll, wenn du selber nicht mehr willst. Warum es ihr von Anfang an in Rudolfstetten nicht gefiel, weiss ich nicht. Vielleicht fühlte sie sich von allen verlassen. Sie hätte ja nicht gejammert, im Gegenteil. Sie war nur noch krank.

Dreimal musste ich sie auch in die Psychiatrie einliefern. Sie wurde richtig apathisch und sah diese schwarzen Löcher im Boden. Vielleicht lag das auch an den Medikamenten, die sie ihr seit der Operation andauernd verschrieben. Der Doktor gab ihr viel zuviel von diesem Zeug, das ist meine Meinung. Seresta hiessen die. Es kann schon sein, dass sie sich in Rudolfstetten ein bisschen verloren fühlte, das ist möglich. Von allem abgetrennt, das kann schon sein. Sie hockte ja meistens allein in der Wohnung, während ich in der Bank arbeitete.

Irgendwann kam der Punkt, wo es nicht mehr weiterging. An einem Morgen frühstückten die Mutter und ich zusammen. Als ich mich verabschiedete, um zur Bank zu gehen, sagte sie: «Du gehst heute besser nicht weg, Papi. Das Sophie kommt heute zu Besuch.»

«Das ist doch schön. Dann bist du ja nicht allein.» Da gab sie zur Antwort, ich werde es nie vergessen: «Nein, das ist nicht gut. Du musst hierbleiben, Papi. Wenn das Sophie kommt, muss ich ihm etwas antun.» Da mussten wir die Mutter einliefern, gäll. Zuerst kam sie ins Schlössli in Oetwil am See, aber da waren vor allem junge Frauen, Drogenabhängige. Da fühlte sie sich überhaupt nicht wohl. Später kam sie in die Klinik in Königsfelden. Depressionen, hiess es auch da, und Verfolgungswahn. In Königsfelden machten sie ihr Elektroschocks, denk auch. Gefragt hätte mich niemand und genützt hat das auch nichts. Sie war kaum mehr ansprechbar. Dort hat sie dann nochmal eine Lungenentzündung eingefangen, weil die ihr gar nicht gut schauten. *Diese Lumpenhunde, völlig verwahrlost war sie. Ich wollte eine Untersuchung einleiten, aber gäll, das hätte ihr ja auch nicht mehr geholfen.*

Wir holten die Mutter dann nach Hause, aber nach Zürich. Ich musste mir sagen, das war falsch, sie auch aus Zürich wieder wegzureissen. Sie war nicht wie ich. Ich packte also unsere Siebensachen und zog zurück in die Stadt. Nach Oerlikon, in die Nähe vom Sophie. *Aber eben, es war zu spät, ihr Kopf war nicht mehr heilbar. Vielleicht war es ja auch etwas anderes. Eine Zeit lang wohnten wir sogar beim Sophie, bis wir die neue Wohnung beziehen konnten. Dann pflegte ich die Mutter, so gut ich konnte, ich war ja immer noch bei der Bank. Das Sophie kam regelmässig, aber ich machte den Haushalt, kaufte ein, kochte und alles. Ich habe auch die Windeln gewechselt. Das ist nicht schön, gäll, der eigenen Frau die Windeln zu wechseln. Irgendwann ging es einfach nicht mehr. Obwohl ich doch nicht zimperlich bin.*

Man kann sagen, die Mutter ist mir ganz abhanden gekommen. Sie war zwar körperlich noch da, aber mehr wie eine Pflanze. Sie verschwand, bevor sie gestorben ist. Diese Zeit war die schlimmste in meinem Leben.

Seit zwanzig Jahren kutschiere ich jetzt allein. Gewohnt habe ich zuletzt beim Karl, halb auf dem Land, am Rand von Zürich. Das passte mir gut. Im Soussol hatte ich eine kleine Wohnung. Aber so ein alter Möff kann sich nicht mehr ändern. Der Hund, meine Fiora, wurde zum Problem. Da ist bei mir fertig, gäll. Hier im Heim habe ich meine Ruhe. Es gab keine andere Frau seit der Mutter. Ich hätte mich auf niemanden mehr einlassen wollen. Meine Leute sind schon längst alle weg, ich bin überzählig. *Und jetzt ist auch die Fiora gestorben.*

Vielleicht trifft man dort drüben den einen oder anderen ja wieder. Vielleicht sogar die Tiere.

***

Was ich sagen möchte, ich weiss, ich bin ein alter Gränni, aber ich möchte, dass das frühere Leben noch ein bisschen in Erinnerung bleibt. Aber so, wie es wirklich war, ich will nichts beschönigen. Von diesem netten Geschwätz gibt es genug auf der Welt. Es war früher nicht besser als heute, sicher nicht. Es war sehr anders. Es war aber nicht weniger schön. Sehr hart war es oft, sicher. Aber die Härte ist eben nicht nur schlecht.

Manchmal, wenn ich die Halbwüchsigen sehe, die hier hinter dem Wohnheim an der Glatt herumlungern, dann macht mich das traurig. Weil sie nie erleben können, was ich meine. Uns ging das Leben durch Mark und Bein. Jetzt leben die Menschen in Watte. Das ist angenehm, sicher. *Aber wenn ich diese Jungen sehe, dann habe ich das Gefühl, dass es einmal ein Leben gab, das viel inniger war. Viel inniger, man war ganz in ihm drin. Siehst du, und schon läuft wieder das Augenwasser. Weil mir diese Jungen leid tun. Sie sind wie Pferde, die für immer in einem gut geheizten Stall eingesperrt sind. Wozu all die Schönheit und Kraft? Ich sehe viele Junge von meinem Balkon aus. Die Natur ist wunderbar, sie bringt das hervor. Man fragt sich, wozu, gäll.*

Hochzeit der Eltern: Marie Büdel, Hans Meister, 1905.

Gruppenbild mit Mutter (vorn sitzend), Walti im Arm vom Vatter, Hans zuhinterst rechts.

Frisch eingezogen im Eichholz: Von links Friede, Migge, Hanne, Fritz, Grete, Hans, um 1916.

Hintere Reihe von links: Rös, Walti, Mutter, Knecht, Vatter, Knecht Bruni, Migge. Vordere Reihe: Hanne, Grete, Fritz, Friede, Hans, Greti aus Ursenbach, um 1920.

Unter dem Birnbaum. Fritz (mit Pfeife), Friede, Hund Willi, Hans. Vorn Walti und ein Nachbarskind.

Hochzeit von Rös: Von links Grete, Vatter im Burgunder, Friede, Otti, Rös, Walti, Migge, Hans.

Thun: In der Lehre, um 1930.

Solothurn: Links Meister Fink, rechts Hans mit Muni.

Picknick mit Metzgergesellen: Hans und Hildi.

Verlobung in Zuchwil, Frühling 1934.

Fasnachtsumzug in Solothurn: Vorderste Reihe von rechts Hildi mit Teres, Hans mit Karl, Hildis Vater und Mutter mit Sophie, um 1939.

Kriegsjahre: Hütte auf dem Bistinen, wo Oberst Scherrer mit einem Rindsfilet verpflegt wurde. Hans links hinter den Kochkisten, 1940.

Kriegsjahre: Hildi mit ihren Eltern in Zuchwil. Kinder von rechts: Sophie, Walti, Cousin, Teres, Karl, 1940.

Zürich Berninastrasse: Von links Teres, Hans, Sophie, Karl, Hildi, Werni, um 1953.

Ehrung als Sekretär in Deutschland.

Cabicce Mare bei Rimini, 1953.

Krone Zürich-Unterstrass, um 1959.

Zürich Paradeplatz: Notenzählzimmer, Hans ganz links, um 1974.

Nachbemerkung

Diese Geschichte ist nicht die Wahrheit, aber sie ist ganz und gar authentisch. Sie ist subjektiv, eine Annäherung an die Wahrheit, wie alle Geschichte. Ich liess mir von Hans sein Leben erzählen und erklären. Hildi, auch die Kinder, hätten vielleicht manches anders erzählt. Ich habe mich für dieses Buch ausschliesslich auf Hans' Sicht der Dinge beschränkt, auf seine Geschichte.

Ich hatte nach vielen Jahren, in denen wir uns kaum sahen, und nach einem langen Auslandaufenthalt meinen Grossvater wiederentdeckt. Er war nie ein einfacher Zeitgenosse gewesen, jetzt war er der letzte Zeitzeuge in der Familie, der letzte Ahn. Ein steinalter zäher Indianer, ein wunderbarer Erzähler mit einem Elefantengedächtnis und – wie ich bald herausfand – einem Rest Schmetterlingsseele im Metzgerherz. Das Weinen, das immer wieder unvermittelt aus ihm hervorbrach, wurde mir zum Wegweiser in schwer zugängliches Gebiet.

Über Wochen und Monate sprachen wir im Zimmer des Altersheims bei Milchkaffee und Kirschwasser von «säbi Zit» und jetzt. Diese Gespräche zeichnete ich auf. Hans liess sich mit grosser Offenheit und Lust ausfragen und hinterfragen. Seine manchmal drastische Direktheit in einer Zeit des Schönredens faszinierte mich, immer war sie gepaart mit Humor.

Am meisten verblüffte mich sein Gedächtnis. Wo ich am Wahrheitsgehalt seiner Erzählungen zweifelte und nachprüfte, behielt er meistens recht. So zum Beispiel in der Geschichte mit den Kalbsköpfen und der Einpflanzung der Hypophysen- und Hodenscheibchen. Ähnliche Versuche wurden tatsächlich praktiziert. Hans' Gedächtnis rafft zwar da und dort die Zeit – etwa, wenn er den Generalstreik von 1918 und das Blutbad in Genf 1932 nicht so genau auseinanderhält oder wenn er Hitler den Frauen das Stimmrecht gewähren lässt, das in Deutschland bereits 1919 eingeführt wurde – ich liess solche Ungenauigkeiten jedoch stehen, weil sie atmosphärisch etwas von der Volksseele jener Zeit spiegeln und Hans' Wahrnehmung wiedergeben. Weil ich noch nicht so mutig bin wie Hans, habe ich ein paar Eigennamen geändert.

Aus unzähligen Tonbandprotokollen und einem Buch voller Notizen entstand dieser Monolog. Er gibt Hans' Erzählungen soweit wie möglich wörtlich wieder, aus dem Berndeutschen in eine schreibbare Sprache übertragen. Hans' Lebensgeschichte könnte die Geschichte vieler Männer unserer Breitengrade sein, die am Anfang des 20. Jahrhunderts jung waren. Sie gehört zum Mist, wie Hans sagen würde, auf dem wir Nachfolgende gewachsen sind.

August 2004 Susanna Schwager

PS: Für jene, die es nicht gemerkt haben: Die kursiv gesetzten Stellen bedeuten: Hans weint.

Worterklärungen

auf einen Klapf	auf einen Schlag
aufpassen wie ein Häftlimacher	sehr gut aufpassen
Blätz, der	Stück
Bobo, das	kleine Verletzung
Broffel, die	einzelner Zahn
Cheib, der	übler Kerl
Chnulleri, der	verschrobener Mann
deichseln	einrichten, organisieren
die Geisel klöpfen	den Ton angeben
erhudeln	von etwas ergriffen sein
Fädilätsch, der	Fallmasche
Fötzel, der	niederträchtiger Mensch
Füdle. das	Hintern
Gejufel, das	Gehetz
Gestürm, das	Aufregung
gieren	quietschen
Giethung, der	eigentlich Geizhund,
Geizhals	
gleitig	geschwind, flink
Glünggi, der	hinterhältiger Kerl
Gof, der	Kind
Göppel, der	altes Gefährt
Gränni, der	jemand, der häufig weint
Heimet, das	Bauerngehöft
herumfigureteln	etwas ungeschickt tun
herumhulanern	sich herumtreiben
herumsürmeln	sich herumtreiben
holeien	johlen
huere	von Hure, Verstärkung wie «verdammt»
Hueregopfertamisiech!	ein starker Fluch
Huscheli, das	verschüchtertes Wesen
Juhe, das	abgelegenes Gebiet
käch	drall
Krachen, der	abgelegenes Berggebiet
Laferat, das	Abwandlung von Referat
Laferi, der	ein Schwätzer
lafern	drauflosschwatzen

latzen	ein freches Maul haben
Löl, Löli, der	Dummkopf
Losid!	Hören Sie!
Mamititi, das	Hätschelkind
Möff, der	verschrobener Kerl
Oberschnurri, der	Schwätzer
Peterli, der	Petersilie
Pfupf, der	Schwung, Temperament
pfuttern	schimpfen, keifen
plagieren	hoch angeben
Plagöri, der	Angeber, Grossmaul
praschagen	das Maul aufreissen
säbi Zit	damals, in jener Zeit
Schafseckel, der	Schimpfwort
Scheichen, der	Bein
schleiken	schleppen
Schnudercheib, der	Steigerung von Lausebengel
Seckel, der	Sack, Hoden, jemand, der einen im Stich lässt
Seckelhund, der	starkes Schimpfwort
seckeln	sehr schnell laufen
Siech, der	gemeiner Kerl, kann auch positiv sein
Soucheib, der	fieser Kerl
Sprenzel, der	halbe Portion
Stäcketöri!	moderater Fluch
Stürmi, der	jemand, der drängt oder schnell ist
Sürmelsiech, der	Tunichtgut
tätschen	knallen
Totsch, der	sehr beschränkte Person
Trübel, der	junge Person, Halbstarker
Tschingg, der	Schimpfwort für Italiener
Tschopen, der	Jackett, Veston
verflüemeret	verdammt
verreisen	Leine ziehen, sterben oder ohnmächtig werden
verzworgelt	verkrümmt
wie ein Cheib	stark, wie verrückt
zeukeln	provozieren
zusammenschnurpfen	schlecht nähen

Dank

Bücher würden nie entstehen, wenn nicht ein paar Unentwegte den Karren mitzögen und -stiessen. Allen voran danke ich Michael, für seine Zeit und für unendlich viel mehr. Helena und Django danke ich für die Engelsgeduld, für die kritischen Blicke und auch für die Pasta. Meinen Eltern fürs Da-Sein, immer und jedesmal. Den Kindern von Hans danke ich für die Gelassenheit, mit der sie mich in die Familienschreine und -gruften schauen liessen.

Trudi und Hansruedi Drack und Ruedi und Käthi Grossenbacher danke ich, ergebenst, für ihre Grosszügigkeit.

Ohne den Blick in die Weiten ums Hotel Möschberg bei Grosshöchstetten hätte ich meine Notizen und Transkripte nie so konzentriert verarbeiten können. Ich danke Antoinette Schneiter für die ebenso aussergewöhnliche wie spontane Gastfreundschaft. Und Rosli Keller für das duftende Hutzelbrot, das dort ab und zu neben dem Computer lag.

Ich bedanke mich auch beim Verleger Hans-Rudolf Wiedmer für die Entschlusskraft und Professionalität, mit der er das Buch im Rekordtempo betreute.

Aber vor allem danke ich Hans, für die Geschichte seines Lebens.